Synodalität und Kirchenreform

Vademecum Synodaler Weg und Synodentagebuch der Jahre 2019 und 2021 bis 2024

von Holger Dörnemann

AF285596

Bibliografische Information der Deutschen Nationalbibliothek:
Die Deutsche Nationalbibliothek verzeichnet diese Publikation in
der Deutschen Nationalbibliografie; detaillierte bibliografische
Daten sind im Internet unter http://dnb.dnb.de abrufbar.

Umschlagbild: © Andrea Göppel
Verlag: BoD · Books on Demand GmbH, Überseering 33,
22297 Hamburg, bod@bod.de
Druck: Libri Plureos GmbH, Friedensallee 273, 22763 Hamburg

ISBN: 978-3-7693-3941-3

Inhalt

III. Quinquennalbericht zum Verlauf des Synodalen Wegs in Deutschland und dem Beginn der XVI. Generalversammlung der Bischofssynode „Für eine synodale Kirche: Gemeinschaft, Partizipation und Mission" (2021-2024)

IV. Synodentagebuch zum I. Teil der XVI. Generalversammlung der Bischofssynode „Für eine synodale Kirche: Gemeinschaft, Partizipation und Mission" vom 4.-29.10.2023 in Rom

V. Synodentagebuch des Synodalen Prozesses zwischen dem I. und dem II. Teil der XVI. Generalversammlung der Bischofssynode „Für eine synodale Kirche: Gemeinschaft, Partizipation und Mission"

VI. Synodentagebuch zum II. Teil der XVI. Generalversammlung der Bischofssynode „Für eine synodale Kirche: Gemeinschaft, Partizipation und Mission" vom 2.-27.10.2024 in Rom

Vorwort

„Synodalität und Kirchenreform" lautet auch der Titel des Folgebandes des Synodentagebuchs, der den Verlauf der Amazonassynode des Jahres 2019 und der über drei Jahre währenden XVI. Generalversammlung der Bischofssynode „Für eine synodale Kirche: Gemeinschaft, Partizipation und Mission" der Jahre 2021 bis 2024 ebenso enthält, wie er als Quinquennalbericht den Verlauf des Synodalen Wegs der Kirche in Deutschland der Jahre 2019 bis 2024 dokumentiert.

Das bereits im Vorwort des nach Ende der Jugendsynode 2018 veröffentlichten Vorgängerbandes hervorgehobene Zitat aus der Ansprache von Papst Franziskus vom 17.10.2015 anlässlich 50 Jahre Bischofssynode hat sich als motivgebend für die sich einstellende Umgestaltung der katholischen Kirche bestätigt: *„Es ist dieser Weg der Synodalität der Weg, den Gott von der Kirche im dritten Jahrtausend erwartet."*

Nach 10 Jahren kontinuierlicher Berichterstattung im Internet-Blog www.ogy.de/synod24 kommt für den Autor die Geschichte des Synodalen Prozesses mit der Inkraftsetzung der Synodalität auf welt- und ortskirchlicher Ebene gegen Ende der Weltbischofssynode zur Synodalität zu einer entscheidenden Wegmarke. „Vielleicht werden wir in 10 Jahren sagen: Wir waren dabei!", wie der letzte Beitrag vom 27.10.2024 titelt.

Bonn, am 28. Januar 2025   *Holger Dörnemann*

In Deutschland angekommen: Bischöfe beschließen "synodalen Weg"

Kardinal Marx informiert über die Beschlüsse der Vollversammlung

Bischöfe beschließen "synodalen Weg" zu Sexualmoral und Zölibat

(Screenshot katholisch.de, 14.3.2018)

Nach der zentralen Etappe der Jugendsynode des Jahres 2018 auf dem Weg zur synodalen Umgestaltung der katholischen Kirche folgten in den letzten Februartagen und Mitte März 2019 weitere lang erwartete Bischofszusammenkünfte auf weltkirchlicher wie auch nationaler, bundesdeutscher Ebene: das Treffen der Vorsitzenden aller Bischofskonferenzen der Welt zur Bekämpfung des Missbrauches (vom 21. bis 24. Februar 2019), das diesem ebenfalls in Rom vorausgehende Treffen des K9-Kardinalsrates vom 18.-21.2.2019 und in Deutschland die Frühjahrsvollversammlung der Deutschen Bischofskonferenz vom 10.-14.3.2019 in Lingen. Und alle drei Versammlungen nehmen die Hauptmotive ‚Synodalität und Kirchenreform' auf.

Auf der 28. Sitzung seit seiner Einberufung im Jahr 2013 hat der Papst Franziskus beratende Kardinalsrat das Dokument *Praedicate evangelium* in einer finalen Fassung beraten, mit dem die Kurienreform nach bereits vorausgegangener kirchenrechtlicher Überarbeitung besiegelt werden soll. Bekannt wurde im abschließenden Pressebriefing vom 21.2.2019 ebenfalls, dass der Papst

"'im Zeichen der Synodalität' die Verantwortlichen der lokalen Bischofskonferenzen, die Synoden der Ostkirchen, die Dikasterien der römischen Kurie, die Ordensoberenkonferenzen sowie einige Päpstliche Universitäten um ihre Anmerkungen bitten" *wolle.* (Vatican News, 21.2.2019)

Und wie nicht anders zu erwarten, spielte der Themenkomplex von Synodalität und Kollegialität auch auf der Kinderschutzkonferenz Ende Februar 2019 ebenfalls eine zentrale Rolle. Die nicht nur zeitliche Verknüpfung mit dem Treffen des unmittelbar vorangehenden Kardinalsrats wurde auch durch die Anwesenheit des Moderators der Kinderschutzkonferenz Pater Federico Lombardi bei ihren dreitägigen Beratungen unterstrichen – wie umgekehrt durch die Teilnahme aller Mitglieder des K9-Kardinalrates am Kinderschutz-Kongress.

Als Mitglied des Kardinalsrates brachte der Erzbischof von Mumbai (Bombay) Kardinal Gracias die Anliegen der Kurienreform auf der Kinderschutzkonferenz ein:

"Alleine könne kein Bischof das Problem lösen. Die Verantwortung gehöre allen Bischöfen gemeinsam, Kollegialität sei der Kontext, in dem mit Missbrauch umgegangen werden müsse. (...) Synodalität in der Kirche und Kollegialität unter den Bischöfen zu leben habe ganz praktische Auswirkungen, so Gracias. Es bedeute zunächst ganz einfach, sich gegenseitig auch zu kritisieren, in der christlichen Tradition correctio fraterna genannt, brüderliche bzw. geschwisterliche Zurechtweisung." (Vatican News, 22.2.2019)

Der Gedanke der Synodalität als Beteiligung aller Getauften auf allen Ebenen an der Reform der Kirche bildete auch den Ausgangspunkt des Vortrages des Erzbischofs von Chicago, Kardinal Blase J. Cupich. Er sprach direkt im Anschluss nach dem indischen Kardinal Oswald Gracias beim Kinderschutz-Kongress im Vatikan.

"Eine solche innere Reform der Kirche sei nötig. Nur die Richtlinien zu ändern reiche nicht aus, so der langjährige Vorsitzende des Kinderschutz-Komitees der US-Bischofskonferenz.... (...) Wahre Synodalität ruft uns dazu auf, in dem Zeugnis der Laien eine

Stärkung und Beschleunigung unserer Mission" zu *sehen, so Cupich.* (Vatican News, 22.2.2019) Auf denselben synodalen Weg hat sich heute auch die Frühjahrs-Vollversammlung der Deutschen Bischofskonferenz vom 10.-14.3.2019 gemacht. Anknüpfend an die Vorstellung der MHG-Studie „Sexueller Missbrauch an Minderjährigen durch katholische Priester, Diakone und männliche Ordensangehörige im Bereich der Deutschen Bischofskonferenz" auf der vorausgegangenen Herbst-Vollversammlung am 25. September 2018 wurden einerseits nunmehr die konkreten Umsetzungen aus den in Fulda beschlossenen Punkten und insbesondere auch ein Vorschlag zu Spezialgerichten für Strafverfahren bei sexuellem Missbrauch an Minderjährigen und die Erarbeitung Ordnung für Verwaltungsgerichte im Bereich der Deutschen Bischofskonferenz vorgestellt.

Die Zäsur, die die MHG-Studie in Deutschland darstellt, wurde auf einem Studientag zu „übergreifenden Fragen, die sich gegenwärtig stellen", deutlich, die darüber hinaus auch den neuen synodalen Aufbruch markiert.

"Erschütterungen verlangen besondere Vorgehensweisen. Die Missbrauchsstudie und in ihrer Folge die Forderung Vieler nach Reformen zeigen: Die Kirche in Deutschland erlebt eine Zäsur. Der Glaube kann nur wachsen und tiefer werden, wenn wir frei werden

von Blockierungen des Denkens, der freien und offenen Debatte und der Fähigkeit, neue Positionen zu beziehen und neue Wege zu gehen.

Die Kirche braucht ein synodales Voranschreiten. Papst Franziskus macht dazu Mut. Und wir fangen nicht am Nullpunkt an. Die Würzburger Synode (1972 bis 1975) und auch der Gesprächsprozess der vergangenen Jahre haben den Boden bereitet, auch für viele Herausforderungen von heute. Einstimmig haben wir beschlossen, einen verbindlichen synodalen Weg als Kirche in Deutschland zu gehen, der eine strukturierte Debatte ermöglicht und in einem verabredeten Zeitraum stattfindet und zwar gemeinsam mit dem Zentralkomitee der deutschen Katholiken. Wir werden Formate für offene Debatten schaffen und uns an Verfahren binden, die eine verantwortliche Teilhabe von Frauen und Männern aus unseren Bistümern ermöglichen. Wir wollen eine hörende Kirche sein. Wir brauchen den Rat von Menschen außerhalb der Kirche. "

Drei Punkte benannte Kardinal Marx in seinem heutigen Pressestatement, um die es ab jetzt in synodaler Arbeitsweise gehen wird:

o Wir wissen um die Fälle klerikalen Machtmissbrauchs. Er verrät das Vertrauen von Menschen auf der Suche nach Halt und religiöser Orientierung.

Was getan werden muss, um den nötigen Machtabbau zu erreichen und eine gerechtere und rechtlich verbindliche Ordnung aufzubauen, wird der synodale Weg klären. Der Aufbau von Verwaltungsgerichten gehört dazu.

o Wir wissen, dass die Lebensform der Bischöfe und Priester Änderungen fordert, um die innere Freiheit aus dem Glauben und die Orientierung am Vorbild Jesu Christi zu zeigen. Den Zölibat schätzen wir als Ausdruck der religiösen Bindung an Gott. Wie weit er zum Zeugnis des Priesters in unserer Kirche gehören muss, werden wir herausfinden.

o Die Sexualmoral der Kirche hat entscheidende Erkenntnisse aus Theologie und Humanwissenschaften noch nicht rezipiert. Die personale Bedeutung der Sexualität findet keine hinreichende Beachtung. Das Resultat: Die Moralverkündigung gibt der überwiegenden Mehrheit der Getauften keine Orientierung. Sie fristet ein Nischendasein. Wir spüren, wie oft wir nicht sprachfähig sind in den Fragen an das heutige Sexualverhalten. (DBK-Pressemitteilung, 14.3.2019)

In den kommenden Monaten sollen gemeinsam mit dem Zentralkomitee der deutschen Katholiken (ZdK) geeignete Formate zur Klärung von Neuausrichtung und Veränderung bei der Vorbereitung des synodalen Prozesses gesucht werden:

"Dazu gehören bereits jetzt auf der Vollversammlung verabredete Foren, die sich den zuvor genannten drei

Punkten widmen werden: Das Forum „Macht, Parti-
zipation, Gewaltenteilung" wird von Bischof Dr.
Karl-Heinz Wiesemann (Speyer) verantwortet, das
Forum „Sexualmoral" von Bischof Dr. Franz-Josef
Bode (Osnabrück) und das Forum „Priesterliche Le-
bensform" von Bischof Dr. Felix Genn (Müns-
ter)." (Ebd.)

Der synodale Weg in Deutschland nimmt Fahrt auf
und wird mit der angekündigten Beratschlagung der
neuen Konstitution zur Kurienrefom *Praedicate*
evangelium, dem ebenfalls in Kürze erscheinenden
nachsynodalen Schreiben zur Jugendsynode sowie
deren nachsynodaler Nachbereitung auf einer bereits
im letzten Jahr für Juni 2019 einberufenen Konferenz
im Rom auch von weltkirchlicher Ebene sekundiert.

"Die Kirche braucht ein synodales Voranschrei-
ten." (Ebd.)

Über den 'Dialog der Kulturen' zum 'Dialog der Generationen': Die Jugendsynode als „Meilenstein auf einem synodalen Weg" (CV 3). Zur Veröffentlichung des nachsynodalen Schreibens *Christus vivit*

(Screenshot Vatican News, 2.4.2019)

Anders als die Familien-Doppelsynoden der Jahre 2014 und 2015 machte die vom 3. bis 28. Oktober 2018 von Papst Franziskus einberufene XV. General-versammlung der Bischofssynode mit dem Titel ‚Die Jugendlichen, der Glaube und die Berufungsunter-scheidung' inklusive des am 25.3.2019 unterschriebe-nen nachsynodalen Schreibens *Christus vivit* (CV) kaum die Schlagzeilen, wie das bei den vorausgegan-genen beiden Synoden, der III. Außerordentlichen und der XIV. Ordentlichen Versammlung der Bischofssynode zu dem Themenkomplex Ehe, Familie, Partnerschaft der Fall war. Ein Grund dafür war sicher, dass – mit Ausnahme des Themenfeldes LGBT und Homosexualität – nicht mehr dieselbe Zahl an ‚Heiße Eisen-Themen' im Vordergrund standen, während zeitgleich ein anderes Thema in unvorhergesehener Weise die Nachrichten beinahe weltweit beherrschte. Denn überlagert wurde die Berichterstattung durch den gerade zuvor bekannt gewordenen Missbrauchsskandal und die Ermittlungen in sechs US-amerikanischen Diözesen und in Deutschland durch die hohe Wellen schlagende MHG-Studie über den sexuellen Missbrauch von Klerikern an über 3700, vornehmlich männlichen Minderjährigen über alle Diözesen Deutschlands und mehrere Jahrzehnte hinweg. Und so nahm auch die Jugendsynode über das Bekenntnis der Beschämung und die Verurteilung des Missbrauch Schutzbefohlener auch auf den Umgang mit und die Prävention von sexueller Gewalt Bezug – und gleichermaßen hervorgehoben auch *Christus vivit* (CV 95-102).

Behandelt und aufgenommen – bis in das Synodenabschlussdokument und das nachsynodale Schreiben hinein – wurden ebenso auch viele kontrovers diskutierte Themenkreise. In der Weise, wie dies geschah, kann die Synode – im Blick auf ihre Vorbereitung,

Durchführung bis zur Weiterführung des nachsynodalen Prozesses in den Ortskirchen – als „Meilenstein auf einem synodalen Weg" (CV 3), auf dem Weg zur synodalen Umgestaltung der katholischen Kirche bezeichnet werden. Und auf diesen Aspekt möchte ich in Fortsetzung meiner bisherigen Beiträge* zum synodalen Prozess unter Papst Franziskus meine folgenden Ausführungen vor allem konzentrieren.

Die weitere Vorgeschichte der Jugendsynode

Mit der knapp sechs Monate nach der Veröffentlichung des die Familiensynoden der Jahre 2014 und 2015 zusammenfassenden, nachsynodalen Schreibens *Amoris laetitia* von Papst Franziskus am 6. Oktober 2016 für das Jahr 2018 einberufenen XV. Generalversammlung der Bischofssynode begann eine zweijährige Vorbereitungszeit bis zur Jugendsynode. Stationen waren das erste Vorbereitungsdokument der Bischofssynode (vom 13. Januar 2017) samt einem Brief von Papst Franziskus an die Jugendlichen, die Freischaltung einer allen Jugendlichen der Welt offenstehende Online-Umfrage (die 110.000 Jugendliche vollständig ausfüllten), ein Expertenseminar im September 2017 und schließlich die Vorsynode mit über 300 Jugendlichen (vom 19. bis 24. März 2018), deren Ergebnisdokument samt der Umfrageauswertung in das Arbeitspapier der Bischofssynode, das *In-*

strumentum laboris geflossen ist. Was bei den Familiensynoden als Dialog der unterschiedlichen Kulturen der Ortskirchen weltweit bereits erprobt wurde, wandelt sich – so wird in dem am 6. Mai 2018 veröffentlichten Vorbereitungsdokument deutlich – auf der Jugendsynode zu einem Dialog der Generationen.

Kennzeichen des synodalen Weges - oder: Vom Dialog der Kulturen (Familiensynoden) zum Dialog der Generationen (Jugendsynode)

Dass und wie die Jugendlichen die wichtige Etappe der Jugendsynode mitbestimmt haben, bringt das Synodenabschlussdokument ins Wort, in dem die Jugend als eigener „locus theologicus" bzw. „theologischer Ort" (Abschlussdokument Nr. 64) bezeichnet wird. Das „Hinhören" der Kirche auf die Jugend wurde im Synodenverlauf als „pädagogisches Konzept" und „theologische Kategorie" in seiner Bedeutung hervorgehoben. Er wird aber noch einmal gesteigert in einem über das Vorbereitungsdokument hinausgehenden, grundsätzlichen Perspektivwechsel. Sie sind nicht mehr nur Objekte einer methodisch neu zu justierenden Jugendpastoral, sondern werden mehr und mehr Subjekte derselben. Als „Protagonisten" (Abschlussdokument Nr. 52, 54, 65; vgl. CV 174) sind sie Handlungsträger der Kirche und in jeder Hinsicht einzubeziehen in die Weise, wie Kirche auf Zukunft in dieser Gesellschaft lebendig sein will.

Die in dieser geänderten Perspektive liegende Dynamik reicht weiter, als das Thema der Jugendsynode eigentlich absteckt war und rückt auch noch einmal die grundsätzliche Perspektive in den Mittelpunkt. Noch einmal mit den Worten von Kardinal Marx im ausführlichen Wortlaut gesagt:

"Es geht nicht so sehr darum, so ist mein Eindruck, dass wir immer neue Methoden suchen für die Jugendpastoral, sondern dass die Kirche sich ändert. Kirche muss anders werden! Die Jugendliche erwarten, so haben sie in der Vorsynode zum Ausdruck gebracht, eine authentische Kirche, eine Kirche, die bereit ist zum Gespräch, eine Kirche, die zuhören kann. All das taucht natürlich in allen Dokumenten wieder auf. Aber das dürfen auch nicht nur Worte bleiben, es muss sich ja auch zeigen in Strukturen, Institutionen, in konkreten Begegnungen." (Pressekonferenz vom 24.10.2018)

Papst Franziskus rekurriert in seinem nachsynodalen Schreiben darauf, wie sehr „es den Synodenvätern wichtig [war], die zahlreichen Unterschiede in Kontexten und Kulturen hervorzuheben, auch innerhalb eines Landes. Es gibt eine Vielzahl von Jugend-Milieus und das geht so weit, dass man in manchen Ländern dazu neigt, den Begriff „Jugend" im Plural zu verwenden." (CV 76) Und er sagt sicher ebenso in Hinblick auf *Christus vivit*, was er in der Predigt des

Synodenschlussgottesdienstes am 28.10.2018 über das Synodenabschlussdokument ausdrückte:

"Mehr als das Dokument ist es jedoch wichtig, dass eine Art und Weise des Seins und der Zusammenarbeit sich ausbreitet: von Jung und Alt, beim Zuhören und Erkennen, um zu pastoralen Entscheidungen zu gelangen, die auf die Realität reagieren." (eigene Übersetzung)

Der Anteil der synodalen Kirche am Ordentlichen Lehramt des Papstes

Der synodale Stil als Weiterführung des Dialogs der Kulturen zu einem Dialog der Generationen kann tatsächlich als das hervorstechendste Kennzeichen des zurückliegenden wie des vorausliegenden Weges der katholischen Kirche auf der Ebene der Weltkirche bezeichnet werden. Und er wird formal noch von einem wichtigen Schritt darüber hinaus begleitet: Denn mit der im Absatz Nr. 3 des Abschlussdokumentes einschließenden Aufnahme des Vorbereitungsdokumentes (*Instrumentum laboris*) – und damit der von den Jugendlichen aus aller Welt eingebrachten Fragen, Sicht- und Lebensweisen – und dem Auftrag, die Ergebnisse der Synode über das eigene Herz in die Welt zu tragen und in verschiedenster Weise wirksam werden zu lassen, zeigt sich die Jugendsynode als „Meilenstein auf einem synodalen Weg" (CV 3), der nicht einfach nur durch ein „weiteres Papier" (so drückte sich Papst Franziskus sowohl in seiner Begrüßungsansprache als auch in der Abschlussansprache aus), sondern durch eine veränderte Haltung und Praxis des gemeinsam Kircheseins gekennzeichnet ist und vor Ort weitergeführt werden soll. Der Text müsse in den Herzen aller ankommen, gären, inkorporiert und inkulturiert werden, in eine erneuerte christliche Praxis fließen.

Der synodale Prozess, den Papst mit Beginn seines Pontifikates, seinem bereits im Jahr 2013 veröffentlichten Lehrschreiben *Evangelii gaudium*, den Umfragen und der Beteiligung der Ortskirchen vor den Familiensynoden, der Veröffentlichung der jeweiligen Synodenergebnisse zu deren Abschluss und die Aufnahme derselben in seinem Lehrschreiben *Amoris laetitia* radikalisiert sich bei der Jugendsynode erstmals dahingehend, dass alle synodal Beteiligten und schlussendlich die Bischofsversammlung ‚cum et sub Petro' über das erarbeitete Abschlussdokument an der Lehrentwicklung der katholischen Kirche in formeller Weise direkten Anteil haben. Papst Franziskus hat zwar seinerseits in seinem nachsynodalen „Wort" ihm besonders bedeutsame Aspekte der Synode zusammengefasst, das aber „durch die Tausenden von Stimmen der Gläubigen aus aller Welt bereichert" (CV 4) werde, die ihrerseits zuvor in das Abschlussdokument geflossen sind. Dieses ist – nach der Annahme durch die Synodenversammlung, der Übergabe und der Annahme durch den Papst – Teil an

dem vom ihm wahrgenommenen und an das Gottesvolk rückgebundenen Lehramt. Und auch ein vom
18. bis 22. Juni 2019 in Rom terminiertes internatio-
nales Jugendforum ist in Fortsetzung dieses Ver-
ständnisses Teil eines „wunderbare[n] Polyeder[s],
das die Kirche Jesu Christi bilden muss". (CV 207)
Die Kirche kann für Papst Franziskus „die jungen
Menschen eben deshalb anziehen, weil sie keine mo-
nolithische Einheit darstellt, sondern ein Geflecht unterschiedlicher Gaben, die der Heilige Geist unauf-
hörlich in ihr ausgießt." (Ebd.)

Die Jugendsynode als Meilenstein

Die Kirchenreform wird über den Weg der zurückliegenden drei Bischofssynoden und über die darin bereits mit Leben gefüllte Synodalität hinaus auch die
Kurie – ihre neustrukturierten oder -geschaffenen Dikasterien und Räte – in das synodale Selbstverständnis einbegreifen. Die Jugendsynode des Jahres 2018
kann in einer Chronologie der Ereignisse rückblickend mit vollem Recht als ein „Meilenstein" (CV 3)
für den synodalen Weg zur Kirchenreform bezeichnet
werden.

***Praedicate evangelium*: Das Dokument der Kurienreform geht seinerseits den synodalen Weg**

Papst Franziskus

Vatikan: Bischofskonferenzen sollen neue Kurienverfassung prüfen

(Screenshot Vatican News, 10.4.2018)

Nach der 29. Sitzung des Kardinalsrates geht nun das seit dem ersten Jahr des Pontifikates von Papst Franziskus sukzessive erarbeitete und seit dem 4.11.2018 mit seinem Titel *Praedicate evangelium* bekannte Dokument zur Kurienreform seinerseits auf den synodalen Weg. Wie schon in diesem Blog am 14.3.2019 beschrieben, wird es nun an die Bischofskonferenzen, die Synoden der unierten Ostkirchen, die Ordensoberen und Chefs der Kurienbehörden zur Beratung versendet. Auch einige päpstliche Universitäten werden bei der Überprüfung des

25

Textes zu Rate gezogen. Auf der Pressekonferenz wurde am heutigen Tag hervorgehoben, dass im Mittelpunkt dieser die Konstitution zur Kirchenerfassung *Pastor Bonus* aus dem Jahr 1988 ablösenden Verfassung die "missionarische Ausrichtung" steht. "Es ging auch um die Verpflichtung, den Prozess der Synodalität in der Kirche auf allen Ebenen zu stärken, hieß es in der Vatikannote. Besonders hervorgehoben wurde die Notwendigkeit einer stärkeren Präsenz der Frauen in Führungsfunktionen in Gremien des Heiligen Stuhls. Es wurde auch wiederholt, dass der Kardinalsrat ein Organ der Kirche sei, das die Aufgabe habe, den Papst „bei der Leitung der Universalkirche zu unterstützen", und daher ende seine Funktion nicht mit der Veröffentlichung der neuen Apostolischen Verfassung." (Vatican News, 10.4.2019)

Laut einem Bericht sieht die neue Konstitution vor, dass sämtliche Kongregationen und Päpstlichen Räte künftig Dikasterien genannt werden sollen. Zudem soll sich ihre Rolle ändern: Sie sollen die Ortskirchen weniger beaufsichtigen als vielmehr unterstützen.

"Gemäß diesem Entwurf sollen in der römischen Kurie als zentralem Leitungsorgan der katholischen Kirche künftig mehr Laien arbeiten. Zudem gebe es eine Verlagerung von Kompetenzen an die Bischofskonferenzen. Dieser Impuls zur Dezentralisierung

verändere auch die Beziehungen zwischen Bischöfe, Kurie und dem Papst." (kathpress vom 30.5.2019)

Neben einem neuen "Super-Dikasterium" für Evangelisierung, das auch dem neu benannten "Dikasterium für die Glaubenslehre" vorangestellt wird - hier zeigt sich die "missionarische Ausrichtung" wohl am deutlichsten - soll es ein neues "Dikasterium für die Caritas" geben; zudem soll die Päpstliche Kommission für den Schutz von Minderjährigen in die Kurie integriert werden.

"In der alten Kurienverfassung von 1988 gab es neun "Kongregationen" und elf, später zwölf "Päpstliche Räte". Gemäß der neuen Verfassung soll es insgesamt nur noch 15 "Dikasterien" geben. Das vatikanische Staatssekretariat als zentrales Instrument des Papstes bleibt erhalten; dazu gehört weiterhin auch das Außenministerium des Heiligen Stuhls." (kathpress vom 30.5.2019)

Die Rückmeldungen der Bischofskonferenzen werden bis zur nächsten Sitzung des Kardinalsrates, der - vermutlich letztmalig - vom 25.-27. Juni 2019 im Vatikan tagen wird, erwartet. Zum Fest der Heiligen Peter und Paul am 29. Juni 2019 – so wird erwartet – könnte der Papst die neue Konstitution dann unterzeichnen und in Kraft setzen.

"Zeitenwende" - oder: Ein Brief von Papst Franziskus „An das pilgernde Volk Gottes in Deutschland" gerade zur rechten Zeit

Bischöfe sehen sich durch Papstbrief bestärkt

Papst Franziskus unterstützt deutsche Katholiken beim "synodalen Weg"

(Screenshot katholisch.de, 29.6.2019)

Als erste Bischofskonferenz überhaupt haben die deutschen Bischöfe ihre Rückmeldung zu der derzeit in allen Bischofskonferenzen der Welt beratenen Konstitution zur Kirchenverfassung mit dem voraussichtlichen Titel *Praedicate evangelium* gegeben, wie vorgestern zum Ende der 30. Sitzung des Kardinalsrates in Rom bekannt wurde. Sie nehmen damit Bezug auf den von Papst Franziskus ausgerufenen

28

Prozess, die „Synodalität in der Kirche auf allen Ebenen zu stärken", bei der die „missionarische Ausrichtung" und „Evangelisierung" einen größeren Stellenwert bekommen soll (s. Blog-Beitrag vom 14.3.2019). Genau diesen Aspekt, dieses Ziel der „missionarischen Dynamik" und des „Primates der Evangelisierung" stellt Papst Franzskus in einem Brief in den Mittelpunkt, den er bewusst nicht nur an die deutschen Bischöfe, sondern „an das pilgernde Volk in Deutschland' insgesamt richtet und auf dem synodalen Weg ermutigt. „Viel Lärm um nichts" (Much Ado about nothing) lautete eine dreiviertel Stunde nach der Presseveröffentlichung des Papstbriefes von Seiten des Sekretariates der Deutschen Bischofskonferenz eine wohl bewusst wertende Bild-Textmarke eines österreichischen, privaten Nachrichtenmagazins.

Tatsächlich ist das Papstschreiben aber eine nicht kraftvoller auszusprechende Unterstützung und Bestätigung des am Ende der Frühjahrsvollversammlung der DBK einmütig - bei vier Enthaltungen - ausgerufenen ‚Synodalen Weges" (s. Blog-Beitrag vom 14.3.2019). Denn die Einwände und Kommentare, die kurz nach dem Plenartreffen der Deutschen Bischöfe nach einzelnen Stellungnahmen beteiligter Bischöfe veröffentlicht wurden, schienen Anlass, Bezeichnung, Beteiligte wie Ziel des synodalen Weges gleichermaßen wieder in Frage zu stellen. Dass er den Begriff „synodaler Weg" weit von sich weise und als „Etikettenschwindel" betrachte, wurde der Augsburger Bischof Konrad Zdarsa in einem Interview zitiert. Kurz zuvor äußerte der Regensburger Bischof Rudolf Voderholzer im Rahmen eines Symposiums die Befürchtung, dass „[e]in synodaler Prozess, der meint, vor allem die Kirche neu erfinden zu sollen, […] einen Weg der Zerstörung" beschreite. Und sein Generalvikar nahm just heute zumindest keinen Einspruch gegen eine Überschrift zu seinem Kommentar in demselben österreichischen Nachrichtenmagazin, dass der „synodale Prozess […] so nicht stattfinden" könne. Doch ohne auf die vier in Lingen formulierten (s. Blog-Beitrag vom 14.3.2019) und bereits aus vielen Bistümern und dem ZdK in abgestimmter Weise mit Expert/innen optierten Teilprojekte einzugehen, bestätigt Papst Franziskus gerade diesen von Seiten der Deutschen Bischöfe zusammen mit dem Zentralkomitee der deutschen Katholiken eingeschlagenen Weg.

So danken der Vorsitzende der DBK, Kardinal Reinhard Marx, wie der Vorsitzende des ZdK, Thomas Sternberg, in einer gemeinsamen Stellungnahme vom 29.6.2019 für seine orientierenden und ermutigenden Worte, in dem sie sich „als Bischöfe und Laienvertreter eingeladen" sehen. Und sie erklären gemeinsam:

"Papst Franziskus möchte die Kirche in Deutschland in ihrer Suche nach Antworten auf die uns alle bewegenden Fragen für eine zukunftsfähige Gestalt der Kirche unterstützen."

Und sie deuten auch noch einmal die Umstände, die den synodalen Prozess in Deutschland angestoßen, ja notwendig gemacht haben:

"Es ist das zentrale Anliegen von Papst Franziskus, die Kirche weiterhin als eine starke geistliche und pastorale Kraft zu verstehen, die das Evangelium in die Gesellschaft hinein vermittelt und glaubwürdig verkündet. Diese Glaubwürdigkeit ist in den zurückliegenden Jahren erschüttert worden. Wir sind als katholische Kirche in Deutschland gemeinsam aufgefordert, Vertrauen neu zu gewinnen."

Als erster Schritt des synodalen Weges ist eine Gemeinsame Konferenz von Vertreterinnen der Deutschen Bischofskonferenz und des ZdK am 5. Juli geplant, an dem der Brief des Papstes besprochen werden soll „und weitere konkrete Schritte" vereinbart werden sollen".

Ein übernächster Schritt ist auch schon bekannt, der ebenfalls in einer gemeinsam gehaltenen Konferenz von Bischofskonferenz, Zentralkomitee der deutschen Katholiken und weiteren Personen am 13. und

14. September 2019 bestehen wird, bei der ein erster Zwischenbericht vorgesehen ist. Bis dahin sollen auch „Zeitpunkt und Dauer der strukturierten Debatten klar sein", wie von Seiten der DBK verlautet wurde.

In und mit diesem Procedere können sich eigentlich alle Beteiligten gesehen und vertreten fühlen – so sie nicht gänzlich gegen den 'synodalen Weg von Papst Franziskus' eingestellt sind. Diesen nunmehr nicht nur in Rom – wie seit den insgesamt drei Synoden auf weltkirchlicher Ebene in den Jahren 2014, 2015 und 2018 –, sondern bei uns in Deutschland verfolgen zu können, erfreut mich mehr als ich sagen kann. Ebendies wird mit der päpstlichen Ermutigung "an das pilgernde Volk Gottes in Deutschland" heute deutlich. Der nunmehr von päpstlicher Seite bestätigte synodale Weg ist auch, wie dieser Blog seit den ersten Beiträgen heißt: Es ist „Papst Franziskus' Synodaler Weg"! Und mit dieser Unterstützungszusage endet auch sein Brief:

"Ich möchte euch zur Seite stehen und euch begleiten in der Gewissheit, dass, wenn der Herr uns für würdig hält, diese Stunde zu leben, Er das nicht getan hat, um uns angesichts der Herausforderungen zu beschämen oder zu lähmen. Vielmehr will er, dass Sein Wort einmal mehr unser Herz herausfordert und entzündet, wie Er es bei euren Vätern getan hat, damit

eure Söhne und Töchter Visionen und eure Alten wie-
der prophetische Träume empfangen (vgl. Joel 3,1).
Seine Liebe «erlaubt uns, das Haupt zu erheben und
neu zu beginnen. Fliehen wir nicht vor der Auferste-
hung Jesu, geben wir uns niemals geschlagen, was
auch immer geschehen mag. Nichts soll stärker sein
als sein Leben, das uns vorantreibt!» [EG 3]"

Frauen in Diensten und Ämtern in der Kirche – oder: die nunmehr vier Foren und die gemeinsame Leitung und Ausgestaltung des synodalen Weges durch DBK und ZdK

ZdK-Präsident Prof. Dr. Thomas Sternberg und Kardinal Reinhard Marx

Freitag, 5. Juli

(Screenshot www.zdk.de vom 5.7.2019)

Dass der konkrete Anlass des synodalen Weges der Missbrauchsskandal war und es nunmehr auch um konkrete Schritte bei den mit der Missbrauchskrise identifizierten übergreifenden Themen gehen müsse, wurde heute bei der für heute angesetzten Gemeinsa-men Konferenz von Zentralkomitee der deutschen

33

Katholiken (ZdK) und der Deutschen Bischofskonferenz (DBK) noch einmal wiederholt. Neu war, dass zu den bereits auf der Vollversammlung diesbezüglich verabredeten und z.T. schon konstituierten Foren „Macht, Partizipation, Gewaltenteilung", „Sexualmoral" und „Priesterliche Lebensform" ein weiteres Forum „Frauen in Diensten und Ämtern in der Kirche" auf Vorschlag des ZdKs und nach mehrheitlichem Beschluss auf der Sitzung des Ständigen Rates am 24.6.2019 hinzuoptiert wurde. Kardinal Marx betont die gemeinsame Stellungnahme von DBK und ZdK:

"Damit wollen wir die Frage nach der Rolle der Frau in der Kirche aufnehmen."

Das neu abgestimmte Forum soll von Bischof Bode, Osnabrück, geleitet werden, der Vorsitzender der Frauenkommission ist und bislang dem Forum Sexualmoral vorstehen sollte, und dort nunmehr vom Limburger Bischof Georg Bätzing abgelöst wird. Ebenso neu und durch dem Papstbrief am vergangenen Samstag doch gar nicht mehr anders vorstellbar: Die gemeinschaftliche Stellungnahme von ZdK-Präsident, Prof. Thomas Sternberg, und dem Vorsitzenden der Deutschen Bischofskonferenz, Kardinal Reinhard Marx. Es ist dies die unmittelbare Konsequenz des Papstschreibens, das in der Adressierung an das „pilgernde Volk Gottes in Deutschland" das oberste Laiengremium und die Bischöfe gemeinsam in ihrer

Aufgabe bestätigt hat. Versichernd heißt es diesbezüglich in derselben Pressenotiz:

"Kardinal Marx und Prof. Dr. Sternberg heben hervor, dass der Synodale Weg von Deutscher Bischofskonferenz und ZdK gemeinsam vorbereitet und getragen würde."

Der synodale Weg nimmt weiter Fahrt auf und Kontur an und soll zum 1. Advent 2019 beginnen. Wichtig sei in der Vorbereitung darauf die schon terminlich bekannt gegebene 'Gemeinsame Konferenz' am 13./14. September 2019 in Fulda, „bei der das Statut und die inhaltliche Ausrichtung weiter erörtert würden." Und rückgebunden wird die genaue „Ausgestaltung des Synodalen Weges im September und November auf den jeweiligen Vollversammlungen von Deutscher Bischofskonferenz und ZdK". Am Ende des heutigen Pressestatements steht die Einladung der Vorsitzenden der DBK und des Laiengremiums gemeinsam an alle Katholik*innen in Deutschland, den Synodalen Prozess in Deutschland nach Kräften zu unterstützen:

"Von Herzen laden wir alle Katholikinnen und Katholiken ein, den Synodalen Weg zu unterstützen und mit uns über eine erneuerte Kirche nachzudenken, die ihren Beitrag zu einer humanen Gesellschaft leistet." (Ebd.)

Wider die gewaltige Krise, in welcher die katholische Kirche nicht nur in Deutschland, sondern weltweit steckt – oder: Bischöfe und Laien schreiben zusammen an Papst Franziskus

Nach Papst-Brief: Bischöfe und Laien schreiben zusammen an Franziskus

(Screenshot katholisch.de, 14.9.2019)

Die erweiterte Gemeinsame Konferenz von Vertreterinnen der Deutschen Bischofskonferenz und des Zentralkomitees der deutschen Katholiken antwortete am heutigen Samstag auf das Papstschreiben „An das pilgernde Gottesvolk" vom 29. Juni 2019, wie die Deutsche Bischofskonferenz und das Zentralkomitee der Deutschen Katholiken nach dem vom 13.-14.9.19 in Fulda angesetzten Vorbereitungstreffen für den geplanten "synodalen Weg" bekanntgaben.

In dem Brief erklären die Mitglieder der erweiterten Gemeinsamen Konferenz gegenüber Papst Franziskus, dass es bestärkend sei,

36

"dass Sie unsere 'Sorge um die Zukunft der Kirche in Deutschland teilen', und dass Sie uns zur 'Suche nach einer freimütigen Antwort auf die gegenwärtige Situation ermuntern'". (katholisch.de, 14.9.2019)

Weiter heißt es in dem Schreiben:
"Wir sehen wie Sie, dass wir unseren gesamten Weg vom 'Primat der Evangelisierung' her angehen müssen. Wir sind entschlossen, den Synodalen Weg als einen 'geistlichen Prozess' zu gestalten. Wir sind im 'kirchlichen Sinn' mit Ihnen verbunden, weil wir sowohl die Einheit der ganzen Kirche als auch die Situation vor Ort im Blick haben und weil uns die Beteiligung des ganzen Volkes Gottes ein großes Anliegen ist". (Ebd.)

Die Gemeinsame Konferenz hat auch die Texte aus den vier Vorbereitungsforen zu den Themen "Macht, Partizipation und Gewaltenteilung", "Sexualmoral", "Priesterliche Lebensform" und "Frauen in Diensten und Ämtern der Kirche" bearbeitet, die seit heute auf den Internetseiten der Bischofskonferenz und des ZdK zum Download hinterlegt sind.
Einen breiten Raum nahm bei der Gemeinsamen Konferenz von ZdK und DBK ebenfalls die Diskussion um die Satzung des 'Synodalen Weges' ein, nachdem ein diese Woche veröffentlichtes Schreiben des Leiters der Bischofskongregation Kardinal Marc

Ouellet vom 4. September 2019 zuvor einzelne Elemente der bisherigen Satzung angefragt und gemutmaßt hatte, ob es sich beim synodalen Weg nicht um eine Art 'Partikularkonzil' handele, dessen Themen "mit wenigen Ausnahmen nicht Gegenstand von Beschlüssen und Entscheidungen einer Teilkirche sein" (Ebd.) können.

Nach einem Bericht der Frankfurter Allgemeinen Zeitung vom 14.9.19 verwahrte sich der Vorsitzende der Deutschen Bischofskonferenz gegenüber dieser Kritik aus der römischen Bischofskongregation:

"In einem Brief an den Präfekten der Kongregation für die Bischöfe, Kardinal Marc Ouellet, beschied Marx dem engen Mitarbeiter des Papstes, es wäre wohl hilfreich gewesen, die römische Seite hätte vor der 'Versendung von Schriftstücken' das Gespräch gesucht. So hatte Marx in der vergangenen Woche ein Schreiben Ouellets und ein Gutachten des Päpstlichen Rates für die Gesetzestexte erhalten, in denen die Absicht der Deutschen Bischofskonferenz, gemeinsam mit dem Zentralkomitee der deutschen Katholiken (ZdK) auf einem 'Synodalen Weg' über Reformen in der katholischen Kirche zu beraten, als unvereinbar mit dem Kirchenrecht dargestellt wurde. Der 'Synodale Weg' sei vielmehr ein 'Prozess sui generis'. Daher sollten die Satzungen auch nicht durch

die Brille kirchenrechtlich verfasster Instrumente gelesen werden." (FAZ vom 14.9.19)

Kardinal Marx verweist in seinem Schreiben noch einmal auf den eigentlichen Grund und Anlass des eingeschlagenen ,Synodalen Weges: die „massive Glaubwürdigkeitskrise der Kirche nach der Aufdeckung zahlreicher Fälle sexuellen Missbrauchs". Ebenso verärgert drückte es bereits gestern der Essener Generalvikar Klaus Pfeffer aus:

"Offenbar ist in Rom immer noch nicht verstanden worden, in welcher gewaltigen Krise die katholische Kirche nicht nur in Deutschland, sondern weltweit steckt". (katholisch.de, 13.9.2019)

"Wider eine Pastoral der Aufrechterhaltung" – Zur Eröffnung der Amazonas-Bischofssynode und wie sie mit dem Synodalen Weg in Deutschland zusammenhängt

Mit der Eröffnungsmesse hat mit dem heutigen Sonntag die vom 6. bis 27. Oktober 2019 von Papst Franziskus in Rom einberufene Amazonassynode begonnen. Unter der Themenstellung „Amazonien – neue Wege für die Kirche und eine ganzheitliche Ökologie" handelt es sich bei dieser Bischofsversammlung um eine sogenannte Spezialsynode für eine bestimmte Weltregion, wie es sie ähnlich bereits im Jahr 2010 für den Nahen Osten und 2009 für Afrika gab.

Pfr. Werner Demmel, Leiter des Deutschen Pilgerzentrums in Rom, weist in seinem einführenden Kommentar zu Beginn der Eröffnungsmesse auf den Anlass der Synode hin:
"Im Mittelpunkt dieser Beratungen steht die Lage der Menschen im Amazonasgebiet und auch die Herausforderungen für die katholische Kirche dort."

Und er stellt dabei auch die Frage, warum die Aufmerksamkeit für diese Spezialsynode viel größer ist als bei bisherigen Spezialsynoden für andere Weltregionen:

„Was macht diese Synode für die europäischen Katholiken so wichtig?"
Das Amazonasbecken weist das zweitgrößte Waldgebiet der Erde auf und spielt eine wichtige Rolle für das Klima des Planeten. Innerkirchlich könnten neue Wege der Seelsorge im Amazonasgebiet Modellcharakter für die schrumpfende Kirche in Europa haben. Der Vatikan betont aber, dass sich Lösungen aus Lateinamerika nicht ganz einfach auf Europa kopieren lassen. Die Synodenteilnehmer werden in diesen Wo-

chen miteinander beraten und in der letzten Sitzungs-
woche ein Schlussdokument verabschieden, das dann
dem Papst übergeben wird. Ihm steht es frei dieses
Papier zu veröffentlichen." (Ebd.; eigene Übertragung)

Wie war die Vorgeschichte der Synode?

*"Papst Franziskus hat die Amazoniensynode am 15.
Oktober 2017 schon in Rom angekündigt, die Vorbereitung mit einem Besuch im peruanischen Puerto
Maldonado am 19. Januar 2018 angestoßen. Am 8.
Juni 2018 veröffentlichte das vatikanische Synodensekretariat ein Vorbereitungsdokument mit einem
Fragenkatalog. Auf Grundlage der Rückmeldungen,
u.a. aus rund 260 lokalen und regionalen Vorbereitungstreffen, erstellte das Sekretariat das Arbeitspapier Instrumentum laboris, das dann am 17. Juni
2019 veröffentlichte wurde."* (Ebd., eigene Übertragung)

Wer nimmt an der Amazonassynode teil?

Synodenteilnehmende sind 286 Bischöfe, Sachver-
ständige, Sondergesandte und Beobachter an der
Amazonassynode, darunter 35 Frauen – nach der aktuellen Synodenordnung noch ohne Stimmrecht –
und insgesamt 185 stimmberechtigte Synodenmitglieder. Von Amts wegen sind es zunächst die Ortsbischöfe der betreffenden Regionen:

"Amazonasbischöfe aus Bolivien, Brasilien, Ecuador, Peru, Kolumbien, Venezuela, Französisch-Guayana, Guayana und Suriname sowie die Spitzen von sieben Bischofskonferenzen, Vertreter der römischen Kurie und die Leitung des Panamazonien-Netzwerks RE-PAM (Red Eclesial PanAmazonica) sowie die Mitglieder des Vorbereitungsgremiums. Hinzu kommen 15 Ordensdelegierte und mehrere vom Papst direkt persönlich ernannte Teilnehmer." (Themenseite zur Amazonassynode der DBK.de)

Zusätzlich werden auch Beobachter verschiedener Glaubensgemeinschaften und Institutionen mit dabei sein sowie etwa 20 Indigene, die ihre Interessen bei der Synode vertreten werden.

Aus dem deutschsprachigen Raum nehmen Kurienkardinal Kurt Koch, Kardinal Reinhard Marx und Kardinal Christoph Schönborn sowie der emeritierte Amazonasbischof Erwin Kräutler, der wie Kardinal Schönborn ebenfalls aus Österreich stammt, teil; und als beratende Experten darüber hinaus P. Michael Heinz (Hauptgeschäftsführer der Bischöflichen Aktion Adveniat), Msgr. Pirmin Spiegel (Hauptgeschäftsführer des Bischöflichen Hilfswerkes Misereor) und Prof. Dr. Hans-Joachim Schellnhuber (Gründungsdirektor des Instituts für Klimafolgenforschung, Potsdam). Eine wichtige Rolle als Moderator spielt der sogenannte Generalrelator in der Person des brasilianischen Kardinals Cláudio Hummes, der auch aus Deutschland stammt bzw. seine Vorfahren.

Wie äußern sich Stimmen aus Deutschland zur Synode?- Oder: Nichts wird mehr sein wie zuvor!

"Danach ist nichts mehr wie zuvor", wenn der Amazonas-Gipfel vorüber sei, wird der Essener Bischof Franz-Josef Overbeck, der auch seit 2010 für das kirchliche Lateinamerika-Hilfswerk Adveniat tätig und Mitglied der Päpstlichen Kommission für Lateinamerika (CAL) ist, aktuell in einem Interview des Spiegel zitiert.

"Die Synode bedeutet eine Zäsur, weil deutlich wird, wie sehr ein riesiges Problem einer sehr großen Region unserer Erde ein Problem für alle Menschen und die ganze Welt werden kann. Wir wollen diese Herausforderungen annehmen und alles Menschenmögliche für eine Lösung tun. In diesem Sinn, so hoffe ich, ist danach nichts mehr wie zuvor." (Spiegel online vom 5.10.2019)

„Nichts wird mehr sein wie zuvor", sagte Ruhrbischof Franz-Josef Overbeck bereits Anfang Mai 2019 vor Journalisten, als er die „Zäsur", die diese Synode bedeuten könne, noch weitergehend einschätzte:

"Die hierarchische Struktur stehe genauso auf dem Prüfstand wie Sexualmoral, Priesterbild und die Rolle der Frau." (katholisch.de, 2.5.2019)

Laut Overbeck werde "die bevorstehende Amazonassynode ein einschneidendes Ereignis für die Kirche sein." (Ebd.) So sind die Erwartungen an die Synode bereits jetzt in mehrfacher Weise hochgeschraubt. Die Amazonassynode – so heißt es in Kommentaren aus deutscher Sicht – „ächzt unter ihrer Erwartungslast", zumal der Synodale Weg der Kirche in Deutschland mit seinen drei bzw. vier Foren eben die von Overbeck genannten Themen ja auch in den Blick genommen hat - deren thematische Fokussierung von einer Minderheit der deutschen Bischöfe auch kritisch gesehen wird. Zu erwarten ist auf jeden Fall, dass die Ergebnisse – und schon die Inhalte der Diskussion und die Art und Weise der Auseinandersetzung auf der Amazonassynode – einen maßgeblichen Einfluss auf den synodalen Prozess der deutschen Ortskirche nach seinem offiziellen Beginn Anfang Dezember haben werden.

Wider eine "Pastoral der Aufrechterhaltung"!
Papst Franziskus selbst zitiert in seiner Predigt zum heutigen neutestamentlichen Lesungstext des 27. Sonntags des Jahreskreises den Apostel Paulus (2 Tim 1,6-8.13-14), der wider eine pastorale „Verzagtheit" daran erinnert,

*"dass die Gnadengabe wiederentfacht werden muss.
[...] Wenn alles so bleibt, wie es ist, wenn unsere
Tage von der Devise ‚Man hat es immer so gemacht'
bestimmt werden, entschwindet die Gabe, sie wird
unter der Asche der Ängste und der Sorge erstickt,
den Status quo zu verteidigen."* (Ebd.)

Und er zitiert an dieser Stelle nicht von ungefähr seinen nicht im Verdacht der Traditionsvergessenheit
stehenden Vorgänger Benedikt XVI., dass die Kirche
*"sich keinesfalls auf eine Pastoral der 'Aufrechterhal-
tung' beschränken [darf], die nur auf jene ausgerichtet ist, die das Evangelium Christi bereits kennen.
Der missionarische Schwung ist ein klares Zeichen
für die Reife einer kirchlichen Gemeinschaft".* (*Apostolisches Schreiben Verbum Domini*, 95)

Wider eine „Pastoral der Aufrechterhaltung" plädiert
Papst Franziskus in der Eröffnungspredigt zur Amazonassynode für Reformen und eine „Kirche im Aufbruch" – ein Leitmotiv seines Pontifikates seit seinem
programmatischen Schreiben *Evangelii gaudium* von
2013 –, das auch ein zentrales Motiv des Synodalen
Weges in Deutschland ist.
*"Denn die Kirche ist immer im Aufbruch, immer un-
terwegs, nie in sich selbst verschlossen. Jesus ist
nicht gekommen, die Abendbrise, sondern das Feuer
auf die Erde zu bringen."* (Ebd.)

Über Höhe- und Tiefpunkte, "die innere Synode und die Synode außerhalb" und das Spüren einer "Aufbruchsstimmung": ein Rückblick auf die erste Woche der Amazonassynode

"Wir nähern uns mit christlichem Herzen und sehen die Realität des Amazonas mit den Augen eines Jüngers, um sie mit den Augen eines Jüngers zu verstehen und zu interpretieren... Und auch mit den Augen der Missionare, denn die Liebe, die der Heilige Geist in uns gelegt hat, treibt uns zur Verkündigung Jesu Christi auf; eine Verkündigung, wir alle wissen, dass sie nicht mit Proselytismus verwechselt werden sollte, aber wir nähern uns, die Amazonas-Realität mit diesem pastoralen Herzen, mit den Augen von Jüngern und Missionaren zu betrachten... Und wir nähern uns den Amazonasvölkern auf Zehenspitzen, respektieren ihre Geschichte, ihre Kulturen, ihren Lebensstil".
(Papst Franziskus in seiner Ansprache zur Eröffnung der Amazonassynode; eigene Übersetzung)

Mit der in diesen Worten ausgedrückten Haltung der Achtsamkeit und Hochachtung vor den Völkern des Amazonasgebietes eröffnete Papst Franziskus zu Wochenbeginn die Amazonassynode, deren Kernthemen im Anschluss – bezogen auf das Vorbereitungspapier der Synode (*Instrumentum laboris*) – von dem Generalrelator Kardinal Cláudio Hummes noch einmal zusammengefasst wurden:

a) Die Kirche im Amazonas und ihre neuen Wege;
b) Das Gesicht der Kirche Amazoniens: Inkulturation und Interkulturalität im missionarisch-kirchlichen Kontext; c) Die Dienstämter der Kirche im Amazonasgebiet: Priesteramt, Diakonat, weitere Dienste, die Rolle der Frauen; d) Das Handeln der Kirche bei der Pflege des gemeinsamen Hauses: Auf die Erde und die Armen hören; integrale ökologische, ökonomische, soziale und kulturelle Ökologie; e) Die Kirche Amazoniens in der städtischen Realität; f) das Thema Wasser. (Press.Vatican.va, 7.10.2019; eigene Übersetzung)

Bis Mittwoch und am heutigen Samstag arbeitete die Synode mit jeweils 4-Minuten-Statements der Synodenteilnehmenden im Plenum der Generalversammlung und am Donnerstag und Freitag in Kleingruppen von zwölf Sprachzirkeln zur gemeinschaftlichen Vertiefung und Ausformulierung einzelner Punkte für das Abschlussdokument. Insgesamt gibt es fünf spanische, vier portugiesische, eine englisch-französisch gemischte und zwei italienische Kleingruppen, in denen die Kardinäle Christoph Schönborn und Reinhard Marx einbezogen sind. Anders als bei den drei vorausgegangenen Synoden wird nicht nach dem didaktischen Dreischritt „Sehen, Urteilen, Handeln" gearbeitet, sondern schon von Anfang an bezogen auf alle Themen des Vorbereitungsdokumentes.

Wohltuend anders als bei vorausgegangenen Synoden – vor allem im Vergleich zu den Jahren 2014 und 2015, als der Eindruck „einer inneren Synode und einer Synode außerhalb" und vielfältige Indiskretionen und Verdächtigungen den Synodenverlauf beeinträchtigten, so dass Papst Franziskus das Synodenplenum jetzt bat, den Synodenprozess „wie ein Baby" zu pflegen –, sind die bisherigen Eindrücke des Synodenverlaufes harmonisch – und dies obwohl auch kontroverse Themen im Hinblick auf neue Zugänge zu Dienstämtern der Kirche, Liturgieformen und die Rolle der Frau diskutiert werden und bei den Pressekonferenzen Tag für Tag auch im Mittelpunkt stehen.

Umso erschreckender, wenn gegen den Synodenverlauf nun wirklich von ganz rechts außen gezündelt wird, indem einmal mehr das österreichische Internet-Nachrichtenmagazin kath.net den ebenfalls österreichstämmigen, in die Informationskommission der Amazonassynode gewählten, langjährigen Bischof von Xingu, Erwin Kräutler – wider alle Wahrheit und den Wortlaut seines Statements auf der Pressekonferenz – in populistischer Weise mit der Überschrift zitiert, dass er die indigenen Völker für „zu dumm" halte, um den Zölibat zu verstehen, als er über die Herausforderung sprach, die zölibatäre Lebensform gegenüber Kulturen zu vermitteln, die diese Lebensform schlichtweg nicht kennen.

Und nicht minder erschreckend auch die zynische Polemik des ehemaligen Leiters der Glaubenskongregation Kardinal Gerhard Ludwig Müller im Hinblick auf den ökologischen Fokus der Synode, wenn er Papst Franziskus direkt angreift und zu diskreditieren versucht mit der von einem anderen rechtskonservativen Internetmagazin gleich in der Überschrift verbreiteten Verächtlichmachung , dass es nicht seine Aufgabe als Nachfolger Petri sei, „sich um die Wasserqualität des Jordans oder die Vegetation in Galiläa zu kümmern."

Und Müller schießt mit dieser beißenden Kritik nicht minder gegen die Enzyklika *Laudato Si'*, obwohl sie noch zu Zeiten seiner Amtsführung in der Glaubenskongregation veröffentlicht wurde. Tatsächlich stellt Papst Franziskus in seiner Schöpfungsenzyklika „Menschwerdung, Leben, Sterben und Auferstehung Jesu Christi in einen schöpfungstheologischen Gesamtentwurf". (s. Blog-Beitrag vom 19.8.2015) Ohne die typisch lateinisch-westliche Erlösungslehre mit ihrem Fokus auf der rechtlichen Bereinigung des

Gott-Mensch-Verhältnisses und ihrer Frage, wie denn der Einzelne frei von Sünde und Schuld werde, hintanzustellen, orientiert sich das ebenso in der Theologiegeschichte verbürgte kosmologische Erlösungsverständnis der Enzyklika *Laudato Si'* „an dem in Schöpfung und Bibel gleichermaßen zu erkennenden Wirken Gottes, der Wahrnehmung und Wertschätzung alles Geschaffenen" und der „Verantwortung für das gemeinsamen Haus". (Ebd.)

Und ebendies ist der Ansatz, das Grundverständnis, der Amazonassynode, wie es Kardinal Hummes zu Synodenbeginn zum Ausdruck gebracht hat, und das die Synode in den nächsten Wochen und die Kirche wahrscheinlich darüber hinaus beschäftigen und prägen wird.
"Unsere Kirche ist sich bewusst, dass ihre religiöse Mission im Einklang mit ihrem Glauben an Jesus Christus unweigerlich die 'Pflege des gemeinsamen Hauses' einschließt." (Press.Vatican.va, 7.10.2019; eigene Übersetzung)

"Alles ist miteinander verbunden" (LS 16, 91, 117, 138), zitiert Kardinal Cláudio Hummes aus *Laudato Si'*, mit welchem Zitat aus der Schöpfungsenzyklika auch Kardinal Marx sein Statement – ebenfalls schon am Synodeneröffnungstag gesprochen– ausklingen ließ.

Dass der Heilige Geist die Synode leiten möge, ist der Wunsch, ist die Bitte zum Gebet und die damit einhergehende Aufforderung zur Parrhesia von Papst Franziskus an alle Synodenteilnehmenden. Das Interview der als Expertin teilnehmenden Misereor-Referentin für Brasilien, Regina Reinart, dass trotz des fehlenden Frauenstimmrechts derzeit „eine Aufbruchsstimmung […] ein Kairos-Moment, ein Moment der Entscheidung" spürbar sei, stimmt zuversichtlich.

Für eine „Pastoral der Gegenwart" und nicht „des Besuchs" – oder: die Arbeitsergebnisse der zweiten Synodenwoche und die Erwartung eines Schlussdokumentes mit regionaler und universeller Bedeutung

(Screenshot Vatican Media vom 7.10.2019)

51

Am Donnerstagnachmittag dieser zweiten Synodenwoche wurden die Berichte der zwölf Circoli minori,
die Arbeitsergebnisse der Sprachgruppen, mit konkret ausgearbeiteten Vorschlägen für das Schlussdokument vorgestellt. Sie werden gerade heute und morgen von den gewählten Mitgliedern des Redaktions-
kreises für eine erste Version des Schlussdokuments,
das sogenannte „Draft document", zusammengeführt,
damit dieses zu Beginn der letzten Synodenwoche
diskutiert und in den Sprachgruppen beraten wird und
mit den Veränderungswünschen in das am 26. Oktober zur Abstimmung stehende Schlussdokument fließen kann.

Der deutsch-brasilianische Bischof Johannes Bahl-
mann berichtet aus seiner portugiesisch sprechenden
Gruppe (Circolo Português "D") von elf Amazonien
bezogenen Themen, die diese D genannte Gruppe
vertieft behandelt hat:

"*Ausbildung und Fortbildung der Laien, Weihe und
Dienste in der Kirche und die Rolle der Frau in der
Kirche, missionarische Ausbildung der Priester, Gewalt (Menschen-, Drogen- und Waffenhandel), verschiedene Kulturen Amazoniens, Völksfrömmigkeit,
Ordensleben, Jugend, Migration und Urbanisierung,
ganzheitliche Ökologie.*" (Vatican News, 16.10.19)

Eine Kirche der Gegenwart gegenüber einer Kirche des Besuchs - Una Iglesia actual en vez de una Iglesia visitante (Circolo English/Français)

Dass die Synodenteilnehmenden „viel von einer Pastoral der Gegenwart und nicht des Besuchs" sprechen („…parlano molto di una pastorale di presenza e non solo di visita….") nimmt Kardinal Schönborn, der ebenfalls zum Kreis der Redaktionsmitglieder gehört, in einem Interview wahr.

"Tenemos urgencia de profundizar lo que significa una IGLESIA MINISTERIAL y servidora en clave sinodal, pasando de una "pastoral de visita" a una "pastoral de presencia" y donde existe la corresponsabilidad y el compromiso de un proceso evangelizador, desde una conversión permanente (Pastoral, Ecológica y Sinodal)." (Circolo Español "D")

"Wir spüren die Dringlichkeit tiefer zu ergründen, was eine DIENENDE KIRCHE und eine dienende synodale Verfasstheit bedeuten, die Entwicklung von einer "Pastoral des Besuchs" zu einer "Pastoral der Gegenwart" und wie es entsprechend einer permanenten Umkehr Mitverantwortung und gemeinsames Engagement in einem Prozess der Evangelisierung gibt." (pastoral, ökologisch und synodal). (Ebd.; eigene Übertragung)

"Die meisten Berichte, vor allem jener der spanisch-
sprachigen und portugiesischsprachigen Zirkel, die
auf eine Kirche „der Gegenwart" und nicht „des Besuchs" abzielten, befürworten den Vorstoß, dass verheirateten Männern, vorzugsweise Einheimischen,
die von den Herkunftsgemeinschaften ausgewählt
wurden, unter bestimmten Bedingungen das Priesteramt übertragen werden könnte." (Vatican News,
18.10.19)

Neue Zugangswege zu den Ämtern in der Kirche

Im Votum der ersten portugiesischen Gruppe wird
von der „Notwendigkeit" gesprochen, neue Zugangs-
wege zu den Ämtern in der Kirche zu ermöglichen.
*"Diante da necessidade de uma Igreja permanente
para além da visita, entendemos que é necessário
multiplicar nossa presença de Igreja na Amazônia,
com novos ministérios."* (Circolo Português "A")

*"Angesichts der Notwendigkeit einer immer anwesen-
den Kirche gegenüber einer Kirche des Besuchs treten wir dafür ein, dass es notwendig ist, unsere Präsenz der Kirche im Amazonasgebiet mit neuen Dienstämtern zu bereichern."* (Ebd.; eigene Übertragung)
Und neue Zugangsmöglichkeiten von Frauen zu Ämtern werden u.a. von der zweiten spanischen Arbeitsgruppe angeregt:

"Además, se reconoce que muchas funciones propias de este ministerio son realizadas por las mujeres en la Amazonía, siendo ellas quienes sostienen en tantos lugares la presencia permanente de la Iglesia y alimentan los procesos de la fe." (Circolo Español "B")

"Darüber hinaus wird anerkannt, dass viele Funktionen dieses Dienstes von Frauen im Amazonas realisiert werden, da sie an so vielen Orten die ständige Präsenz der Kirche unterstützen und die Prozesse des Glaubens nähren." (Ebd.; eigene Übertragung)

Das Vorbereitungsdokument (*Instrumentum laboris*) hatte bereits in den Ziffern 126 c) und 129 a) - c) diese Handlungsempfehlungen hervorgehoben und dabei die Bedeutung der Feier der Eucharistie in den Mittelpunkt gestellt. „Die Kirche lebt von der Eucharistie", und die Eucharistie baut die Kirche auf. [Johannes Paul II., Ecclesia de Eucharistia (2003), Einleitung Nr.1., Titel von Kap II]. Daraufhin brauche es - so folgert das Vorbereitungsdokument - veränderte „Kriterien für die Auswahl und Vorbereitung der zur Zelebration autorisierten Amtsträger". (IL 126 c)

Eine Kirche im Aufbruch und in einem Zustand permanenter Mission (Circulus Português "A")

Mit Papst Franziskus (vgl. *Evangelii gaudium* 20) sprechen die portugiesischen Arbeitsgruppen "A", "C" und "D" und die spanischen Sprachzirkel "C" und "D" von einer „Kirche im Aufbruch" („Igreja em saída"; „Iglesia en salida") und machen zugleich deutlich dass die Amazonassynode das bloße Amazonasgebiet übersteigt.

Este Sínodo es regional, pero también universal (Circolo English/Français)

Der von deutscher Seite als synodaler Berater teilnehmende P. Michael Heinz SVD hat heute in einem Kommentar bereits daran erinnert, dass Reformen meistens *"von der Peripherie kommen und im Zentrum dann bestätigt werden"* (katholisch.de, 19.10.19), wie es der französische Theologe Yves Congar schon in den 1950er-Jahren festgestellt hat. Bereits das "Draft Document" zu Beginn der dritten Synodenwoche wird es andeuten, ob und wie von der Amazonassynode Impulse für die Weltkirche ausgehen werden.

"Diese Synode ist regional, aber sie hat auch universelle Bedeutung" (Ebd. eigene Übersetzung)

Auf der Zielgeraden der Amazonassynode - oder: über "die Lösung von Konflikten im Dialog aufmerksamem Hinhörens und geistlicher Unterscheidung"

Wie Kritik am Papst, der Umgang mit Konflikten und Synodalität miteinander zusammenhängen, sind die großen Fragen dieser Woche auf der Zielgeraden der Amazonassynode. Dass sich die Kritik in ultrakonservativen Kreisen am Papst selbst festmacht - wie schon im Blog-Beitrag vom 12.10.19 beschrieben -, lässt Kardinal Christoph Schönborn als langjährigen Synodenteilnehmer an Situationen eines früheren Papstes denken.

(Screenshot des Pressebriefings, Vatican Media, 21.10.19)

"Die Kritik am heutigen Papst erinnere ihn in manchem an die streckenweise heftige Polemik gegen Papst Paul VI. (1963-1978). Auch jenem Papst hätten seinerzeit manche Kritiker vorgeworfen, dass er die

Kirche zerstöre, während andere meinten, er gehe mit seinen Reformen nicht weit genug". (katholisch.de, 21.10.19)

Dass Papst Franziskus mit seinem Weg einer "Kirche im Aufbruch" (vgl. Blog-Beitrag vom 19.10.19) und eines fortgesetzten Aggiornamentos über einen von der gesamten Kirche mitgetragenen und mitgegangenen synodalen Weg allen auf diese Weise beteiligten Menschen aus der Seele spricht, indem er ihre Stimmen über Befragungen und Beteiligung (allein im Vorfeld der Amazonassynode und der Erstellung des Vorbereitungsdokuments waren 90.000 Menschen in über 200 Vorbereitungstreffen in direkter Weise eingebunden) einholt und sie als Synodenteilnehmende in repräsentativer Weise einbezieht, unterstreicht, "dass er geliebt wird und dass viele hundert Millionen Menschen für ihn beten." (Ebd.)

Papst Franziskus selbst geht mit Kritik an seiner Person überraschend humorvoll um (wohingegen Papst Paul VI. nachgesagt wurde, dass er unter der Kritik gelitten haben soll), wenn er „Angriffe konservativer Kreise gegen seine Amtsführung sogar als "eine Ehre" bezeichnet".

Umgekehrt gehören für ihn die Auseinandersetzung mit Differenzen und der Konflikt auch zum Zeichen echter Synodalität – gerade wenn es um das Angehen neuer Herausforderungen für die Kirche geht. In seiner heutigen Mittwochskatechese nimmt er darauf im Blick auf die Heidenmission der frühen Kirche Bezug:

"Denn die Apostel predigten zunächst nur den Juden, doch dann klopften die Heiden an die Tür der Kirche. Und diese Neuheit der offenen Türen für die Heiden führt zu einer sehr erregten Kontroverse." (Vatican News, 23.10.19)

Und der Kommentar der Vatican News-Redaktion trifft sicher den Nagel auf den Kopf, dass es „sicher nicht ganz ohne einen Seitenblick auf die heutigen Zustände [war], dass der Papst [...] die damalige, in der Apostelgeschichte geschilderte Debatte referierte. Um das rechte Verhältnis der Befolgung des mosaischen Gesetzes und des Glaubens an Christus sei es gegangen. Um den Streit zu lösen, sei schließlich in Jerusalem ein Apostelkonzil zusammengetreten." (Ebd.)

"Da ging es um eine sehr heikle theologische, geistliche und disziplinarische Frage. Entscheidend waren die Reden von Petrus und Jakobus. Sie riefen dazu auf, den Heiden keine jüdische Beschneidung aufzuerlegen, sondern nur eine Zurückweisung des Götzendienstes mit seinen verschiedenen Ausprägungen. Aus der Diskussion ergibt sich der gemeinsame Weg.

Ähnlich wünscht es sich der Papst wohl auch mit dem Synodalen in der Kirche. Im Vatikan tagt derzeit eine Bischofssynode zum Thema Amazonien; auch hier sind die Gemüter erhitzt, es geht im Kern um dasselbe wie damals in Jerusalem, nämlich wie weit sich der Christusglaube inkarnieren, auf lokale Gegebenheiten und Glaubensformen einlassen darf. (Ebd.)

Ein Dialog aus Hinhören und geistlicher Unterscheidung

"Die Versammlung von Jerusalem gibt uns wichtige Aufschlüsse über die Art und Weise, wie wir Divergenzen angehen und die Wahrheit in der Liebe (vgl. Epheser 4,15) suchen sollten. Sie erinnert uns daran, dass die kirchliche Methode für die Lösung von Konflikten auf dem Dialog basiert – einem Dialog aus aufmerksamem Hinhören und auf geistlicher Unterscheidung im Licht des Heiligen Geistes. Das hilft uns, die Synodalität zu verstehen.

„Der Heilige Geist und wir haben beschlossen": So beginnt der Text der Einigung, auf die sich die Streithähne von Jerusalem damals verständigt haben. „Das ist Synodalität: die Anwesenheit des Heiligen Geistes." (Ebd.)

Eben diese Kennzeichen echter Synodalität wurden auch in der heutigen Pressekonferenz von dem –

ebenfalls wie Kardinal Schönborn Synodenerfahre-
nen - Kardinal Oswald Gracias, Erzbischof von Bombay, ähnlich wie schon im Rahmen der Jugendsynode
des letzten Jahres und ebenfalls vom Leiter des Kom-
munikationsdirektors Paulo Ruffini mit Verweis auf
das Procedere der Erstellung des Synodenabschluss-
dokumentes entsprechend der im Vorjahr neu erlas-
sene Synodenordnung *Episcopalis communio* hervorgehoben. Am Samstagnachmittag werden die
maßgeblichen Änderungen der Kleingruppen-Einga-
ben und letzte Modi (nach der ersten Lesung am Vortag) berücksichtigende Abschlussdokument Absatz
für Absatz abgestimmt und im besten Fall mit Zweidrittelmehrheit und schließlich auch von Papst Franziskus selbst angenommen.

Angesichts der Bedeutung der Themen angesichts
des „Schreies des Volkes und der der Erde" (IL 4,
44f) ist der katholischen Kirche unter der Führung
des Heiligen Geistes nichts Besseres zu wünschen!

"Tradition als Bewahrung der Zukunft, nicht als Behüten der Asche" – oder: "Die pastorale, ökologische, kulturelle und synodale Bekehrung" der Amazonassynode und ihre Bedeutung für den Synodalen Weg der Kirche in Deutschland

(Papst Franziskus bei der Abschlussansprache; Screenshot Vatican News, 26.10.19)

Im Live-Kommentar für Vatican News, rekapituliert Claudia Kaminski zu Beginn der Abschlussmesse der Bischofssynode für das Amazonasgebiet die wesentlichen Ergebnisse dieser Sonderversammlung:

"Die Synode ist mit einem Aufruf der Teilnehmenden zu einer ganzheitlichen Umkehr in der katholischen Kirche zu Ende gegangen. Das veröffentlichte Schlussdokument spricht von vier Arten der Bekehrung: pastoral, ökologisch, kulturell und synodal. Angeregt wird auch die Weihe verheirateter Männer zu

Priestern für entlegene Gemeinden sowie die Ent-
wicklung eines amazonischen katholischen Ri-
tus." (vgl. auch Vatican News, 26.10.2019)

Wie diese vier Arten der Bekehrung innerlich zusammenhängen, wird im Synodendokument im 4. Kapitel des Abschlussdokumentes über die ökologische Umkehr deutlich:

"Unser Planet ist ein Geschenk Gottes", beginnt dieses Kapitel (65) und lenkt den Blick auf dringend erforderliches Handeln angesichts einer „sozioökologischen Krise" im noch nie dagewesenen Maßstab. Sich als katholische Kirche mit der unbegrenzten Ausbeutung des „gemeinsamen Hauses und seiner Bewohner" auseinanderzusetzen, sei dringend, zur ganzheitlichen Ökologie gebe es keine Alternative, sie sei nicht irgendein zusätzlicher Weg, den die Kirche wählen könne, um die Zukunft dieses Gebiets zu sichern: „Sie ist der einzige mögliche Weg."
(67) (Vatican News, 26.10.19)

"Stirbt Amazonien, dann stirbt die Welt",
hatte auch der renommierte deutsche Klimaforscher Hans Joachim Schellnhuber zu Beginn der abschließenden Synodenwoche die Teilnehmenden der Synode gemahnt, so dass eine Bekehrung auf allen Ebenen notwendig sei. Die Kirche habe für diese nötige

Konversion – so Kardinal Schönborn in einem Interview – eine Botschaft:

"Um umkehren zu können, braucht es Verzicht; um verzichten zu können, braucht es Kraft und Motivation. Beides gibt das Evangelium." Das Evangelium zu leben, sei daher die Kraftquelle, die man brauche, um die nötige ökologische, soziale, wirtschaftliche und kulturelle Umkehr zu schaffen." (Kathpress.at vom 26.10.19)

Diesen Begründungszusammenhang hatte Papst Franziskus – sein programmatisches Lehrschreiben *Evangelii gaudium* (261) aus dem ersten Jahr seines Pontifikates zitierend – bereits in seiner Umweltenzyklika *Laudato Si'* im Jahr 2015 herausgestellt:

"Denn es wird nicht möglich sein, sich für große Dinge zu engagieren allein mit Lehren, ohne eine „Mystik", die uns beseelt, ohne „innere Beweggründe, die das persönliche und gemeinschaftliche Handeln anspornen, motivieren, ermutigen und ihm Sinn verleihen" (*Enzyklika Laudato Si'*, 216)

Tradition als Bewahrung der Zukunft

Papst Franziskus warnt deshalb in seiner live gestreamten Abschlussansprache vor der Versuchung das synodal über drei Woche erarbeitete Abschlussdokument auf Teilaspekte zu reduzieren,

"...sich bei der Berichterstattung über das Synoden-Schlussdokument nicht „auf bestimmte disziplinarische Fragen zu versteifen" – wohl eine Anspielung auf die Zölibatsfrage. „Kleine elitäre Gruppen" innerhalb der katholischen Kirche würden wohl auch diesmal wieder versuchen, ihre Sicht der Dinge durchzusetzen, indem sie sich auf „Details" stürzen und das „große Ganze" aus dem Auge verlieren. [...] Manche denken, die Tradition wäre ein Museum, etwas Altes. Ich sage hingegen gern: Die Tradition ist die Bewahrung der Zukunft, nicht das Behüten der Asche. Sie ist wie die Wurzeln, durch die der Saft den Baum wachsen lässt, damit er Frucht bringt." (Vatican News, 26.10.19)

Die Synodale Erfahrung der Amazonassynode

Synodalität, das synodale Voranschreiten der Sonderversammlung für das Amazonasgebiet, ist Teil der Lösung einer lebendigen Weiterentwicklung der Tradition:

"Damit die Kirche wirklich miteinander voranschreitet, braucht sie heute eine Umkehr zur synodalen Erfahrung (88), hält die Synode fest. Dieses neue Miteinander brauche eine Kultur des Dialogs und des Zuhörens, der geistlichen Unterscheidung, des Konsens ‚um Räume und Modalitäten geteilter Entscheidung zu finden und auf die pastoralen Herausforderungen zu antworten'. So werde sich im Leben der Kirche

eine geteilte Verantwortung ‚im Geist des Dienens'
herausbilden. Die Synode stellt diese Aufgabe als
dringlich heraus, um ‚Klerikalismus und willkürliche
Eingriffe' zu überwinden." (Vatican News,
26.10.2019)

'Viri probati' und Frauen als Diakoninnen?!

Jenseits einer Reduzierung auf Schlagzeilen zur Sy-
node spürte ich dann doch eine innere Bewegung und
Rührung, als ich bei der Vorbereitung des morgendli-
chen Frühstücks im Radio den Synodenvorschlag der
Weihe von "viri probati" für die Seelsorge im Amazonasgebiet – obwohl das Synodendokument diesen
Begriff als solchen vermeidet – zum Abschluss der
Radio-Kurznachrichten im Westdeutschen Rundfunk
hörte und diese Meldung später dann auch in den
Nachrichtensendungen des Fernsehens wahrnahm.
Die Begründung des mit einer Zweidrittelmehrheit
angenommenen (bei 41 Gegenstimmen) Synodenvor-
schlages folgt im Absatz 111 der in diesem Blog bereits zitierten Begründung des Vorbereitungsdokumentes:

"Rechtmäßige Unterschiede schädigten die Einheit
der Kirche nicht, sondern dienten ihr, wie auch die
Vielfalt der existierenden Riten und Disziplinen be-
zeuge. Deshalb schlage man angesichts des Priester-
mangels und der sakramentalen Notlage in Amazo-
nien vor, Kriterien zu erstellen, „um geeignete und

von der Gemeinde anerkannte Männer, die ein
fruchtbares Ständiges Diakonat innehaben, zu Priestern zu weihen". Diese Priester mit bereits bestehender Familie könnten „in den entlegensten Regionen
des Amazonas das Wort verkünden und die Sakramente feiern". (Vatican News, 26.10.19)

"Vorsichtiger gibt sich das Dokument mit dem Diakonat der Frau. Das Thema sei bei den Beratungen vor
der Synode und der Synode selbst sehr präsent gewesen, heißt es ausdrücklich. Man bitte darum, die Erfahrungen aus Amazonien mit der Studienkommission
teilen zu können, die im Auftrag von Papst Franziskus geprüft hatte, welche Aufgaben den Diakoninnen
der Urkirche historisch zukamen und was das für die
Zukunft heiße. „Wir erwarten ihre Ergebnisse", heißt
es in Punkt 103" (Vatican News, 26.10.19), der
mit 30 Gegenstimmen der zweitumstrittenste der
Amazonassynode war. Umgekehrt stimmten nur 11
Synodale gegen den Vorschlag, Frauen als "Gemeindeleiterinnen" – Punkt 102 – zuzulassen.

…und die Bedeutung für den Synodalen Weg der Kirche in Deutschland

Diese Punkte – Gegenstandsbereich auch der Foren
des Synodalen Weges in Deutschland –, aber im
Grunde das Gesamtverständnis einer synodalen Kirche, stehen auch bei dem Anfang Dezember in

Deutschland beginnenden Synodalen Weg im Mittelpunkt der Beratungen.

Wie offen die Bischofssynode in Rom – mit einer transparenten Öffentlichkeitsarbeit über täglich live gestreamte Pressekonferenzen, die Veröffentlichung der Ergebnisse der Kleingruppenarbeit in den Sprachgruppen bis hin zur Präsentation der Abstimmungsergebnisse des Abschlussdokumentes – mit all diesen Themen auf weltkirchlicher Ebene ohne Scheuklappen, Denk- und Sprachverbote umgegangen worden ist, kann auch für die Kirche in Deutschland ein Beispiel und Vorbild sein.

Nicht beeindrucken lassen sollten sich auch die Teilnehmenden des Synodalen Weges in Deutschland von den jedes synodale Voranschreiten blockierenden und den Gesamtzusammenhang der vier zu Beginn dieses Beitrags genannten Dimensionen der Bekehrung aus dem Blick verlierenden "kleinen elitären Gruppen", die Papst Franziskus in seinen letzten Worten der Abschlussansprache der Amazonassynode an ein Zitat von Charles Péguy erinnerten:

"Weil sie nicht den Mut haben, auf der Seite der Welt zu sein, glauben sie, auf der Seite Gottes zu stehen. Weil sie nicht den Mut haben, sich im menschlichen Leben zu engagieren, glauben sie für Gott zu kämpfen. Weil sie niemanden lieben, glauben sie Gott zu lieben." (Vatican News, 26.10.19)

Grünes Licht für den Synodalen Weg und „Bausteine für den Synodalen Weg im Reißverschlussverfahren" aufgrund des Paradigmenwechsels in der Neubewertung von Homosexualität

Gut einen Monat nach Beendigung der Amazonassynode nehmen auch in Deutschland die Vorbereitungen des Synodalen Weges weiter Kontur an: Nachdem die Vollversammlung der Deutschen Bischofskonferenz am 25. September 2019 und der Hauptausschuss des Zentralkomitees der deutschen Katholiken (ZdK) am 18. Oktober 2019 die Satzung des Synodalen Weges bereits angenommen hatten, beschließt nun auch die vom 22. bis 23 November 2019 zusammengekommene Vollversammlung des Zentralkomitees der deutschen Katholiken den Synodalen Weg gemeinsam mit der Deutschen Bischofskonferenz zu gehen.

69

Im Zentrum der Beratungen der Vollversammlung stehen diesbezüglich die Benennung der Delegierten für den Synodalen Weg und die Verabschiedung einer Erklärung unter dem Titel „Segen schenken – Segensfeiern für gleichgeschlechtliche Paare". Als einen „Baustein für den synodalen Weg im Reißverschlussverfahren" bezeichnet Birgit Mock als Sprecherin des ZdK für familienpolitische Grundfragen die Erklärung und den zugehörigen Grundlagentext mit einigen best practice-Beispielen, an dem Vertreter*innen aus der theologischen Wissenschaft, kirchlichen Arbeitsstellen, katholischen Verbänden und Dachorganisationen, Initiativen, den Diözesanräten und der Seelsorgearbeit mitgewirkt haben. Die Erklärung wirbt für eine differenzierte Sicht auf Partnerschaft und Sexualität und einen wertschätzenden Blick auf die "Vielfalt von Segenswünschen", wie Dr. Martina Kreidler-Kos als Mitglied der Arbeitsgruppe in ihrem einführenden Impulsvortrag hervorhebt.

"Es soll nicht zuerst auf vermeintliche Defizite von Paaren geschaut werden, sondern auf die Liebe, die Paare miteinander leben, und die Gottessehnsucht, die sich in ihrem Wunsch nach einem kirchlich vermittelten Segen ausdrückt. Eine pauschale Abwertung von Partnerschaften, die keine sakramentale Ehe eingehen können, hält das ZdK für nicht tragbar

und sieht hier einen dringenden pastoralen Handlungsbedarf. Entsprechend fordert es eine offizielle Entwicklung der liturgischen Praxis in der katholischen Kirche." (ZdK vom 23.11.2019)

Ein Paradigmenwechsel in der Neubewertung von Homosexualität

Zugrunde liegt dieser Forderung ein grundsätzlicher Paradigmenwechsel in der Neubewertung von Homosexualität, auf den Prof. Benedikt Kranemann in seinem Statement am im Rahmen der Vollversammlung hinweist:

"Wir beobachten seitens der Liturgiewissenschaft – und ich denke, das bewegt ja auch die Pastoral sehr stark –, dass wir [...] – in den letzten Jahrzehnten hat das eine besondere Dynamik bekommen – es zunehmend mit Lebenssituationen zu tun haben, in denen Menschen um Segen bitten, aber wir mit tradierten Formen des Gottesdienstes und der entsprechenden Theologie diese Felder, diese Lebenssituationen nicht abdecken können." (ZdK Live-Stream vom 23.11.2019; eigene Übertragung)

"Wir erleben hier in der Theologie [...] in den letzten Jahren einen wirklichen Paradigmenwechsel – und der Begriff passt hier wirklich –, ein Paradigmenwechsel, was die Einschätzung von Homosexualität angeht. Ein Paradigmenwechsel, den Sie beobachten

71

können in der Exegese des Alten und Neuen Testament, den sie beobachten können sehr stark in der Moraltheologie, in der systematischen Theologe und – ich muss leider sagen – erst in letzter Zeit auch in der Liturgiewissenschaft". (Ebd.)

Die Bedeutung des Paradigmenwechsels für Segnungsfeiern

"Die Theologie des Segens, wie sie durch das Benediktionale als [...] amtliches, liturgisches Buch formuliert ist, geht von einer grundsätzlichen Segensbedürftigkeit des Menschen aus und interpretiert diese als Verlangen [...] ‚nach Heil, Schutz und Erfüllung für das eigene Leben'. Wo Menschen nach Segen verlangen, um sich die Zuwendung Gottes zusprechen zu lassen oder sich ihrer zu versichern, kann dieses nicht verweigert werden. [...] Die Kirche lässt sich hier in Dienst nehmen. Segen bedeutet Dank und Lobpreis, Deutung des Lebens aus dem Glauben und Bitte um neue Lebenschancen; und bedeutet auch Verbindung des Lebens eines Paares zur Heilsgeschichte Gottes." (Ebd.)

Die Segensfeier als Vollform der Liturgie

"Die Kirche hat jeweils auf Veränderungen von Lebensverhältnissen, von Partnerschaftskonstellationen reagiert. Liturgiegeschichte ist hier nicht stehenge-

blieben, sondern bleibt dynamisch. Solche Segensfei-
ern [...] müssen als Liturgie der Kirche in einer ent-
sprechenden theologisch-ästhetischen Feiergestalt
begangen werden. [...] Diese Feiern sind Ausdruck,
Performanz eines veränderten kirchlichen Umgangs
mit unterschiedlichen Partnerschaftskonstellationen -
hier eben mit gleichgeschlechtlichen Partnerschaften
[...] Es muss [...] eine Liturgie in Vollform sein [...],
keine Liturgie, die gleichsam im Privaten stattfinden
und stattfinden muss, also diese ‚Sakristei-Verhält-
nisse‘, keine Liturgie, die auf Wesentliches wie einen
Segen verzichtet, keine Liturgie die ohne kirchliche
Leitung stattfindet usw. usf. Die Lebenssituation, der
symbolisch-zeichenhaft der Segen zugesprochen
wird, muss gottesdienstlich, rituell ernstgenommen
werden." (Ebd.)

Der angemessene Ritus für die Segnung einer Partnerschaft

"Eine Liturgie für ein gleichgeschlechtliches Paar
wird sich möglicherweise anderer Zeichen bedienen
können als diejenige wie für ein heterosexuelles
Paar. [...] Es kann aber nicht darum gehen durch
eine Herabstufung der Feierlichkeit solcher Feiern o-
der den Verzicht auf einzelne Elemente – da ist im-
mer die Diskussion: Umgang mit dem Ring oder den
Ringen – einen Unterschied zur sakramentalen Ehe

zu markieren. [...] Es geht um den angemessenen Ritus für die Segnung einer Partnerschaft." (Ebd.)

Die besondere Bedeutung des Segensgebets
"Zu einer solchen Segensfeier gehört ein entsprechendes Segensgebet. [...] Es muss ein anamnetisch-epikletisches Gebet sein. Es muss ein Gebet sein, das die Heilsgeschichte erinnert, als gegenwärtig-relevant erinnert und das Paar in diesen Kontext der Heilgeschichte hinstellt. Und es muss ein Segengebet sein - das wäre das Stichwort Epiklese –, das um die Gabe des Geistes Gottes in dieser Situation betet. Das Paar hat teil an der Heilgeschichte Gottes. [...] Solche Gebete brauchen deshalb die gerade beschriebene diese Doppelstruktur. Sie tragen – liturgiewissenschaftlich betrachtet – den Charakter eines 'zentralen Gebetes'. Und dieses 'zentrale Gebet' gibt über die Bedeutung für die Kirche wie für das Paar Auskunft. Die kirchliche Akzeptanz solcher Feiern mehr noch der Menschen, die diese begehen muss sich in der Öffentlichkeit der Feier und einer wie auch immer legitimierten kirchlichen Leitung ausdrücken. Diese Feiern haben kirchliche Relevanz und theologisch betrachtet haben sie auch ekklesiologische Relevanz." (Ebd.)

Das Zentralkomitee der deutschen Katholiken tritt mit der heutigen Erklärung für die kirchenamtliche

Zulassung von Segensfeiern für homosexuelle Menschen ein. Für Benedikt Kranemann wäre bei einer kirchenamtlichen Zulassung notwendig auch *„eine Entschuldigung bei den Paaren geboten, deren Leben durch kirchliche Verweigerung solchen Segens beschädigt worden ist.*" (Ebd.)

Bausteine für den Synodalen Weg im Reißverschlussverfahren

Die Erklärung zur Neubewertung von Homosexualität und die sich eröffnenden Möglichkeit von Segensfeiern für gleichgeschlechtliche Partnerschaften sind – wiederholt mit den bereits zitierten Worten gesagt – „Bausteine für das Reißverschlussverfahren auf dem Synodalen Weg". Mit den anderen Bausteinen, die allein das neu benannte Forum 3 des Synodalen Weges „Leben in gelingenden Beziehungen – Liebe leben in Sexualität und Partnerschaft" bereithält, und den vielen anderen der drei weiteren Foren stehen eine große Anzahl zentraler Themen auf der Agenda des Synodalen Weges.

Und der Baustein ‚Segensfeiern' gehört sicher auch zu den Anliegen, zu denen zehn Generalvikare in einem gemeinsamen Brief vom 5. November 2019 an die Deutsche Bischofskonferenz und das Zentralko-

mitee der deutschen Katholiken „grundlegende Reformen" in der Kirche im Zuge des Synodalen Weg
gefordert haben:

*"In einer Welt, die immer mehr zusammenwächst und
gleichzeitig von wachsender Vielfalt und Freiheit bestimmt ist, wünschen wir uns eine Kirche, in der Pluralität und Diversität gewünscht und erlaubt
sind."* (katholisch.de, 5.11.2019)

Birgit Mock unterstreicht in ihrem Statement bei der
Vorstellung der ZdK-Erklärung zu den Segensfeiern
diesen Wunsch nach Diversität, indem sie den Moraltheologen Stefan Görtz zitiert: „*Mit Diversität innerhalb und zwischen den Ortskirchen ist zu rechnen.
Das ist ein Preis der christlichen Freiheit.*" Und sie
ergänzt, dass dies zugleich „eine Chance für die Un-
gleichzeitigkeiten in unserer Weltkirche" sei.

**Evangelisierung als "Kern der Reform".
Weihnachtsansprache von Papst Franziskus
über die "pastorale Neuausrichtung" der
Kirche**

"Die Kirche ist 200 Jahre
lang stehen geblieben"

Papst Franziskus spricht zur Römischen Kurie. Vatican Media via Reuters

(Screenshot Die Presse, 21.12.2019)

Seit Beginn seines Pontifikates steht die Reform von
Kirche und Kurie auf der Agenda von Papst Franziskus. Sie war bekanntermaßen Motiv und Auftrag seiner Wahl nach dem überraschenden Rücktritt seines
Vorgängers Papst Benedikt XVI. Mit dem Kardinalsrat seit dem Jahr 2013 beraten, hat Papst Franziskus
den Entwurf einer neuen Kirchenverfassung im Jahr
2019 an die Bischofskonferenzen aus aller Welt ge-

sendet, um sie nun im Frühjahr 2020 zu veröffentlichen. Schon vor über einem Jahr hieß es bereits, dass die neue Konstitution mit dem Titel *Praedicate evangelium* die Evangelisierung in den Mittelpunkt stellen und mit ihrer Inkraftsetzung das bisherige vatikanische Grundgesetz *Pastor Bonus* von 1988 ersetzen werde. Weil es nötig ist, das Evangelium unter veränderten Bedingungen in eine neue Zeit zu sprechen, bedürfe es – so betont Papst Franziskus in seiner heutigen Weihnachtsansprache – einer "pastoralen Neuausrichtung" der Kurie, ja der Kirche insgesamt:

Die Glaubenskongregation und die Kongregation für die Evangelisierung der Völker seien „zu einer Zeit gegründet, in der es einfacher war, zwischen zwei ziemlich klar abgegrenzten Bereichen zu unterscheiden: einer christlichen Welt auf der einen Seite und einer noch zu evangelisierenden Welt auf der anderen. Diese Situation gehört jedoch der Vergangenheit an." Sie seien entsprechend seinem programmatischen Schreiben *Evangelii gaudium* aus dem Jahr 2013 neu auszurichten.

"Die Reform der Strukturen, die für eine pastorale Neuausrichtung erforderlich ist, kann nur in diesem Sinne verstanden werden: dafür zu sorgen, dass sie alle missionarischer werden«" (EG 27).

...andere 'Landkarten', andere Paradigmen

Die veränderten Rahmenbedingungen und den Ausgangspunkt der Evangelisierung heute stellt Papst
Franziskus in einer schonungslosen Analyse dar, in
der „andere „Landkarten", andere Paradigmen, die
uns helfen, unsere Denkweisen und Grundeinstellun-
gen neu auszurichten", gefragt seien:

"Wir haben keine christliche Leitkultur, es gibt keine
mehr! Wir sind heute nicht mehr die Einzigen, die
Kultur prägen, und wir sind weder die ersten noch
die, denen am meisten Gehör geschenkt wird. Wir
brauchen daher einen Wandel im pastoralen Denken,
was freilich nicht heißt [...]. Das Christentum ist
keine dominante Größe mehr, denn der Glaube – vor
allem in Europa, aber auch im Großteil des Westens
– stellt keine selbstverständliche Voraussetzung des
allgemeinen Lebens mehr dar". (Ebd.)

All dies führe „*zwangsläufig zu Veränderungen und*
neuen Schwerpunkten in den oben genannten Dikas-
terien sowie in der gesamten Kurie."

"Es geht also um große Herausforderungen und um
notwendige Ausgewogenheit. Diese ist oft nicht leicht
zu verwirklichen, aus dem einfachen Grund, dass in
der Spannung zwischen einer glorreichen Vergan-

genheit und einer gestalterischen Zukunft, die in Be-
wegung ist, die Gegenwart liegt, in der es Menschen
gibt, die notwendigerweise Zeit zum Reifen brauchen;
es gibt historische Umstände, die im Alltag zu bewäl-
tigen sind, da während der Reform die Welt und die
Ereignisse nicht stillstehen; es gibt rechtliche und in-
stitutionelle Fragen, die Schritt für Schritt gelöst
werden müssen, ohne magische Formeln oder Abkür-
zungen." (Ebd.)

...die Versuchung, sich auf die Vergangenheit zurückzuziehen

Trotz aller Ungleichzeitigen insistiert Franziskus auf
die Unausweichlichkeit der Veränderung gegenüber
einem – auch in den Ortskirchen nicht minder vor-
herrschenden – überkommenem Denken und dem
Festhalten an nicht mehr zeitgemäßer Strukturen.

"In Verbindung mit diesem schwierigen geschichtli-
chen Prozess besteht immer die Versuchung, sich auf
die Vergangenheit zurückzuziehen (selbst unter Ver-
wendung neuer Formulierungen), weil diese beruhi-
gender, vertrauter und sicherlich weniger konfliktge-
laden ist. Auch dies gehört jedoch zum Prozess und
zum Risiko, bedeutende Veränderungen einzuleiten.
Hier muss man vor der Versuchung warnen, eine
Haltung der Starrheit anzunehmen. Die Starrheit
kommt von der Angst vor Veränderung und übersät

am Ende den Boden des Gemeinwohls mit Pflöcken und Hindernissen und macht ihn so zu einem Minenfeld der Kontaktunfähigkeit und des Hasses. Denken wir immer daran, dass hinter jeder Starrheit irgendeine Unausgeglichenheit liegt. Die Starrheit und die Unausgeglichenheit nähren sich gegenseitig in einem Teufelskreis." (Ebd.)

Mit den schon in früheren Reden zum selben Anlass zitierten Versuchungen und Krankheiten der Kirche – der "Krankheit, sich 'unsterblich', 'immun' oder sogar 'unentbehrlich' zu fühlen", der "Krankheit der geistigen und geistlichen 'Versteinerung'" sowie des „geistlichen Alzheimer" – knüpft Papst Franziskus an seine Aufsehen erregende Weihnachtsansprache an die Kurie aus dem Jahr 2014 an, die er – wie die Kirche insgesamt – wieder neu zu einem „lebendigen Körper" verändern will. Und er zitiert die letzten Worte des im Jahr 2012 verstorbenen Kardinals Carlo Maria Martini.

»Die Kirche ist zweihundert Jahre lang stehen geblieben. Warum bewegt sie sich nicht? Haben wir Angst? Angst statt Mut? Wo doch der Glaube das Fundament der Kirche ist. Der Glaube, das Vertrauen, der Mut. [...] Nur die Liebe überwindet die Müdigkeit.« (Ebd.)

Wie der über lange Jahre auf Reformen in der Kirche dringende Mailänder Erzbischof verbindet Papst Franziskus den Aufruf zur Reform mit der Weihnachtsbotschaft, mit „Logik der Menschwerdung", weil Christus „unsere Geschichte, die Geschichte eines jeden von uns angenommen hat." Daran erinnere uns Weihnachten. „Die Menschheit also ist der besondere Schlüssel, mit dem die Reform zu lesen ist. Die Menschheit ruft auf, fragt an und ruft hervor, das heißt sie ruft dazu auf, hinauszugehen und die Veränderung nicht zu fürchten.

"Weihnachten ist das Fest der Liebe Gottes zu uns – der göttlichen Liebe, welche die Veränderung inspiriert, leitet und korrigiert und die menschliche Angst, das „Sichere" aufzugeben, besiegt, um uns neu auf das „Mysterium" einzulassen." (Ebd.)

Eine Weihnachtsansprache, die in Analyse der Gegenwart wie der Entschlossenheit zur Veränderung auch auf den Synodalen Weg der Kirche in Deutschland zu lesen ist.

Über die Zulassung von „viri probati" und das „Zeugnis echter Katholizität": Fazit der I. Synodalversammlung des Synodalen Weges und zu den Erwartungen hinsichtlich des nachsynodalen Schreibens (*Querida Amazonia*) der Amazonassynode

Von Aufbruchsstimmung bis Kritik

Erste Synodalversammlung: So fällt das Fazit der Teilnehmer aus

(Screenshot katholisch.de, 2.2.20)

Nach dem Grünen Licht von Seiten der Vollversammlungen der Deutschen Bischofskonferenz (DBK) und des Zentralkomitees der Deutschen Katholiken (ZdK) und dem Gottesdienst am 1. Dezember 2019 in der Münchener Frauenkirche zur Eröffnung hat an diesem Wochenende (Donnerstag,

30.1.20 bis Samstag, 1.2.20) mit der ersten Synodalversammlung der auf zwei Jahre angelegte Synodale Weg mit 230 Synodenteilnehmenden aus allen 27 deutschen Diözesen und weiterer Gästen und Beobachter*innen aus dem Bereich benachbarter Bischofskonferenzen richtig begonnen.

Dass das Treffen ein "Zeugnis echter Katholizität der Kirche in Deutschland" gewesen sei, wird der Essener Bischof Franz-Josef Overbeck zitiert. Die Satzung und Geschäftsordnung wurden – zeitaufwändiger als nach Tagesordnung ursprünglich vorgesehen und paradoxer Weise mit Einwänden sowohl hinsichtlich mangelnder Berücksichtigung der hierarchischen wie der demokratischen Ordnung, mit dem Ziel den Synodalen Weg mit seiner Satzung noch im Ansatz zu stoppen – ebenso angenommen, wie die Listen der auf je 30 Personen angelegten Synodalforen bestimmt.

"Wider die gewaltige Krise, in welcher die katholische Kirche nicht nur in Deutschland, sondern weltweit steckt", sind es die zwischen den Synodalversammlungen i.e.S. inhaltlich ausgerichteten Foren, die die Arbeitsergebnisse des Synodalen Weges beraten und vorbereiten werden. Zu den nach der Zäsur, die der Missbrauchsskandal für die Kirche in Deutschland bedeutete, als zentral identifizierten Themen der einmütig beschlossenen Foren „Macht

und Gewaltenteilung in der Kirche – Gemeinsame Teilnahme und Teilhabe am Sendungsauftrag", „Priesterliche Existenz heute", „Frauen in Diensten und Ämtern in der Kirche" und „Leben in gelingenden Beziehungen – Liebe leben in Sexualität und Partnerschaft" werden Ergebnisse vorbereitet, die z.T. auch auf weltkirchlicher Ebene rückgebunden werden müssen.

Dass gerade heute auch die ersten inhaltlichen Akzentsetzungen des nachsynodalen Schreibens (*Querida Amazonia**) kommuniziert werden, die das letztgenannte Forum „Priesterliche Lebensform" auch im Rahmen der Synodalversammlung ansprechen wird – von einigen Teilnehmenden auch bereits in der Synodalversammlung ausdrücklich ins Wort gebracht –, ist eine Koinzidenz von Welt- und Ortskirche, die gleichwohl seit der Amazonassynode nicht anders zu erwarten gewesen ist. Papst Franziskus hat im Ernstnehmen der Synodalität, dem Markenkern seines Pontifikates, in seinem nachsynodalen Schreiben im Grunde wiederum nichts anderes als das Ergebnis der Amazonassynode aufgenommen – entgegen den Widerstand einer vor kurzem von Kardinal Robert Sarah in Umlauf gebrachten (und sogar dem emeritierten Papst untergeschobenen) Publikation, in welcher er die Kontinuität der Lehre der Katholischen Kirche als gefährdet ansah.

'Viri probati' und Frauen als Diakoninnen?!

Denn wie im Blog-Beitrag vom 27.10.2019 erwähnt, wurde mit einer Zweidrittelmehrheit im Oktober 2019 auf der Amazonassynode der Vorschlag im Absatz 111 (bei 41 Gegenstimmen) mit der bereits Mitte 2019 veröffentlichten Begründung des Vorbereitungsdokumentes angenommen:

"Rechtmäßige Unterschiede schädigten die Einheit der Kirche nicht, sondern dienten ihr, wie auch die Vielfalt der existierenden Riten und Disziplinen bezeuge. Deshalb schlage man angesichts des Priestermangels und der sakramentalen Notlage in Amazonien vor, Kriterien zu erstellen, „um geeignete und von der Gemeinde anerkannte Männer, die ein fruchtbares Ständiges Diakonat innehaben, zu Priestern zu weihen". Diese Priester mit bereits bestehender Familie könnten „in den entlegensten Regionen des Amazonas das Wort verkünden und die Sakramente feiern". (Vatican News, 26.10.19)

Auch zur Prüfung der Frage nach dem Diakonat der Frau wird sich das nachsynodale Schreiben in dem Sinne äußern, dass Papst Franziskus von der Synode beauftragt wurde zu prüfen, welche Aufgaben den Diakoninnen der Urkirche historisch zukamen und was das für die Zukunft heiße. „Wir erwarten ihre Ergebnisse", hieß es in Punkt 103" (Vatican News,

26.10.19) des Abschlussdokumentes, der mit 30 Gegenstimmen der zweitumstrittenste, aber ebenfalls mit Zweidrittelmehrheit angenommene Absatz der Amazonassynode war. Umgekehrt stimmten nur 11 Synodale gegen den Vorschlag, Frauen als "Gemeindeleiterinnen" – Punkt 102 des Abschlussdokumentes – zuzulassen, der nach der Inkraftsetzung über das nachsynodale Schreiben sicher ebenso Anlass sein wird, ihn im Forum „Frauen in Diensten und Ämtern in der Kirche" hinsichtlich der Konsequenzen für die Diözesen Deutschlands weiterzudenken.

Es ist eine „Kirche im Aufbruch" (EG 20) – in Deutschland wie in der Weltkirche. Sie ergreift damit die Chance ihre "Tradition für die Zukunft zu bewahren" – wider das "Behüten der Asche", wie Papst Franziskus es in der Abschlussansprache der Amazonassynode am 26.10.2019 auf den Punkt brachte.

Mehr als eine Fußnote! Querida Amazonia - oder: Vier Visionen für eine Kirche mit einem amazonischen Gesicht

„An das Volk Gottes und an alle Menschen guten Willens" richtet Papst Franziskus sein nachsynodales Schreiben *Querida Amazonia* (Geliebtes Amazonien) und damit zugleich an eine „Kirche mit einem amazonischen Gesicht" (QA 61).

Darin stellt Papst Franziskus zugleich das bereits mit Synodenabschluss angenommene Schlussdokument der Amazoniensynode offiziell vor und bietet in seinem Schreiben dafür einen „groben Rahmen für die Reflexion" […], „die eine Hilfe und Orientierung für eine harmonische, schöpferische und fruchtbare Rezeption des ganzen synodalen Weges sein kann."
(QA 2)

Zwei Dokumente: Das Nachsynodale Schreiben und das Schlussdokument

Entsprechend der Apostolischen Konstitution *Episcopalis Communio* (Art. 18 § 1) hat bereits das Schlussdokument der Amazonassynode mit seiner Annahme durch Papst Franziskus am 26.10.2019 Teil am ordentlichen Lehramt des Nachfolgers Petri. Beide Dokumente sind deshalb heute zusammen offiziell vorgestellt worden. Ausdrücklich unterstreicht Papst Franziskus diese Arbeit echter Synodalität:

"Es bietet uns die Folgerungen der Synode, an der viele Menschen mitgearbeitet haben, die die Problematik Amazoniens besser kennen als ich und die Römische Kurie, da sie dort leben, mit ihm leiden und es leidenschaftlich lieben. Ich habe es daher vorgezogen, das Schlussdokument in diesem Apostolischen Schreiben nicht zu zitieren, weil ich vielmehr dazu einlade, es ganz zu lesen." (QA 3)

Von 4 Arten der Bekehrung zu 4 Visionen für eine Kirche mit einem amazonischem Gesicht (QA 61)

Das veröffentlichte Schlussdokument spricht von vier Arten der Bekehrung (pastoral, ökologisch, kulturell und synodal), die Papst Franziskus als „vier große Visionen" weiterführt, in denen die „Verkündigung […] und die Strukturen der Kirche […] Fleisch und

Blut" annehmen. Sie gliedern zugleich das nachsynodalen Schreibens *Querida Amazonia*:

*"Ich träume von einem Amazonien, das für die Rechte
der Ärmsten, der ursprünglichen (autochthonen) Völker, der Geringsten kämpft, wo ihre Stimme gehört
und ihre Würde gefördert wird."* (QA 7)

Die erste Vision beschreibt eine soziale Vision Amazoniens (QA 8-27), „das alle seine Bewohner integriert und fördert, damit sie das ‚buen vivir' – das
‚Gute Leben' – dauerhaft verwirklichen können […]
Denn obschon Amazonien vor einer ökologischen
Katastrophe steht, muss darauf hingewiesen werden,
dass »ein wirklich ökologischer Ansatz sich immer in
einen sozialen Ansatz verwandelt, der die Gerechtigkeit in die Umweltdiskussionen aufnehmen muss, um
die Klage der Armen ebenso zu hören wie die Klage
der Erde«". (QA 8; vgl. *Laudato Si'* 49) Der Verurteilung sozialer Ungerechtigkeit, Ausbeutung und
Ungleichheit und das Werben für Gemeinschaftssinn
und sozialen Dialog sieht Papst Franziskus unmittelbar verbunden mit einer kulturellen Vision (QA 28-
40)

*"Ich träume von einem Amazonien, dass seinen cha-
rakteristischen kulturellen Reichtum bewahrt, wo auf
so unterschiedliche Weise die Schönheit der Menschheit erstrahlt."* (QA 7)

In dieser Vision spricht Papst Franziskus vom „Polyeder Amazoniens", das viele Völker und Nationalitäten und mehr als einhundertzehn indigene Völker umfasst. Wider eine „postmoderne Kolonialisierung" unterstreicht Papst Franziskus deren je „eigene kulturelle Identität und einen einzigartigen Reichtum in einem plurikulturellen Universum aufgrund der engen Beziehung, die die Bewohner zu ihrer Umwelt aufbauen". (QA 31) Da diese „Kulturen der ursprünglichen Völker im engen Kontakt mit der natürlichen Umwelt entstanden sind und sich entwickelt haben, so können sie schwer unversehrt bleiben, wenn diese Umwelt Schaden erleidet." Dies ist zugleich die Überleitung zu einer ökologischen Vision, in der eine „kosmische Dimension" (QA 41) zum Tragen kommt.

"Ich träume von einem Amazonien, das die überwältigende Schönheit der Natur, die sein Schmuck ist, eifersüchtig hütet, das überbordende Leben, das seine Flüsse und Wälder erfüllt." (QA 7)

Anknüpfend an die vorausgegangenen Visionen unterstreicht Papst Franziskus in dieser ökologischen Vision (QA 41-60), wie die „Weisheit der ursprünglichen Völker Amazoniens dazu [inspiriert], sorgsam und respektvoll mit der Schöpfung zu leben, im klaren Bewusstsein ihrer Grenzen, das jeden Missbrauch verbietet. Die Natur missbrauchen bedeutet, die Vorfahren, die Brüder und Schwestern, die Schöpfung und den Schöpfer zu missbrauchen und dadurch die Zukunft aufs Spiel zu setzen." (QA 42) Dem „Schrei der Erde" Amazoniens stellt Papst Franziskus die „Prophetie der Kontemplation", „Erziehung und ökologische Haltungen" zur Seite und plädiert für ein „erneuertes Bewusstsein über den Wert der Schöpfung" (QA 60)

"Ich träume von christlichen Gemeinschaften, die in Amazonien sich dermaßen einzusetzen und Fleisch und Blut anzunehmen vermögen, dass sie der Kirche neue Gesichter mit amazonischen Zügen schenken." (QA 7)

In dieser vierten, explizit kirchlichen und die meisten Absätze umfassenden Vision (QA 61-110) träumt Papst Franziskus von einer „Kirche mit einem amazonischen Gesicht" (QA 61). Die "Verkündung" und "Wege der Inkulturation" werden bis zu "Ansatzpunkten für eine Heiligkeit amazonischer Prägung" weitergeführt. Eine besondere Aufmerksamkeit legt Papst Franziskus dabei – *Evangelii gaudium* 123 zitierend – auf „religiöse Ausdrucksformen, die sich spontan aus dem Leben der Völker ergeben, denn […] »in der Volksfrömmigkeit kann man die Art und Weise wahrnehmen, wie der empfangene Glaube in einer Kultur Gestalt angenommen hat und ständig weitergegeben wird." (QA 78; vgl. EG 123)

Die Inkulturation der Liturgie

Unter der Überschrift „Inkulturation der Liturgie"
(QA 81) findet sich eine sehr schöne, schöpfungs-
theologische Herleitung der Sakramente, insofern
„in ihnen das Göttliche und das Kosmische, die
Gnade und die Schöpfung vereint sind." Seine ebenfalls an alle Menschen guten Willens gerichtete Enzyklika Laudato Si' (LS 235) zitierend sind sie „eine
bevorzugte Weise, in der die Natur von Gott angenommen wird und sich in Vermittlung des übernatür-
lichen Lebens verwandelt." (QA 81) Es ist für Papst
Franziskus zugleich die Einladung „in der Liturgie
viele Elemente der intensiven Naturerfahrung der Indigenen aufzugreifen und eigene Ausdrucksformen in
den Liedern, Tänzen, Riten, Gesten und Symbolen
anzuregen." (QA 82).

Inkulturation der Dienste und Ämter
...und die offene Frage der viri probati

Unter der Überschrift "Inkulturation der Dienste und
Ämter" (QA 85-90) nimmt Papst Franziskus auch Bezug auf die Entwicklung der „kirchlichen Organisati-
onsformen und in den kirchlichen Ämtern", wie sie
auch in Deutschland in zwei Foren des Synodalen
Weges diskutiert werden. Ohne die im heute ja ebenfalls offiziell vorgestellten Abschlussdokument auf-
geführte Möglichkeit „anerkannte Männer, die ein

fruchtbares Ständiges Diakonat innehaben, zu Priestern zu weihen" (Abschlussdokument 111; vgl. Übersetzung von Vatican News, 26.10.2019) zu zitieren, belässt es Papst Franziskus auf den Hinweis hinsichtlich der Art und Weise, „wie kirchliche Dienste strukturiert und gelebt werden, an Inkulturation zu denken." Ob und wie an dieser Stelle der Wunsch der Synodenmehrheit für die Kirche Amazoniens Wirklichkeit werden kann, ist an dieser Stelle weder vorentschieden noch abschlägig beschieden: vielmehr ein Verweis auf den Prozess, der zwar alles an der "Feier der Eucharistie" (QA 89) als "Quelle und Höhepunkt (QA 92) orientieren will und dennoch nicht der Versuchung verfällt, alles an der "Präsenz der geweihten Amtsträger" (QA 93) festzumachen. Der kirchenrechtlich mögliche Einsatz von Gemeindeleiter*innen (QA 94) – auch in den deutschen Ortkirchen bislang eher die Ausnahme – wird ebenso hervorgehoben wie der Einsatz und Befähigung von Laien (QA 89) im Leben einer „Kirche mit amazonischen Gesichtszügen" (QA 94).

Frauen in Diensten und Ämtern

Dabei wird die Kraft und die Gabe der Frauen (99-103) zwar besonders hervorgehoben, allerdings ihre Möglichkeit „zu den heiligen Weihen zugelassen" zu werden ausdrücklich in die Grenzen verwiesen: Ohne

diese im nachsynodalen Schreiben ausdrücklich aus-
zuschließen, stellt die Weihe von Frauen für Papst
Franziskus „eine Begrenzung der Perspektiven" dar:
„Sie würde uns auf eine Klerikalisierung der Frauen
hinlenken und den großen Wert dessen, was sie schon
gegeben haben, schmälern als auch auf subtile Weise
zu einer Verarmung ihres unverzichtbaren Beitrags
führen." (QA 100) Umgekehrt sollten Frauen „in einer synodalen Kirche […] eine zentrale Rolle in den
Amazonasgemeinden spielen, Zugang zu Aufgaben
und auch kirchlichen Diensten […] einen echten und
effektiven Einfluss in der Organisation, bei den wichtigsten Entscheidungen und bei der Leitung von Gemeinschaften haben". (QA 103)

Eine Einschätzung zum Schluss

Auch wenn viele Kommentare anlässlich des nachsynodalen Schreibens *Querida Amazonia* im Blick auf
das Aussparen der Möglichkeiten der Weihe verheirateter Männer und Frauen enttäuscht ausfallen werden, könnten sie ebenso im Blick auf das zu gleicher
Zeit „offiziell" veröffentlichte – wenn auch nur in italienischer Sprache vorliegende – Schlussdokument den Prozess weiter offen oder gerade erst geöffnet sehen. Die Ausgestaltung der Möglichkeiten in
der Pastoral vor Ort – in Amazonien, weltweit wie
hier vor Ort auf dem Synodalen Weg – ist dabei zu-

sätzlich zusammen zu sehen mit der in Kürze erwarteten Konstitution zur Kurienreform *Praedicate evangelium* und der Möglichkeit der Teil- und Ortskirchen, ihre Verantwortung am ordentlichen Lehramt in neuer Weise wahrzunehmen. Das offizielle Abschussdokument mitsamt dem nachsynodalen Schreiben *Querida Amazonia* machen es möglich, sie rufen in der Zusammenschau sogar dazu auf! (QA 2-4) Bis sich diese Lesart durchsetzt, wird der synodale Prozess weiter voranschreiten müssen.

Sogar zwei Fußnoten! – oder: Was Querida Amazonia mit dem Synodalen Weg, seinen Arbeitsforen und dem neuen Vorsitzenden der Deutschen Bischofskonferenz zu tun hat

Da brauchte es schon einer Lesehilfe aus Rom, um zwei Fußnoten aufzumerken, die für das Verständnis des nachsynodalen Schreibens der Amazonassynode und den Synodalen Weg gerade auch aus deutscher Sicht von Bedeutung sind. Vielleicht ist es meiner Aufmerksamkeit entgangen, aber vor dem Grußwort des Apostolischen Nuntius in Deutschland Erzbischof Dr. Nikola Eterović zu Beginn der heute zu Ende gegangenen Frühjahrs-Vollversammlung der Deutschen Bischofskonferenz in Mainz (2.-5. März 2020) habe ich in keinem Kommentar den Hinweis auf die doppelte Fußnote wahrgenommen. Zweimal zitiert Papst Franziskus im vierten Kapitel in Nummer 66 von *Querida Amazonia* sein Schreiben an das pilgernde Volk Gottes in Deutschland vom 29. Juni 2019 – und zwar an der Stelle, wo es um die Inkulturation geht.

"[D]ie Kirche hat ein vielgestaltiges Gesicht »nicht nur aus einer räumlichen Perspektive [...], sondern auch aus ihrer zeitlichen Wirklichkeit heraus« [...]. Die Jahrtausende alte Tradition bezeugt das Wirken Gottes in seinem Volk und hat die Aufgabe, »das Feuer am Leben zu erhalten, statt lediglich die Asche zu bewahren«.

Genau mit diesem letzten Zitat – Überschrift meines Blog-Beitrags zum Synodenende der Amazonassynode – hatte Papst Franziskus auch in seiner Abschlussansprache ganz zum Schluss pointiert das reformorientierte Anliegen seines Pontifikates unterstrichen. Und eben darum geht es auch beim Synodalen Weg. Der auf der DBK-Frühjahrsvollversammlung neu gewählte Bischof Dr. Georg Bätzing bezieht das Anliegen des Papstes um Evangelisierung deshalb auch auf den Synodalen Weg, dem er – in Personalunion ist er mit Prof. Thomas Sternberg Präsident des Synodalen Weges – seine volle Unterstützung zusagt:

"Dafür stehe ich ganz und gar." Er habe nicht vor, die Ausrichtung des kirchlichen Reformprozesses zu verändern, da dessen "Akzente richtig gesetzt" seien. Als durch sein Amt künftiges Mitglied des Synodalpräsidiums wolle Bätzing "zurückhaltend in Einzelpositionen" sein. Er sei überzeugt davon, dass der Synodale Weg zu "einem neuen Miteinander von Laien und Bischöfen in der deutschen Kirche" führe, betonte der neue DBK-Vorsitzende. Der Synodale Weg diene letztendlich dem Ziel, das Evangelium in die Welt hinaus zu tragen und Menschen "in einer ganz und gar von Freiheit gezeichneten gesellschaftlichen Situation Orientierung zu bieten." (katholisch.de, 3.3.2020)

Das in ersten Reaktionen in Deutschland meist enttäuscht und kritisch wahrgenommene nachsynodale Schreiben *Querida Amazonia* liest er ähnlich der Einschätzung in diesem Blog vom 12.2.2020 – gerade auch bezogen auf alle Themenstellungen des Synodalen Weges – in einem anderen Licht als ein ihn dazu befragender Journalist.

"Ich lese das ganz anders als Sie", antwortet er. Was der Papst zur Inkulturation des Glaubens in die jeweilige Gesellschaft geschrieben habe, ermutige ihn. Und dass er nichts über den Zölibat und die Diakoninnenweihe gesagt habe, heiße ja nicht, dass man darüber nicht reden dürfe." (SZ vom 4.3.2020)

Neben Zölibat und der "Thematik Frau in der Kirche" – für Bischof Bätzing die "dringendste Zukunftsfrage" (Ebd.) seiner Amtszeit – stehen ebenso die anderen Themen von Macht und Gewalt, Klerikalismus und die Sexualmoral für ihn oben an. Und unter diesen drängenden Fragen insbesondere die Thematisierung und Neubewertung von Sexualität und Geschlechtergerechtigkeit, bei denen bei der Befragung im Zuge der Familiensynoden der Jahre 2014 und 2015 am deutlichsten wurde, wie groß die Kluft zwischen Lebenswelt und Lehre der Kirche ist. Als Leiter des Arbeitsforums 'Leben in gelingenden Beziehungen. Liebe und Sexualität' ist er gerade auch diesen Themen eng verbunden:

"In unserem Papier, das wir bei der Synodalversammlung vorgelegt haben, sehen wir durch die "Theologie des Leibes" von Johannes Paul II. bereits Veränderungen. Die Enzyklika "Amoris laetitia" hat dann die Tür noch einmal weit geöffnet. Das heißt für mich: Es gibt Spielraum und Öffnungen in der Lehre. Wir müssen nun schauen, wie wir diese Lehre in ihrer Substanz so formulieren können, dass sie wirklich noch einmal zu einem Orientierungswissen für Menschen und nicht als diese ewige Verbotsmoral wahrgenommen wird. Und das betrifft auch den Umgang mit Homosexuellen und ihre Lebensweise. Da muss sich etwas ändern." (katholisch.de, 3.3.2020)

Vielversprechend! Und aus meiner Sicht ebenfalls ein positiver – nach viel zu langem Zaudern, das als zermürbendes Hinhalten empfunden wurde –, lang erwarteter, erster Schritt: die Vereinbarung eines verbindlichen Procederes bei der Zuerkennung jetzt deutlich erhöhter finanzieller Mittel gegenüber Betroffenen sexuellen Missbrauchs durch Kleriker der katholischen Kirche – selbst wenn die infrage stehenden Beträge im Grundsatz nach den Beratungen im Plenum aller Diözesen geringer ausgefallen sind, als dies Betroffenen-Initiativen gefordert hatten.

Dabei werde "*ein unabhängiges Entscheidungsgremium eingesetzt, das die Leistungshöhe verbindlich festsetzt und für eine zentrale Auszahlung an die Betroffenen zuständig ist. Das sei eine ‚qualitative Verbesserung' zur Situation zuvor, so Ackermann. Außerdem würden die Zahlungen solidarisch unter den Bistümern finanziert. Ferner werde sichergestellt, dass die Leistungen steuerfrei seien und nicht mit anderen Sozialleistungen verrechnet würden. Jede Diözese müsse selbst bestimmen, aus welchen Mitteln die Zahlungen geleistet würden, heißt es in dem Grundsatzpapier.*" (katholisch.de, 5.3.2020)

"Man möchte eigentlich weglaufen", sagte der neu gewählte Vorsitzende der Deutschen Bischofskonferenz in seinem allerersten Interview angesichts der vielen Aufgaben und Drucksituationen von innen –

bezogen auch auf die offenkundigen Spannungen im deutschen Episkopat – und von außen mit den Aufgaben der Inkulturation und der Aufarbeitung des Missbrauchsskandals mitsamt allen seinen systemischen Faktoren. „Auf der anderen Seite will man sich aber auch den Voten der Mitbrüder stellen", fügt er im selben Atemzug an. Auch von deren Seite und damit beinahe von allen Seiten ist die Wahl des neuen Vorsitzenden auch eine Bestätigung der Ausrichtung für den Synodalen Weg – eine Bekräftigung einer "Kirche im Aufbruch" (EG 20, 24, 46), die Kardinal Marx in seiner letzten Predigt in seinem Amt als Vorsitzender der Deutschen Bischofskonferenz - Papst Franziskus zitierend - für die deutsche Ortskirche einforderte. Die Synodalität ist ein inneres Moment des Reformprozesses. Mit den Worten Bischof Bätzings zum Synodalen Weg gesagt:

"Was sich nicht verändert, ist mein positiver Blick auf den Synodalen Weg. Ich halte ihn wirklich für eine große Chance des Zusammenwirkens und des miteinander Übens, wie man synodal auf dem Weg sein kann. Das will der Papst von uns."
(katholisch.de, 3.3.2020)

„Für eine synodale Kirche – Gemeinschaft, Teilhabe und Mission" – oder: Über die heute veröffentlichte Themenstellung der XVI. Bischofssynode im Jahr 2022

Mit einer knappen Ankündigung des Sekretärs der Bischofssynode Kardinal Lorenzo Baldisseri wird heute das Thema der XVI. Bischofssynode für das Jahr 2022 von Seiten des Vatikanischen Presseamtes bekannt gegeben, das zuletzt im Blog-Beitrag vom 12.2.20 als Markenkern des Pontifikats von Papst Franziskus bezeichnet worden ist.

Home > Bollettino > 2020 > 03 > 07

Comunicato Stampa della XVI Assemblea Generale Ordinaria del Sinodo dei Vescovi, 07.03.2020

[B0145]

Il Segretario Generale del Sinodo dei Vescovi, l'Em.mo Card. Lorenzo Baldisseri, annuncia che Papa Francesco indice la XVI Assemblea Generale Ordinaria del Sinodo dei Vescovi, che si terrà nel mese di ottobre del 2022 sul tema: *Per una Chiesa sinodale: comunione, partecipazione e missione.*

[00318-IT.01]

Der Dreizeiler im italienischen Original birgt dabei alle Sprengkraft das Antlitz der Kirche mit ihren beinahe 1,3 Milliarden Gläubigen auf Zukunft hin zu verändern. Er ist eine Sensation und zugleich der deutlichste Hinweis darauf, wie Papst Franziskus als Reformpapst in die Geschichte der katholischen Kirche eingehen wird. "Synodalität und Kirchenreform" – zugleich Buchtitel dieses Blogs – werden über die in Kürze erscheinende Konstitution zur Kurienreform *Praedicate evangelium* die Kirche nicht nur in

Deutschland rund um den Synodalen Weg beschäftigen, sondern die katholische Kirche als ganze bestimmen… und weiter im Sinne ihrer Zukunftsfähigkeit verändern.

Wie bereits im im Blog-Beitrag vom 8. Februar 2016 und seitdem immer wieder als ‚ceterum censeo' hervorgehoben wird „sich die Kirche auf dem synodalen Weg an dem Gleichgewicht, an der Balance zwischen Zentralisierung und Dezentralisierung messen müsse[n], wenn sie die Herausforderung der heutigen Zeit annehmen wolle. Diese formale Feststellung ist tatsächlich aus meiner Sicht das Hauptergebnis des […bisherigen] synodalen Prozesses. Und es markiert noch nicht einmal ein Ergebnis im eigentlichen Sinn, sondern einen Zwischenstand, wie Papst Franziskus in seiner als historisch bezeichneten Rede am Ende der zweiten Synodenwoche am 16. Oktober 2015 andeutete:

"*Wir sind auf halbem Weg, auf einem Teil des Weges. Wie ich bereits gesagt habe, ist es in einer synodalen Kirche 'nicht angebracht, dass der Papst die örtlichen Bischöfe in der Bewertung aller Problemkreise ersetzt, die in ihren Gebieten auftauchen. In diesem Sinn spüre ich die Notwendigkeit, in einer heilsamen 'Dezentralisierung' voranzuschreiten' (Evangelii gaudium 16).*" (Ebd.)

Nach der Jugendsynode im Jahr 2018 und der Amazonassynode des Jahres 2019, in deren Vorlauf am 2. März 2018 auch eine in der öffentlichen Diskussion bislang völlig unbeachtete und in der deutschen Schriftfassung 100 Seiten umfassende Stellungnahme der Internationalen Theologischen Kommission über „Die Synodalität im Leben und Sendung der Kirche" und die im selben Jahr am 15. September in Kraft getretene Apostolische Konstitution *Episcopalis communio* (nach der laut Art. 18 Synodenabschlussdokumente bereits mit der Annahme durch Papst Franziskus Teil des ordentlichen Lehramtes geworden sind) erschienen sind, wird nun die synodale Kirche, die Synodalität als solche im Jahr 2022 zum Thema der Generalversammlung der Bischofssynode. Im Blick auf das Pontifikat von Papst Franziskus wird es damit quasi die Aufgipfelung der Ausrichtung seines Pontifikates und die Manifestierung der „Bekehrung" des Papstamtes" (vgl. EG 32), von der Papst Franziskus seit seinem ersten im Jahr 2013 veröffentlichten Lehrschreiben *Evangelii gaudium* gesprochen hat.

Und im Blick auf den Synodalen Weg der deutschen Ortskirche ist das Motto „Für eine synodale Kirche " schon jetzt eine stärker nicht zu wünschende Bekräftigung und die beste Bestätigung auf dem Weg!

„Die Zeit ist mehr wert als der Raum" und was zu tun ist, wenn die Zeit stille zu stehen scheint – oder: Mit „Antikörpern der Solidarität" wider das „Virus der Gleichgültigkeit" – „Un plan para resucitar"

Un plan para resucitar

Francisco

(Bild: Vatican News, 17.4.2020)

„Die Zeit ist mehr wert als der Raum." Für mich, der ich mich als Vorsitzender des ökumenischen Bundesverbandes Kirchenpädagogik und Lobbyist für die Bedeutung, Erhaltung und Erschließung von Kirchenräumen eigentlich immer wider die Raumvergessenheit in Theologie und Kirche einzusetzen versuche, war diese Prämisse des Pontifikates von Papst Franziskus, die er auch in seinem als Programmschrift geltenden Lehrschreiben *Evangelii gaudium* (EG 222-225) in mehreren Absätzen ausgeführt hat, zunächst gewöhnungsbedürftig, der ich aber jetzt – je länger, je mehr und weil sie gar nicht auf den Kirchenraum als solchen gemeint ist – über alle Maßen viel abgewinnen kann – und zumal sie auch die Offenbarungs- und Geschichtstheologie auf den Punkt bringt. In einem im selben Jahr 2013 veröffentlichten Interviewband erläutert Papst Franziskus diesen Gedanken in wenigen Sätzen:

"Gott zeigt sich in einer geschichtsgebundenen Offenbarung, in der Zeit. Die Zeit stößt Prozesse an, der Raum kristallisiert sie. Gott findet sich in der Zeit, in den laufenden Prozessen. Wir brauchen Räume der Machtausübung nicht zu bevorzugen gegenüber Zeiten der Prozesse, selbst wenn sie lange dauern. Wir müssen eher Prozesse in Gang bringen als Räume besetzten. Gott offenbart sich in der Zeit und ist gegenwärtig in den Prozessen der Geschichte." (Das Interview mit Papst Franziskus, hrsg. von A.R. Batlogg und A. Spadaro, Freiburg 2013, S. 59)

Aber was heißt dies in einer Zeit, in der die Zeit selbst stille zu stehen scheint, einer Zeit „mit einer ohrenbetäubenden Stille und einer trostlosen Leere […], die alles im Vorbeigehen lähmt"? In einem Beitrag für die spanische Zeitschrift Vida Nueva vergleicht Papst Franziskus die Situation heute mit den Ostererfahrungen der Jüngerinnen(!):

"'Denn wie die ersten Jüngerinnen, die damals zum Grab Jesu gingen, leben wir derzeit in einer Atmosphäre des Schmerzes und der Unsicherheit.' Die Angst etwa der alten Menschen in einsamer Quarantäne oder der Familien, die nichts mehr zu essen hätten, laste wie ein Grabstein auf den Menschen."
(Vatican News, 17.4.2020)

Un plan para resucitar

Die Osterzeit ist dieses Jahr – vielleicht mehr als je zuvor und in aller Welt zeitgleich erfahrbar – eine Erfahrung von Not, Beklemmung, Angst, wirtschaftlicher Ungewissheit und auch von Todeserfahrungen im allernächsten familiären Umfeld. Erfahrbar wurde dies am Karfreitag, aber auch etwa in der Andacht auf dem Petersplatz anlässlich der Pandemie am 27.3.2020. In der Klage, der Not und Ausweglosigkeit ist Leben in einer Dichte erfahrbar – ähnlich der Trauer und Verzweiflung der Jüngerinnen Jesu. Und hier setzt die Osterbotschaft, der „Plan wiederaufzuerstehen" ("Un plan para resucitar") an:

"Doch die Jüngerinnen hätten sich damals trotz ihrer Angst in Bewegung gesetzt, und wie sie sollten auch wir es heute halten. Wie Jesus seien auch wir „nicht für den Tod, sondern für das Leben gesalbt". [...] Die Auferstehung des Herrn, „eine überschäumende Nachricht", sei auch heute „die Quelle unserer

Freude und Hoffnung, die unser Handeln verwandelt". „Jedes Mal, wenn wir am Leiden des Herrn, am Leiden unserer Geschwister teilnehmen oder selbst Leid durchmachen, werden unsere Ohren die Nachricht von der Auferstehung hören", so der Papst. „Wir sind nicht allein, der Herr geht uns auf unserem Weg voraus und räumt die Steine beiseite, die uns hindern." (Vatican News, 17.4.2020)

Wenn sich aus der Corona-Krise etwas lernen lasse, dann dies: *„ 'dass sich keiner alleine rettet. [...] Die Grenzen werden durchlässig, und alle fundamentalistischen Reden lösen sich auf, wenn uns die fast unmerkliche Präsenz (des Virus) darauf hinweist, dass wir zerbrechlich sind.' Der Ernst der Stunde verlange, dass konkrete Konsequenzen aus der Krise gezogen würden. Dazu brauche es 'eine neue Vorstellungskraft' und nicht nur 'Realismus'. Es gehe letztlich 'um eine nachhaltige und integrale Entwicklung der ganzen Menschheitsfamilie'".* (Ebd.)

Mit Antikörpern der Solidarität wider das Virus der Gleichgültigkeit

Mit „Antikörpern der Solidarität" solle sich jeder als „Handwerker und Protagonist einer gemeinsamen Geschichte" fühlen und entsprechend agieren.

"Wir können es uns nicht erlauben, die jetzige und künftige Geschichte zu schreiben, wenn wir gleichzeitig dem Leiden so vieler Menschen den Rücken zudrehen… Wenn wir wie ein einziges Volk handeln, können wir auch angesichts anderer Epidemien, die uns bedrohen, eine echte Durchschlagskraft entwickeln." (Ebd.)

In Zeiten der bevorstehenden Lockerung von Pandemie-Maßnahmen sei gerade auf die Schwächsten zu achten", betonte Papst Franziskus, indem er vor dem nächsten „Virus des gleichgültigen Egoismus" warnt.

Die Zeit, Prozesse in Gang zu setzen

Einer „Globalisierung der Gleichgültigkeit" setzt er in dem Artikel in Vida Nueva einen Lebensstil der „Zivilisation der Liebe" entgegen und macht sich damit eine berühmte Formulierung von Papst Paul VI. zu eigen. *„Die Zivilisation der Liebe wird täglich, in unermüdlicher Arbeit, aufgebaut. Sie setzt das Engagement aller voraus."*

Es ist jetzt die Zeit, *"Prozesse in Gang zu setzen [...], die eine neue Dynamik in der Gesellschaft erzeugen und Menschen sowie Gruppen einbeziehen, welche diese vorantreiben, auf dass sie bei wichtigen historischen Ereignissen Frucht bringt."* (EG 223)

Pfingsten und der Synodale Weg in Corona-Zeiten – oder: als „Kirche im Aufbruch… ein neues Kapitel des Christseins mitschreiben"

(Screenshot: Pfingstpredigt von Bischof Georg Bätzing, Vorsitzender der Deutschen Bischofskonferenz und der Synodalversammlung des Synodalen Weges)

„Die Zeit ist mehr wert als der Raum." Auch heute klang dieser im vorausgegangenen Blog-Beitrag hervorgehobene Grundgedanke in der Pfingstpredigt von Papst Franziskus an, indem er ihn auf die christliche Gottesvorstellung bezog. Es sei wichtig, dass „Gott ganz Gabe ist, dass er nicht nimmt, sondern gibt." Von dieser Gottesvorstellung hänge es ab, auf welche Weise wir unseren Glauben leben:

"Wenn wir einen Gott im Sinn haben, der sich alles nimmt und sich aufdrängt, möchten auch wir uns alles nehmen und uns aufdrängen: Räume besetzen, Bedeutung beanspruchen, nach Macht streben. Aber wenn wir Gott als Gabe in unseren Herzen spüren, ändert sich alles. Wenn uns bewusst wird, dass das, was wir sind, sein Geschenk ist, seine freie und unverdiente Gabe, dann werden auch wir aus unserem Leben ein Geschenk machen wollen." (dt. Übersetzung bei kath.net vom 31.5.20)

Pfingsten in Corona-Zeiten: Das bedeutet, sich dieser Botschaft, aber auch der Gefährdung dieser Botschaft aus dem vermeintlich inneren Bereich der Kirche bewusst zu sein. Leider hat kath.net einen selbstkritischen Satz hinsichtlich dieser Gefährdung im Blick auf Selbstbezüglichkeit und Abkapselung der Kirche aus der ansonsten um Vollständigkeit bemühten Predigtveröffentlichung getilgt, so dass ich aus der am Abend veröffentlichten deutschen Übersetzung der Predigt bei Vatican News, zitiere:

"Der Geist will nicht, dass die Erinnerung an den Meister in geschlossenen Gruppen gepflegt wird, in Kreisen, in denen man sich gerne 'sein Nest baut'. Und das ist eine schlimme Krankheit, die die Kirche befallen kann, dass die Kirche nicht Gemeinschaft, nicht Familie, nicht Mutter, sondern ein Nest ist." (Vatican News, 31.5.2020)

Die Gefahr der Abkapselung der Kirche wider das Wirken des Heiligen Geistes steht heute auch beim Vorsitzenden der Deutschen Bischofskonferenz Bischof Georg Bätzing im Fokus seiner Pfingstpredigt:

"Offene Aggression und Zwietracht, drängelnde Ungeduld, selbstherrliche Ab- und Ausgrenzung, Bosheit und Verantwortungslosigkeit vertragen sich nicht damit. Wer als Christ hart, unduldsam und lieblos auftritt und damit meint, die Wahrheit des Glaubens verteidigen zu können, der ist auf dem Holzweg, auch wenn er äußerlich noch so fromm daherkommt. Der Geist Jesu Christi führt wohl in die Entscheidung, aber er wählt stets Wege, die Menschen aufrichten und zueinander führen." (DBK vom 31.5.2020)

Das weiterzugeben, „was wir empfangen und gesehen haben" (vgl. 1 Joh 1,3) – der zweite fehlende Satz in der o.g. kath.net-Veröffentlichung der Predigt von Papst Franziskus – ist gleichfalls die Sinnspitze der Homilie von Bischof Bätzing, indem er auf eine kurze Ansprache des damaligen Kardinal Bergoglio aus dem Konklave Bezug (vgl. Blog-Beitrag vom 29.9.2015) nimmt:

"Und da kommt für mich das Pfingstbild erneut ins Spiel. Manche haben an das Wort von Papst Franziskus am Vorabend seiner Wahl erinnert. Da sprach er von Christus, der höchst lebendig in seiner Kirche

von innen her anklopft und uns aus dem Schlaf der Trägheit und Selbstgerechtigkeit herausrufen will. Er wartet aber nicht, bis wir seinen Auftrag beherzigen. Er öffnet beständig die verschlossenen Tore seiner Kirche und sucht an den Rändern und Grenzen die verwundeten Menschen auf. Wenn wir nicht bereit sind, gemeinsam mit ihm unsere kirchlichen Binnenräume zu verlassen, dann bestätigt sich die Kirche als fad und schal, als Salz ohne Geschmack, das den Menschen in Nöten und Abgründen keinen Trost und keine Hoffnung zu geben vermag. Und deshalb erinnert uns Papst Franziskus immer wieder daran, 'Kirche im Aufbruch' zu verwirklichen. Türen auf und hinaus zu den Menschen, so gibt er die Richtung vor." (Ebd.)

Ebendies ist die erklärte Ausrichtung des Corona-bedingt nunmehr um ein halbes Jahr, bis zum 2. Februar 2022 verlängerten Synodalen Weges mit seinen nunmehr ersatzweise im Herbst diesen Jahres eingeschobenen 5 Regionalforen (für die ursprünglich für den 4. September 2020 vorgesehene und nun auf den Zeitraum vom 4. bis 6. Februar 2021 verschobene zweite Synodalversammlung). Dies gibt auch den inhaltlich arbeitenden vier Arbeitsgruppen mehr Zeit.

Denn erst *"[z]wei Arbeitsgruppen - zu Frauen und zur Sexualmoral - konnten vor den Corona-bedingten*

*Einschränkungen des öffentlichen Lebens zusammen-
kommen und nach der Satzung ihre Vorsitzenden bestimmen. Seither läuft der Austausch vor allem auf
virtuellem Weg. Die beiden Arbeitsgruppen zu
Machtfragen und priesterlichem Leben wollen sich
dem Vernehmen nach vor August treffen."* (katho-
lisch.de, 29.5.20)

Bischof Georg Bätzing hat sich bereits für eine Thematisierung auf einer Bischofssynode in Rom ausgesprochen, die sich mit den zu fassenden Beschlüssen
des Synodalen Wegs der Kirche in Deutschland beschäftigt.

*"Er sei 'sehr dafür, die Erkenntnisse und Entschlüsse,
die wir auf dem Synodalen Weg sammeln – auch hinsichtlich der Frau und des Amtes –, nach Rom zu
transportieren'. [...] 'Was synodal entsteht, muss
auch synodal geklärt und beantwortet werden', so
Bätzing. Dieses Prinzip sei durch Papst Franziskus
gestärkt worden."* (Ebd).

In dieser Überzeugung knüpft Bischof Bätzing an seinen Vorgänger im Amt des Vorsitzenden der Deutschen Bischofskonferenz, Kardinal Reinhard Marx,
zum Beginn des Synodalen Weges an. Und er
schließt in seiner Pfingstpredigt mit Worten, die die
Richtung nach vorne angeben:

"Ja, diese Krisenzeit verschärft die Zeitansage an die Kirche. Wir müssen uns ihr stellen, sie durchdringen und miteinander darauf antworten. [...] An Pfingsten wurde das erste Kapitel in der langen Geschichte der Kirche aufgeschlagen. Unsere Zeit und ihre Zeitansage legen nahe, dass wir ein neues Kapitel des Christseins mitschreiben. Jesus traut es uns zu. Türen auf und hinaus." (DBK vom 31.5.2020)

Synodaler Weg: „Der Papst schätzt dieses Vorhaben, das er eng mit dem von ihm geprägten Begriff der ‚Synodalität' verbindet."

© Deutsche Bischofskonferenz/Matthias Kopp

"Der Vorsitzende der Deutschen Bischofskonferenz, Bischof Dr. Georg Bätzing, ist heute (27. Juni 2020) zu einem Antrittsbesuch von Papst Franziskus empfangen worden. Bei der Privataudienz im Vatikan konnte Bischof Bätzing den Papst über die Lage der Kirche in Deutschland, vor allem in den Auswirkungen der Corona-Krise, informieren. Ausführlich berichtete er Papst Franziskus über den bisherigen Verlauf des Synodalen Weges der Kirche in Deutschland und die weiteren Planungen. „Ich fühle mich durch den intensiven Austausch mit dem Heiligen Vater bestärkt, den eingeschlagenen Weg fortzusetzen. Der Papst schätzt dieses Vorhaben, das er eng mit dem von ihm geprägten Begriff der ‚Synodalität' verbindet. Mir war es ein Anliegen deutlich zu machen, dass die Kirche in Deutschland diesen Weg geht und sich stets an die Universalkirche gebunden weiß", erklärte Bischof Bätzing nach der Audienz. „Auf dringende Herausforderungen der Kirche, die von der Aufarbeitung sexuellen Missbrauchs an Minderjährigen bis hin zu den dramatischen Kirchenaustrittszahlen reichen, müssen wir Antworten finden. Mit seinem Schreiben an das pilgernde Gottesvolk der Kirche inDeutschland im Juni 2019 hat er dazu ermutigt und Hinweise gegeben. Er wird uns auch weiterhin aufmerksam begleiten." Papst Franziskus habe daran erinnert, beim Synodalen Weg und dem Handeln der Kirche in Deutschland, die Armen und Alten, die Geflüchteten und Hilfsbedürftigen nicht aus dem

Blick zu verlieren. „Ausdrücklich bat der Papst darum, die Auswirkungen und Erfahrungen angesichts der Corona-Pandemie auf dem weiteren Weg mit zu bedenken", so Bischof Bätzing. Er fügte hinzu: „Ich hoffe, dass wir mit den Erfahrungen des Synodalen Weges einen Beitrag zur Weltbischofssynode im Oktober 2022 leisten können, die sich mit der Frage der Synodalität auseinandersetzt."

Bei seinem zweitägigen Besuch traf Bischof Bätzing außerdem mit dem Generalsekretär der Bischofssynode, Kardinal Lorenzo Baldisseri und dessen designierten Nachfolger, Erzbischof Mario Grech, dem Präfekten der Kongregation für die Glaubenslehre, Kardinal Louis Ladaria SJ, dem Präfekten der Kongregation für die Bischöfe, Kardinal Marc Ouellet, dem Präsidenten des Päpstlichen Rates zur Förderung der Einheit der Christen, Kardinal Kurt Koch, und dem Botschafter der Bundesrepublik Deutschland beim Heiligen Stuhl, Botschafter Dr. Michael Koch, zusammen."

Quelle: Pressemeldung Nr. 107 der Deutschen Bischofskonferenz vom 27.06.2020

„Synodale Kirche ist etwas anderes als das, was wir jetzt erlebt haben." - oder: Wie auf dem Synodalen Weg auf die Instruktion „Die pastorale Umkehr der Pfarrgemeinde im Dienst an der missionarischen Sendung der Kirche" der Kleruskongregation reagiert wird.

Kreuz und Kerze mit dem Symbol des "Synodaler Weg"

KIRCHE

VATIKAN   DEUTSCHLAND   REFORMEN   BISCHOFSKONFERENZ   KATHOLISCHE KIRCHE

D: Gespräche zu Vatikan-Pfarreireform-Papier in Rom

(Screenshot Vatican News, 24.8.2020)

„Wenn man von der Behörde wegen unkonventioneller Seelsorgemethoden einen mahnenden Brief erhalte, sollte man den höflich beantworten, dann aber weitermachen wie bisher", so lautete Papst Franziskus' Empfehlung bereits im Jahr 2015 auf Briefe seiner Behörden. Man könnte auch fünf Jahre danach über diese Äußerung von Papst Franziskus noch schmunzeln, wenn sie nicht auch die Entfernung vatikanischer Behörden – jetzt aktuell der Kleruskongregation – von den Ortskirchen der Welt spiegeln würde. Dass selbst Mitglieder der Kommission daselbst von der auf den Tag Peter und Paul, dem 29. Juni 2020 datierten, aber tatsächlich am 20. Juli 2020 veröffentlichten Instruktion „Die pastorale Umkehr der Pfarrgemeinde im Dienst an der missionarischen Sendung der Kirche" nichts wussten, lässt ihre Kommunikation zusätzlich erratisch erscheinen. Auf denselben Tag ‚Peter und Paul' vor einem Jahr war schon die neue Konstitution zur Vatikanverfassung *Praedicate evangelium* erwartet worden, die die alte Verfassung *Pastor bonus* ablösen sollte und deren Erscheinen mit der Instruktion erst einmal in noch größere Fernen gerückt zu sein scheint, als von ersterer die subsidiäre Arbeit vatikanischer Behörden zugunsten der Ortskirche erwartet worden war. Was auch immer deren endgültige Abstimmung und Veröffentlichung verhindert: Die Instruktion „Die pastorale Umkehr der Pfarrgemeinde…" scheint allein in der Weise der Kommunikation und des Gebarens eine Kultur des Zentralismus zu zementieren, der nur durch ein konsequentes Durchhalten auf dem Synodalen Weg und in seinem Ernstnehmen zu widerstehen ist.

"Synodale Kirche ist etwas anderes als das, was wir jetzt erlebt haben."

So lautete mit den Worten von Kardinal Marx schon vor genau einem Monat nur eine der vielen kritischen Stimmen von Bischöfen und Laien in den deutschsprachigen Ortskirchen.

Eine paradoxe und beinahe schizophrene Situation auch fünf Jahre nach dem zu Beginn zitierten Bonmot des damals noch in den ersten Jahres seines Pontifikates amtierenden Reformpapstes: Gegen eine mindestens mit einer doppelten und auseinander gehenden Botschaft aus dem Hause des Papstes mit dem Papst und seinem Anliegen der Synodalität die Anliegen der Ortskirchen zugunsten der Weltkirche insgesamt einzubringen. Würde das Thema der auf das Jahr 2022 Corona-bedingt verschobenen Bischofssynode in Rom nicht Synodalität heißen, könnte man sich auf dem Synodalen Weg in Deutschland schon auf einem Weg ins Leere fühlen.

Dass dieser Weg aber nicht ins Leere gehen kann, gehört zu einer inneren Glaubensgewissheit, dass die Kirche schon um ihrer selbst und der Verheutigung des Glaubens in die jeweilige Kultur und Zeit hinein weiter- und vorangehen muss. Und so ist auch heute die Erklärung des Ständigen Rates der Deutschen Bischofskonferenz zu werten, dass

"[d]er Vorsitzende der Deutschen Bischofskonferenz, Bischof Dr. Georg Bätzing, [...] daher das vom Prä-

fekten der Kongregation für den Klerus, Kardinal Beniamino Stella, übermittelte Gesprächsangebot annehmen [wird]. Er wird der Kongregation vorschlagen, das Gespräch mit dem Präsidium des Synodalen Weges zu führen, da Bischöfe, Priester, Diakone und Laien in der Instruktion gleichermaßen angesprochen werden. Die Instruktion kann nur der Anlass und Anfang eines Gesprächs sein, damit daraus eine echte Hilfe für die differenzierten Situationen in den Ortskirchen wird. Grundlage für die Ausrichtung der pastoralen Arbeit sind nach wie vor die beiden Grundlagendokumente der Deutschen Bischofskonferenz „Zeit zur Aussaat. Missionarisch Kirche sein" (2000) und „Gemeinsam Kirche sein. Wort der deutschen Bischöfe zur Erneuerung der Pastoral" (2015)." (Presseerklärung der DBK vom 24.8.2020)

Diesem offensichtlich mit dem Präsidium des Synodalen Weges abgestimmten Statement ist an Deutlichkeit nichts hinzuzufügen. Und es darf – analog zu dem oft bekundeten Reformanliegen – den Papst an seiner Seite fühlen. Papst Franziskus selbst wird ggf. nicht der Papst sein können, der die Umsetzung aller der von ihm angestoßenen Reformanliegen in seiner aktiven Amtszeit erleben wird – das Wirken von Franziskus sei eher als „ein Pontifikat der Aussaat, nicht der Ernte" zu verstehen, wie der Jesuit und Papstvertraute Antonio Spadaro unlängst betonte:

"Der Papst hat sehr viel gesät in den letzten Jahren. Sein Nachfolger kann das nicht ignorieren, er wird nicht zurückkönnen. Er wird weiter vorangehen." Die „pastorale Neuausrichtung" seiner ‚Behörde' wird Papst Franziskus auch fünf Jahre nach dem Eingangs-Bonmot nicht müde zu betonen. Und wenn die Sache als solche nicht zu ernst wäre – und in Deutschland traditionsgemäß mit noch größerem Ernst wahrgenommen würde als irgendwo sonst in der Welt –, wäre es fast schon Anlass sich auf die nächste Weihnachtsansprache zu freuen, in der Papst Franziskus alle Jahre wieder seiner Kurie die Leviten lesen wird. Eine baldige Veröffentlichung einer neuen Kirchenverfassung wäre demgegenüber allerdings noch wünschenswerter.

Fratelli tutti – Fünf Regionenkonferenzen des Synodalen Wegs beraten in Zeiten von Corona in Berlin, Dortmund, Frankfurt, Ludwigshafen und München

(Bild: © privat)

"*Fratelli tutti*" – der Titel der heute bekannt gewordenen dritten Enzyklika von Papst Franziskus – könnte auch gut als pointierte Überschrift für die Arbeitsatmosphäre der Regionenkonferenzen des Synodalen Wegs stehen, die statt der Coronabedingt abgesagten Plenumskonferenz an diesem Wochenende mit jeweils ca. 50-70 Personen in Berlin, Dortmund, Frankfurt, Ludwigshafen und München stattgefunden haben

123

"Bei allen spürbaren verschiedenen Sichtweisen, Perspektiven und Schwerpunkten lässt sich eine entspannte, aufmerksame Atmosphäre feststellen. Die Redner nehmen kritisch wie würdigend aufeinander Bezug, die Beiträge bleiben konstruktiv und um Austausch bemüht. Direkte Angriffe untereinander bleiben aus." (katholisch.de, 4.9.2020)

Gemeinsam mit der Themenstellung der neuen Sozialenzyklika des Papstes im Blick auf die globalen Herausforderungen der Pandemie ist allen Regionalkonferenzen auch der Themenschwerpunkt am Vormittag: "Die Corona Pandemie – Herausforderungen für den Synodalen Weg". Ohnmachtserfahrungen angesichts des Lockdowns und Fragen zur kirchlichen Systemrelevanz in dieser Zeit, ihre ureigentliche Kompetenz in der Begleitung Alter, Kranker, sozial Benachteiligter wie in Fragen von Tod, Krankheit und Leid wurden ebenso angesprochen wie neue Weisen und Formen kirchlichen Lebens: in digitalen und Live-Streaming-Angeboten und Gottesdienstformaten wie in einer plötzlich in ihrer Bedeutung wieder neu in den Vordergrund rückenden Familienkatechese und –pastoral. Corona war und ist auch FamilienZeit und löst – Ironie und Paradoxie der letzten Monate – das Motto der diesjährigen Familiensonntags-Kampagne ‚Familie als Lernort des Glaubens' in einem Maße ein, wie das die Autor*innen der nur zum Download bereitstehenden 78 S.-Arbeitshilfe und ihre Auftraggeber in der Kommission 'Ehe und Familie' der Deutschen Bischofskonferenz wohl nicht für möglich gehalten hätten. Aber diese Entwicklungen helfen der Kirche in Deutschland in Zeiten von Corona nur bedingt:

"Die Pandemie wirkt wie ein Brennglas - alle Probleme, die die Kirche sowieso schon hat, werden durch das Virus nur noch größer und drängender: der Priestermangel, die Glaubwürdigkeitskrise, die Kirchenaustritte, der Ausschluss von Frauen aus Ämtern." (SZ vom 5.0.2020)

"Fratelli tutti" – der Titel könnte auch für die Männerkirche stehen, die am Nachmittag der Regionalkonferenzen mit einem ersten Diskussionspapier aus dem Synodalforum ‚Frauen in Diensten und Ämtern' thematisiert wurde.

Obwohl die Textvorlage sich vornehmlich auf die Möglichkeiten beschränkt, die Frauen unter den derzeitigen Bedingungen schon offenstehen, standen doch die grundsätzlichen Anfragen nach Geschlechtergerechtigkeit in der Kirche und Ämtern nicht nur mit Reformbewegungen u.a. von Maria 2.0 vor den Türen. Es handelt sich nach den Worten der Vorsitzenden des Präsidiums des Synodalen Wegs um die Zukunftsfrage der Kirche in Deutschland.

Karin Kortmann, die als Vizepräsidentin des Zentralkomitees der deutschen Katholiken (ZdK) im Präsi-
dum des Synodalen Weges ist, sagte:

*"Die Frauenfrage ist die existenzielle für die Kirche.
Wenn wir diese Frage nicht substanziell geklärt wird,
dann werden meiner Einschätzung nach noch viel
mehr Menschen die Kirche verlassen."* (katho-
lisch.de, 4.9.2020)

Nicht minder existentiell für die Relevanz der Kirche
für das Leben der Menschen heute wird eine zeitge-
mäße Sexualmoral und Sexualpastoral am späteren
Nachmittag eingeschätzt. Elf Voten hatte das Synodalforum „Leben in gelingenden Beziehungen –
Liebe leben in Sexualität und Partnerschaft", in dem
ich selber mitarbeiten darf, für die Regionalkonferenzen als Blitzlicht des derzeitigen Beratungsstandes
eingebracht.

Die ‚Knackpunkte‘ der Wertschätzung nicht hetero-
sexueller Paare, der Vielfalt und Individualität sexueller Orientierungen sowie die für die traditionelle
Sexualmoral konstitutive Weitergabe des Lebens kamen ebenso zur Sprache wie Zeugnisse von Synodal*innen, die ihre von der heterosexuellen Norm ab-
weichende sexuelle Orientierung in den Regionalkonferenzen, aber auch in den Synodalforen selbst in authentischer Weise einbrachten und bringen.

Zwei von insgesamt 4 Foren kamen in den Regionenkonferenzen zu einer ersten Präsentation, die ebenso
wie die beiden weiteren zu 'Macht und Gewaltenteilung in der Kirche' und 'Priesterliche Existenz heute'
auch und gerade mit der Aufarbeitung des sexuellen
Missbrauchs in der Katholischen Kirche Deutschlands zusammenhängen. In der Frankfurter Regional-
konferenz wurde unterstrichen, dass Sexuelle Bildung im Sinne der vorgestellten Thesen auch zöliba-
tär lebende Menschen in der Kirche ebenso betreffen
und betreffen müssen wie die Achtung sexueller
Selbstbestimmung als Ordnungsprinzip einer zu-
kunftsfähigen Sexualethik: neue, auch an humanwis-
senschaftlichen Erkenntnissen orientierte Kategorien,
die im Katechismus der Katholischen Kirche noch
vergeblich gesucht werden und als Vertiefung der
bisherigen Sexualmoral und Sexualpädagogik verstanden werden dürfen.

Dass die Auseinandersetzung über alle genannten Zu-
kunftsfragen hinweg weiterhin konstruktiv und brü-
der- bzw. besser geschwisterlich verlaufen mögen,
lässt im Blick auf die auch in Deutschland mit hohen
Erwartungen verbundene Enzyklika *Fratelli tutti*'
auch das 'e sorelle' mitdenken. Gott möge geben, dass
die Anliegen der Frauen – anders als in einer Instruktion der Kleruskongregation unlängst – in ihr bereits
mitgedacht werden,

Fratelli tutti – oder: Wie Geschwisterlichkeit, Multilateralismus und die synodale Vision verbunden sind

"Die Zeichen der Zeit zeigen deutlich, dass die menschliche Geschwisterlichkeit und die Sorge um die Schöpfung den einzigen Weg zur ganzheitlichen Entwicklung und zum Frieden bilden."
(Ansprache von Papst Franziskus nach dem Angelus-Gebet am 4.10.2020; eigene Übersetzung)

In der heute veröffentlichten Sozialenzyklika *Fratelli tutti* wendet sich Papst Franziskus wie schon in seiner vor fünf Jahren erschienenen Schöpfungsenzyklika Laudato Si' „an jeden Menschen" (LS 3), „an alle Brüder und Schwestern" (FT 1) und schreibt darin eine „Form der Primatsausübung" fort, die „keineswegs auf das Wesentliche ihrer Sendung verzichtet, aber sich einer neuen Situation öffnet" (Ut unum

128

sint 95), wie er sie bereits in der historischen Ansprache anlässlich des Festaktes 50 Jahren Bischofssynode am 17.10.2015 ausführte:

"*Unser Blick weitet sich auch auf die ganze Menschheit. […] in einer Welt, die - obwohl sie zu Beteiligung, Solidarität und Transparenz in der öffentlichen
Verwaltung einlädt - oft das Schicksal ganzer Völker
in die gierigen Hände einer beschränkten Gruppe
Mächtiger gibt. Als Kirche, die gemeinsam mit den
Menschen unterwegs ist, die an den Mühen der Geschichte Anteil hat, pflegen wir den Traum, dass die
Wiederentdeckung der unverletzlichen Würde der
Völker und der Dienstcharakter der Autorität auch
den Gesellschaften helfen kann, um sich auf Gerechtigkeit und Geschwisterlichkeit zu stützen, um eine
bessere und würdigere Welt für die Menschheit zu
bauen und für die Generationen, die nach uns kommen (EG 186-192, LS 156-162).*" (Ebd.)

Interreligiöse Übereinkunft

Bezog sich Papst Franziskus in seiner Schöpfungsenzyklika insbesondere auf das Umweltengagement
des orthodoxen Patriarchen Bartholomaios I. von Is-
tanbul, ist die Sozialenzyklika *Fratelli tutti* über die
„Geschwisterlichkeit und soziale Freundschaft"
(Untertitel) inspiriert von der wichtigen interreligiösen Erklärung vom Februar vergangenen Jahres, die

er u.a. zusammen mit dem zu Beginn der Enzyklika zitierten Großimam der al-Azhar-Universität von Kairo, Scheich Ahmad al-Tayyeb unterzeichnete. (vgl. FT 3)

"Dort haben wir daran erinnert, dass Gott »alle Menschen mit gleichen Rechten, gleichen Pflichten und gleicher Würde geschaffen und sie dazu berufen hat, als Brüder und Schwestern miteinander zusammenzuleben«" (FT 3)

Diese Erklärung beschreibt darin auch den Anlass der Sozialenzyklika: „Jahrzehntelang schien es, dass die Welt aus so vielen Kriegen und Katastrophen gelernt hätte und sich langsam auf verschiedene Formen der Integration hinbewegen würde" (FT 10), formuliert der Papst. Doch nun sieht er mannigfache Anzeichen für Rückschritte und brandmarkt – ohne Namen von Regierenden zu nennen – populistische Tendenzen:

"Unzeitgemäße Konflikte brechen aus, die man überwunden glaubte. Verbohrte, übertriebene, wütende und aggressive Nationalismen leben wieder auf. [...] Was bis vor wenigen Jahren von niemandem gesagt werden konnte, ohne den Respekt der gesamten Welt ihm gegenüber aufs Spiel zu setzen, das kann heute in aller Grobheit auch von Politikern geäußert werden, ohne dafür belangt zu werden." (FT 11; 45)

Geschwisterlichkeit, Multilateralismus und die synodale Vision

Demgegenüber plädiert Papst Franziskus – so erläuterte Kardinalstaatssekretär Pietro Parolin in einer Konferenz anlässlich der Veröffentlichung am Nachmittag in der Synodenaula – im Einklang mit seinen Vorgängern und der katholischen Soziallehre für einen "Multilateralismus" und darüber

"für die Notwendigkeit einer 'politischen Weltautorität, die sich dem Recht unterordnet', ohne dabei 'notwendigerweise an eine persönliche Autorität zu denken' (FT 172). Die Geschwisterlichkeit ersetzt die Zentralisierung der Mächte durch eine kollegiale Funktion – die der 'synodalen' Vision, die der Führung der Kirche, wie sie Papst Franziskus wahrnimmt, nicht unähnlich ist –, die 'die Schaffung von wirksameren Weltorganisationen vorsehen, die mit der Autorität ausgestattet sind, die Beseitigung von Hunger und Elend und die feste Verteidigung der grundlegenden Menschenrechte zu gewährleisten.' (FT 172) (Ebd. eigene Übersetzung)

Engagement in Welt und Kirche

Aber "[d]ie Enzyklika ‚*Fratelli tutti*' wirft nach Ansicht des Münchner Kardinals Reinhard Marx letztlich [auch] die Frage auf, wie die Kirche ihren eigenen Forderungen nachkommt. Denn alle Prinzipien der Menschenwürde und der Personalität, die in der Gesellschaft gelten, dürften von der Kirche im Niveau nicht unterlaufen werden, erklärte Marx am Montagabend in München bei einer Veranstaltung in der Katholischen Akademie in Bayern." (Vatican News, 6.10.2020)

"Es könne nicht sein, dass etwa in der Kirche hingenommen werde, dass von oben nach unten regiert werde, während zugleich von ihr der Appell komme, in der Gesellschaft müsse auf Dialog geachtet werden." (Ebd.)

So wendet sich der Appell in die Welt sich auch an die Kirche selbst und ermutigt zum Engagement.

"Jeder Tag bietet uns eine neue Gelegenheit, ist eine neue Etappe. Wir dürfen nicht alles von denen erwarten, die uns regieren; das wäre infantil. Wir haben Möglichkeiten der Mitverantwortung, die es uns erlauben, neue Prozesse und Veränderungen einzuleiten und zu bewirken." (FT 72) – geschwisterlich, geleitet von der Überzeugung, dass "Gottes Liebe […] für jeden Menschen gleich [ist], unabhängig von seiner Religion" (FT 281; Zitat aus dem Dokumentarfilm, den Wim Wenders über den Papst gedreht hatte) und in der "synodalen Vision".

Coronabedingte Zwischenschritte - oder: Warum der ‚Synodale Weg' jetzt direkt in die Weltbischofssynode 2022 zur 'Synodalität' mündet

'Corona macht's möglich', was man im Zugehen auf das Jahr 2022 sicher auch als Koinzidenz der Ereignisse betrachten wird. Denn mehr Zeit auf dem Synodalen Weg bedeutet auch ein passgenaues Zugehen des Synodalen Weges in Deutschland auf eine Weltbischofssynode, in der der Reformprozess der katholischen Kirche zu einer synodalen Kirche – ein Kernanliegen des Pontifikates von Papst Franziskus - ebenfalls zu seinem Höhepunkt kommt.

Konkret bedeutet dieses „Mehr an Zeit" aufgrund der Corona-Pandemie als nächster Schritt, dass statt der schon einmal verschobenen II. Synodalversammlung jetzt am 4. und 5. Februar 2021 ein Online-Format stattfinden soll, in dem alle Mitglieder der Synodalversammlung "ohne Entscheidungsdruck vor allem die Arbeitsfortschritte der Synodalforen diskutieren werden". In einem Brief an die Mitglieder, Berater/-innen und Beobachter/-innen der Synodalversammlung des Synodalen Weges vom heutigen Tage heißt es weiter:

"Nach den guten Erfahrungen mit der intensiven Debatte in den Regionenkonferenzen sind wir sicher, dass dieser Corona-bedingte Zwischenschritt für eine substantielle Weiterarbeit in den thematischen Synodalforen produktiv genutzt werden kann, insbesondere in den Foren, die bei den Regionenkonferenzen im vergangenen September noch keine Zwischenergebnisse vorlegen konnten."

Die Zeit – das empfinde ich selbst als Berater im Synodalforum Liebe und Sexualität – tut dem Beratungsprozess gut, der nach der Vorstellung der Voten des Forums auf den fünf Regionenkonferenzen in der nachfolgenden Redaktionsarbeit noch einmal mehr an Qualität und Intensität gewonnen hat.

Überraschend ist dabei aus meiner Sicht, dass die in den deutschen Diözesen immer mehr als Aufgabe in den Vordergrund tretende Aufarbeitung der systemischen Ursachen sexueller Gewalt, die Übernahme von Verantwortung für die von Tag zu Tag deutlicher zutage tretenden Verfehlungen und Vertuschungen und eine konsequente Veränderung kirchlichen Handelns im Umgang mit Tätlichkeiten Sexueller Gewalt - gegenüber Täter*innen wie Betroffenen – Movens dafür sind, dass auch eine geschärfte und vertiefte Perspektive auf das Feld der Sexualität in der Arbeit des Synodalforums möglich wird. Die Bedeutung sexueller Selbstbestimmung und die Würde jedes Menschen in seiner sexuellen Identität bekommen einen Stellenwert, der auch die kirchliche Sexualmoral wieder anschlussfähig an heutige Grundsätze der Sexualwissenschaften machen könnte. Working in progress – im doppelten Sinn!

Die Arbeit der Synodalforen und ihre Zuarbeit zu der Synodalversammlung gleicht dabei dem Modus, den sich Papst Franziskus auch für die katholische Kirche insgesamt wünscht. Ein (synodales) Zusammengehen und Voranschreiten, um auf dem Weg und in einem geistlichen Prozess eine erneuerte Kirche zu werden, ja darin schon zu sein.

"Die Corona-Krise fordert von uns immer wieder Veränderungen in der Weg-Planung. Nicht nur in den Inhalten, sondern auch in den Formen tasten wir uns Schritt für Schritt voran. Dies mag zwar zunächst mühselig sein, es ist aber doch eine echte Chance, mit unterschiedlichen Formaten, Geschwindigkeiten

und Prozessen neu Synodalität in unserer Kirche zu erlernen – eine Synodalität, die hoffentlich über den bisher geplanten Rahmen des Synodalen Weges hinaus Bestand hat." (SynodalerWeg.de vom 19.11.2020)

Und wenn Synodalität der Weg ist, ist sie auch das Zielbild der Kirche als ganzer. Das Jahr 2022 wird es deutlich machen. Wie zuletzt in diesem Blog am 20. März 2020 zitiert:

"Es ist dieser Weg der Synodalität, welcher der Weg ist, den Gott von der Kirche im dritten Jahrtausend erwartet." (Papst Franziskus am 17.10.2015)

Verlorene Glaubwürdigkeit – oder: 1 Jahr Synodaler Weg

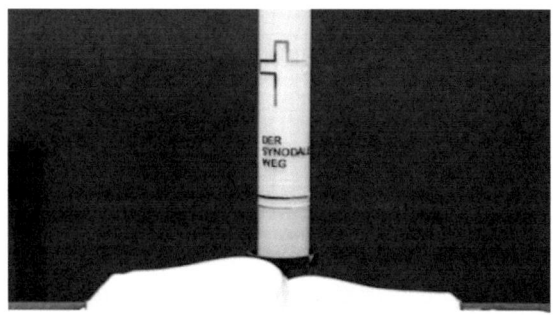

Kardinal Marx und ZdK-Vizepräsidentin Kortmann entzünden Kerze

(Screenshot katholisch.de, 1.12.19)

136

Vor einem Jahr wurde der katholische Reformprozess "Synodaler Weg" in Deutschland in der Münchener Frauenkirche mit einem Gottesdienst eröffnet. Die Kirche sei "kein geschlossenes System, keine Zitadelle, die sich einmauert" und bedürfe der "Offenheit" und eines synodalen Weges um der Zukunft der Kirche willen, sagten damals der Münchener Kardinal Reinhard Marx und die Vizepräsidentin des Zentralkomitees der Katholiken Karin Kortmann. Nur durch „unsere selbstkritische Arbeit" könne man die durch den Missbrauchsskandal verlorene Glaubwürdigkeit wiedererlangen

"Nach der schrecklichen Erfahrung, dass sexueller Missbrauch in der Kirche stattgefunden hat", gelte es nun, "Gefährdungen systemischer Natur" anzuschauen, etwa "falsche Herrschaftsorganisationen", ergänzte der Kardinal. Um wieder glaubwürdige Zeugen der Freude und der Hoffnung zu sein, "müssen wir manche Hindernisse beseitigen". (katholisch.de, 1.12.19)

Vor diesem Hintergrund ist es unaushaltbar, dass ein Jahr nach dem Beginn des Synodalen Weges ein spätestens seit März 2020 vorliegendes Gutachten zu den Missbrauchsstrukturen und -taten im Erzbistum Köln wegen angeblicher methodischer Mängel bis auf weiteres endgültig unter Verschluss gehalten wird – von dem Eingeständnis der Instrumentalisierung Betroffener ganz zu schweigen, die sich in diesem Zusammenhang ein zweites Mal mit denselben Mechanismen der Macht missbraucht fühlen (selbst noch einmal darin, dass Einzelnen von ihnen unter Auflagen Inhalte im März nächsten Jahres zugänglich gemacht werden sollen, wie es seit dem ersten Adventswochenende heißt).

So geht es nicht weiter! Wenn die Voraussetzungen für den synodalen Weg – das vorbehaltlose Offenlegen der Gutachten von Missbrauchstaten und -strukturen – nicht gegeben sind, untergräbt das Verhalten auch nur einer Ortskirche die Glaubwürdigkeit aller anderen Ortskirchen in Deutschland, der verschiedenen Synodalforen und des Synodalen Wegs insgesamt.

Dabei ist der Reformprozess an einigen Stellen gut unterwegs: zumindest für das Synodalforum „Liebe und Sexualität" – wie es abgekürzt genannt wird –, in dem ich mitarbeiten darf, kann ich sagen, dass der Arbeits- und Diskussionsstand trotz oder wegen Corona und den Möglichkeiten digitaler Kommunikation vorangeschrittenen ist auf einem Weg, den ich von den Plenar- und Regionenkonferenzen, der Arbeit im Forumsplenum wie in der Redaktionsgruppe als einen geistlichen Prozess erlebe: Nicht nur dass Gottesdienste am Anfang standen und den synodalen

Weg begleiten, auch die Verantwortung für die kirchliche Gemeinschaft als ganze und ihre Lehre werden mit großer Ernsthaftigkeit in der Forumsarbeit verfolgt und vom Gebet begleitet. Genau in diesem Sinn, „in einer Gemeinschaft, in seinem Wort, in der Eucharistie und im Gebet zu sein", bezeichnete Papst Franziskus in seiner Generalaudienz vor genau einer Woche die Kennzeichen von Synodalität und eines Cammino sinodale, die sich von denjenigen einer bloßen "strada sinodale" – ohne Wirken des Hl. Geistes und nur auf das Erzielen von Mehrheitsentscheidungen bedacht – unterscheiden.

Dass der Tiefpunkt der unsäglichen Missbrauchstaten und die zugrundeliegenden Strukturen dazu beigetragen haben, auch die kirchliche Lehre von der Wurzel her neu wahrzunehmen und zu durchdringen, ist dabei eine paradoxe und doch so wichtige Erfahrung gleich einem Wendepunkt: dass Lehrentwicklung durch die Wahrnehmung der Wirklichkeit, also auch durch Offenlegung von Unrechtstaten und –strukturen geschehen kann. In Bezug auf den in diesem Blog schon oft zitierten kirchlichen Grundsatz, dass „die apostolische Überlieferung in der Kirche unter dem Beistand des Heiligen Geistes einen Fortschritt kennt" (DV 8), hatte ich diesbezüglich im vorausgegangenen Blog-Beitrag bereits die „geschärfte und vertiefte Perspektive auf das Feld der Sexualität in der Arbeit des Synodalforums" beschrieben.

"Die Bedeutung sexueller Selbstbestimmung und die Würde jedes Menschen in seiner sexuellen Identität bekommen einen Stellenwert, der auch die kirchliche Sexualmoral wieder anschlussfähig an heutige Grundsätze der Sexualwissenschaften machen könnte." (Blog-Beitrag vom 19.11.20)

Aber jenseits aller Ansätze des Aufbruches wird das Wahrnehmen der Zeichen der Zeit und ihre Deutung im Licht des Evangeliums nur gelingen, wenn wirklich auch nur der Anschein von Vertuschung, von Institutions- und Täterschutz verflogen, Aufarbeitung von externer Seite angefragt und einbezogen ist und eingeholte Gutachten radikal offengelegt werden – auch und gerade das WSW-Gutachten im Erzbistum Köln, wie es auch die Vollversammlung des ZdKs am 20.11.20 fordert:

"Aktuell sind wir Zeuginnen und Zeugen intransparenter Vorgänge im Erzbistum Köln. Wir fordern, diese vollständig offen zu legen und insbesondere die Ergebnisse aus dem Gutachten der Kanzlei Westpfahl Spilker Wastl zugänglich zu machen. Außerdem muss für weitere Untersuchungen eine unabhängige Kommission vergleichbare Prozesse und anzuwendende Methoden definieren und die Ergebnisse diözesanübergreifend evaluieren." (ZdK.de vom 20.11.20)

Die Zurückhaltung des besagten Gutachtens hat bereits jetzt einen Glaubwürdigkeitsverlust verursacht, dass eine erstickende Atmosphäre der Unglaubwürdigkeit über die Kölner Bistumsgrenzen hinaus sich immer weiter ausbreitet: Das Gegenteil dessen, was mit dem vor einem Jahr in Deutschland auf den Weg gebrachten 'Synodalen Weg' intendiert war. Wie es um die Kirche steht, bringen nachdrücklich und bewegend die „Fragen an meine Kirche – Sorgen eines Landpfarrers im Rheinland" zum Ausdruck, die ebenfalls Ende November veröffentlicht wurden.

Ein authentisches und ebenso bedrückendes wie ermutigendes Hirtenwort zum Advent 2020 in Deutschland.

Weihnachtsfest in der Pandemie – oder: Die Chance in der Krise wider die verlorene Glaubwürdigkeit

Als wenn die diesjährige Weihnachtsansprache für die Römische Kurie auch und gerade auf den Anlass des Synodalen Weges der Kirche in Deutschland und sein Stottern angesichts von Pandemie und intransparenter Missbrauchsaufarbeitung – wie derzeit im Erzbistum Köln* – gemünzt wäre, stellt Papst Franziskus die Krise der Kirche in den Mittelpunkt seiner diesjährigen Weihnachtsansprache:

"Dieses Weihnachtsfest ist das Weihnachtsfest in der Pandemie, der gesundheitlichen, sozialökonomischen, aber auch kirchlichen Krise, die die ganze Welt unterschiedslos getroffen hat. Die Krise ist nicht mehr nur ein Allgemeinplatz des Diskurses und des intellektuellen Establishments, sie ist zu einer Realität geworden, die alle betrifft." (Vatican News, 21.12.20)

Und er fügt wie schon im März auf dem Petersplatz umgehend hinzu:

"Diese Geißel war eine beachtliche Bewährungsprobe und zugleich eine große Chance, uns zu bekehren und wieder authentisch zu werden."

Verlorene Authentizität und Glaubwürdigkeit

Allein: die Authentizität wird der Katholischen Kirche in Deutschland gerade nicht mehr abgenommen. Zu „notorischen Lügnern" werden Bischöfe aus dem Erzbistum Köln gerechnet, deren Missbrauchsaufarbeitung auch von bischöflichen Kollegen als „unsäglich", „verheerend", „zutiefst verletzend" und als „regelrechtes Desaster" bezeichnet wird.
Nach dem im März 2019 anlässlich des weltweite Ausmaße annehmenden Missbrauchsskandals veröffentlichten Papstschreiben „Ihr seid das Licht der

Welt" (Vos estis lux mundi) kennzeichnet gerade Bischöfe *"eine ständige und tiefe Umkehr der Herzen, die durch konkrete und wirksame Handlungen bezeugt wird; diese beziehen alle in der Kirche mit ein, sodass die persönliche Heiligkeit und der moralische Einsatz dazu beitragen können, die volle Glaubwürdigkeit der Verkündigung des Evangeliums und die Wirksamkeit der Sendung der Kirche zu fördern."* (Ebd.)

Was aber tun, wenn die Glaubwürdigkeit erschüttert ist und fehlt? Wie kann man glaubhaft Weihnachten feiern, wenn die Hirten diese selbst vermissen lassen, man am „Umgang mit den Verbrechen sexueller Gewalt in der Kirche ablesen kann: Die können und wollen das Kind gar nicht schützen." (Kölnische Rundschau 13.12.20)

Franziskus bei seiner Rede an die Kurienchefs (Vatican Media)

(Screenshot Vatican News, 21.12.20)

143

Die verlorene Glaubwürdigkeit stand am Anfang des Synodalen Wegs in Deutschland. Sie wiederherzustellen, „den zugrundeliegenden Problemen, die dieses schreckliche Missbrauchsgeschehen überhaupt ermöglicht haben", nachzugehen, war und ist trotz einer aufkommenden „Grundfrustration […] angesichts der aktuellen Debatten um Missbrauchsaufarbeitung im Erzbistum Köln" weiterhin Ziel des nunmehr Corona-bedingt bis zum Herbst 2022 projektierten Synodalen Weges.

Die aktuelle Situation mit den Worten der diesjährigen Weihnachtsansprache einfach nur als Krise zu verstehen, erscheint fast euphemistisch ausgedrückt, weil sie nicht durch Aussitzen oder Zuwarten gelöst werden kann – vielmehr dadurch nur verschlimmert wird –, sondern nur durch ein Bekenntnis von Schuld und die Übernahme und das Tragen von Verantwortung.

Darüber hinaus, nicht hinwegsehen

Und dennoch ist auch - trotz oder angesichts aller Verzweiflung über einzelne Verantwortungsträger - darüber hinaus zu sehen. Denn eine „Reflexion über die Krise warnt uns davor, die Kirche vorschnell nach den Krisen zu beurteilen, die durch die Skandale von gestern und heute verursacht wurden" (Ebd.) und darin die Kirche schon auf dem Weg „in eine Sekte"

abdriften zu sehen, wie im Blick auf die Missbrauchsaufarbeitung in Köln gerade schon geschrieben wird. Davon abstrahierend sagt Papst Franziskus
in der aktuellen Weihnachtsansprache:

*"Wie oft scheint auch unseren kirchlichen Analysen
die Hoffnung zu fehlen. Ein hoffnungsloser Blick auf
die Wirklichkeit kann nicht als realistisch bezeichnet
werden. Die Hoffnung gibt unseren Analysen das,
was unsere kurzsichtigen Augen so oft nicht wahrnehmen können."* (Ebd.)

Und beim nächsten Absatz erinnert der Wortlaut von
Papst Franziskus fast wieder an den schonungslos
und beinahe sarkastischen Stil früherer Weihnachts-
ansprachen, der zu Beginn die eigentliche Chance
in der Krise herausarbeitet:

*"Wer die Krise nicht im Licht des Evangeliums be-
trachtet, beschränkt sich darauf, die Autopsie einer
Leiche durchzuführen. Er schaut auf die Krise, aber
ohne das Licht des Evangeliums. Die Krise ist nicht
nur deswegen so erschreckend für uns, weil wir ver-
lernt haben, sie so zu sehen, wie das Evangelium es
uns nahelegt, sondern weil wir vergessen haben, dass
allem voran das Evangelium selbst uns in eine Krise
bringt. Es ist das Evangelium, das uns in eine Krise
bringt."* (Ebd.)

Und bei Licht betrachtet ist ja gerade das die Erfahrung des Synodalen Wegs, auch wenn ich sie nur – wie geschrieben – für den Verlauf eines Synodalforums aus eigener Perspektive bezeugen kann.

"Wenn wir aber wieder den Mut und die Demut finden, laut auszusprechen, dass die Zeit der Krise eine Zeit des Heiligen Geistes ist, dann werden wir uns auch angesichts der Erfahrung von Dunkelheit, Schwäche, Zerbrechlichkeit, Widersprüchen und Verwirrung nicht mehr niedergeschlagen fühlen, sondern immer ein inniges Vertrauen darauf bewahren, dass die Dinge gerade eine neue Form annehmen, die allein aus der Erfahrung einer im Dunklen verborgenen Gnade entsprang. [...]
Wenn uns also ein gewisser Realismus unsere jüngste Geschichte nur als die Summe von nicht immer geglückten Versuchen, Skandalen, Stürzen, Sünden, Widersprüchen und Kurzschlüssen beim Zeugnisgeben darstellt, sollten wir weder erschrecken, noch sollten wir die Evidenz all dessen leugnen, was in uns und in unseren Gemeinschaften vom Tod betroffen ist und der Bekehrung bedarf. Alles, was böse, widersprüchlich, schwach und zerbrechlich ist und sich offen zeigt, erinnert uns noch stärker an die Notwendigkeit, alles Denken und Tun, das dem Evangelium nicht entspricht, in uns absterben zu lassen. Nur wenn wir eine bestimmte Mentalität absterben lassen, wird es uns auch gelingen, Platz für das Neue zu

schaffen, das der Geist ständig im Herzen der Kirche weckt. Die Kirchenväter waren sich dessen bewusst, sie nannten es „Metanoia". (Ebd.)

Metanoia, Aggiornamento und Synodalität – oder: Was in der Krise zu tun ist

"Was ist in der Krise zu tun? Zunächst einmal sollte man sie als eine Zeit der Gnade annehmen, die uns gegeben ist, um Gottes Willen für jeden von uns und für die ganze Kirche zu verstehen." (Ebd.)
"In jeder Krise gibt es immer ein begründetes Bedürfnis nach einem aggiornamento: das ist ein Schritt vorwärts. Aber wenn wir wirklich eine solche Aktualisierung wollen, müssen wir den Mut zu einer umfassenden Bereitschaft haben." (Ebd.)
Dieses Aggionamento ist mehr als das „Flicken eines Kleides". Wir sind vielmehr „aufgerufen, denselben Leib mit einem neuen Gewand zu bekleiden" (Ebd.).

"Ohne die Gnade des Heiligen Geistes, selbst wenn man beginnt, die Kirche synodal zu denken, wird sie sich, anstatt sich auf die Gemeinschaft mit der Präsenz des Heiligen Geistes zu beziehen, als eine beliebige demokratische Versammlung verstehen, die sich aus Mehrheiten und Minderheiten zusammensetzt. Wie ein Parlament, beispielsweise: Das ist nicht Synodalität. Allein die Gegenwart des Heiligen Geistes macht den Unterschied." (Ebd.)

Der Synodale Weg im Heiligen Geist

Auch in diesem Absatz scheint die Weihnachtsansprache indirekt auch auf die Situation der Kirche in Deutschland gemünzt zu sein, wie sie ähnlich schon in der Audienzansprache des Papstes am 25.11.20 anklang (vgl. Blog-Beitrag vom 1.12.2020). Aus Sicht Vorsitzenden des Zentralkomitees der deutschen Katholiken (ZdK) Thomas Sternberg *„sollten die Synodalen auch daran arbeiten, ihre Kommunikation mit Rom zu verbessern. Er habe den Eindruck, dass im Vatikan 'Fehlvorstellungen' über die Katholiken in Deutschland kursierten, etwa dass in Deutschland zwei etwa gleich große Gruppen von Konservativen und Progressiven 'aufeinanderprallen' würden. Dabei sei eine große Mehrheit bereit, neue Wege zu gehen."* (katholisch.de, 18.12.20)

Und ich darf als Mitglied des Synodalforums "Liebe und Sexualität" anfügen: Sie sollten deutlich machen, wie sehr der Synodale Weg seinerseits eine Bewegung im Heiligen Geist ist. In diesem Sinn ist Weihnachten im Jahr 2020 trotz aller Unsäglichkeiten in einigen Ortskirchen ein Zeitpunkt der Gnade heute, einer Zeit der "Neuheit, die aus dem Alten hervorgeht und es fortwährend fruchtbar macht" und in der wir "nicht geboren werden, um zu sterben, sondern im Gegenteil, um etwas Neues anzufangen." [Hanna Arendt] (Weihnachtsansprache vom 21.12.20)

Synodaler Weg 50 Jahre nach der Würzburger Synode - oder: Letzte Chance wider die Unglaubwürdigkeit, in der sich „eine Institution selbst zugrunde" richtet.

(M. Labudda, M. Leitschuh (Hrsg.), Synodaler Weg - Letzte Chance? Standpunkte zur Zukunft der katholischen Kirche, Paderborn 2021)

"Die Würzburger Synode war 100 Prozent notwendig und sie lebt bis heute fort. [...] Die Bewegung geht nach vorne und die Impulse von damals sind weiter-

*hin sehr stark präsent. Die große Mehrzahl der gläu-
bigen Katholikinnen und Katholiken in unserem Land
wollen Veränderung, und darum ist auch der Synodale Weg so notwendig".* (katholisch.de, 2.1.21)

Mit diesen Worten verweist der Vorsitzende der
Deutschen Bischofskonferenz Bischof Georg Bätzing
auf die Notwendigkeit der Würzburger Synode, die
auf den Tag genau vor 50 Jahren in Würzburg begann, und ihre Bedeutung für den Synodalen Weg der
Kirche in Deutschland. Jüngere Theolog*innen könnten sich die Augen reiben, dass ebendiese Synode im
Schlussdokument in den Beschlüssen ‚Dienste und
Ämter' und ‚Beteiligung der Laien' unter anderem
die Zulassung von Frauen zum Diakonat, Zugangs-
wege für verheiratete Männer zum Priestertum und
Mitbestimmung der Laien in der Kirche geradeheraus
ansprechen und fundiert mit Argumenten begründen,
die auch heute wieder zitiert werden. Sie stehen mit
anderen wichtigen Themen auch im Rahmen des Synodalen Weges 50 Jahre später weiterhin auf der Tagesordnung und sind für Bischof Bätzing Gradmesser
für die Glaubwürdigkeit der Kirche

*"Wir gehen diesen Weg mit allen Steinen und Weg-
weisern aus verschiedensten Richtungen, aber es ist
unsere Verantwortung, ihn jetzt zu gehen. Wenn wir
uns den drängenden Fragen nicht stellen, werden wir
unglaubwürdig." (Ebd.)*

Als „letzte Chance" bezeichnet dies auch das oben mit Cover bezeichnete neue Buch "Synodaler Weg", indem es "Standpunkte zur Zukunft der Kirche" von beteiligten Synodalen der ersten Plenarversammlung veröffentlicht. Dass die Themen und Forderungen – anders als vor 50 Jahren – in Rom mehr Beachtung finden, soll über einen Einbezug desjenigen Sekretariates möglich werden, das für die Weltbischofssynode 2022 das Thema Synodalität insgesamt aufplant. Auch zur Synodalität hatte die Würzburger Synode ein Beschlussvotum verabschiedet, das seiner Zeit ebenfalls keine Beachtung in Rom (und selbstredend daraufhin auch keinen Niederschlag im Codex Iuris Canonici von 1983) gefunden hat, das nun auch für Rom in doppelter Weise interessant, ja zielführend werden könnte.

Die Würzburger Synode bat 1975 in einem bist zum heutigen Tag nicht beantworteten Votum im Beschluss "Räte und Verbände" den Papst:

"a) den Bistümern [...] das Recht zu geben, in jedem Jahrzehnt eine gemeinsame Synode durchzuführen; b) ein entsprechendes Statut, das unter Wahrung aller im Statut der Gemeinsamen Synode festgelegten Grundsätze die für weitere gemeinsame Synoden erforderlichen Regelungen zu treffen und von der Deutschen Bischofskonferenz mit der Bitte um Genehmigung vorgelegt wird, zu approbieren bzw. in Kraft zu

setzen; c) die Bischöfe unserer Diözesen rechtzeitig zu ermächtigen, die für die Durchführung der nächsten gemeinsamen Synode erforderlichen Maßnahmen gemeinsam vorzubereiten und für ihre Diözesen anzuordnen." (Beschluss: Räte und Verbände, Teil IV, 2)

Die Veröffentlichung des seit dem Frühjahr 2019 erwarteten Dokuments *Praedicate evangelium*, das die alte Konstitution zur Kirchenverfassung *Pastor Bonus* von 1988 ablösen wird, ist nunmehr für einen Termin vor Ostern dieses Jahres angekündigt. Sie wird nach den bisherigen Ankündigungen den subsidiären Auftrag der Kurie in Rom, aber darüber auch die Anteilnahme der Teilkirchen an der Lehrautorität der Kirche herausarbeiten. Zu ebendieser Verantwortung gehören auch Partikularkonzilien, die heute eine andere Zusammensetzung erfordern, als sie der CIC als kirchliches Rechtsbuch Anfang der 1980er Jahre für notwendig hielt. Und als Paradebeispiel zeitgemäßer Synodalität ist der „Synodale Weg" – auch wenn für ihn keine Rechtsnorm im CIC existiert – über alle inhaltlichen Eingaben für die Zukunft der Kirche hinweg bestes Beispiel für das, was Ziel der Bischofssynode 2022 sein soll: eine Synodale Kirche, deren Verwirklichung ihrerseits nicht nur dasjenige ist, was "Gott von seiner Kirche im 3. Jahrtausend erwartet", sondern auch die Erfüllung desjenigen Auftrags, den das Konklave Papst Franziskus im Jahr 2013 mit der

Aufgabe der Kurien- und Kirchenreform mitgegeben hat.

Bis dahin ist freilich noch ein langer Weg. Und jenseits allen Optimismus' im Blick auf den vor Augen stehenden Zukunftsweg in Deutschland und der Weltkirche, muss schnellstmöglich alles getan werden, dass nicht aufgrund eines mangelhaften Umgangs mit der Aufarbeitung des Missbrauchsskandals, der den Synodalen Weg überhaupt erst ausgelöst hat, die Kirche in Deutschland schon auf dem Weg alle Glaubwürdigkeit verloren hat und sich "eine Institution selbst zugrunde" richtet. Auch und gerade hier gilt:

"Die Zeit läuft uns weg!"

Transparenz und Verantwortung - und warum wir das "Monitoring der Öffentlichkeit" auf dem Synodalen Weg brauchen

Am heutigen 4.2.2021 hat etwas mehr als ein Jahr nach dem ersten Synodalforum eine zweitägige Online-Konferenz als weiterer Coronabedingter Zwischenschritt des Synodalen Wegs vor der regulären zweiten Synodalversammlung begonnen, die jetzt vom 30.9. bis 2.10.2021 geplant ist. Und anders als im letzten Jahr, wo bereits Reformanliegen in Anbetracht der als systemisch identifizierten Ursachen schon an die Stelle des Missbrauchsskandals getreten waren, rückte dieser selbst – insbesondere aufgrund mangelhaften Missbrauchsaufarbeitung im Erzbistum Köln – wieder in den Fokus. Bereits vorab wurde eine Erklärung mit dem Titel "Transparenz und Verantwortung. Konsequent gegen sexuellen Missbrauch und Gewalt in der Kirche" des Präsidiums des Synodalen Weges veröffentlicht, die zu Beginn der Konferenz verlesen und den Erzbischof von Köln zu einem weiteren Schuldbekenntnis bewegte, das jedoch abermals nicht konkret auf persönliches Fehlverhalten im Umgang mit Missbrauchsfällen einging.

154

Herausragend war der Beginn der morgen mit den inhaltlichen Berichten fortsetzenden Onlineversammlung insbesondere durch die Vorstellung und die bewegenden Statements des neuen Betroffenenbeirates, die zwei Sprecher und eine Sprecherin in einer Dichte ins Wort brachten, dass die Versammlung trotz der virtuellen Anlage eine Tiefe erhielt, die auch die Hoffnung wieder fühlbar werden ließ.

(Screenshot aus dem Live-Stream von SynodalerWeg.de)

Dass Missbrauchsaufarbeitung und eine Auseinandersetzung mit den Ursachen sexueller Gewalt eine Weise der Evangelisierung sei, wie es Johanna Beck zum Ausdruck brachte, deckt sich mit meinen Erfahrungen in dem Synodalforum, in dem ich als Berater mitarbeiten darf und dessen Arbeitsstand morgen eines von den vier thematischen Schwerpunkten sein wird. Dass die vom sexuellen Missbrauch und von sexualisierter Gewalt Betroffenen die Arbeit des Synodalen Weges bereichern können, lässt

155

mich an deren Beteiligung im Limburger Aufarbeitungsprozess denken, der mit seinen Ergebnissen und über 60 Einzelaufträgen Anfang dieses Jahres in die Implementierungsphase übergangen ist. Die Beteiligung Betroffener stellt eine persönliche Weise eines sensiblen, kritischen und vor allem externen Monitorings dar, das heute abermals für die Aufarbeitung und ebenso im Sinne der Einführung einer Verwaltungsgerichtbarkeit angefragt und angemahnt wurde.

Eine zweite Weise ist die Rolle der Laien, deren "Stunde" jetzt gekommen sei, wie die Vizepräsidentin des Präsidiums Karin Kortmann im Anschluss an die Worte des Betroffenenbeirates für alle Gläubigen der Kirche ergänzte. Sie seien jetzt in ihrer Verantwortung in die Pflicht genommen, müssten jetzt fordern und einfordern und dürften vor allem nicht mehr schweigen, dass sich etwas in der Kirche ändere.

Eine dritte Weise eines Monitorings brachte Bischof Stephan Ackermann ins Wort. Ähnlich wie Bischof Bätzing vor gut anderthalb Monaten sagte, dass Medien dabei unterstützten „was wir unter Umständen nicht schaffen aufzuklären", sagte Bischof Stephan Ackermann auf die Frage wie es "ein diözesanübergreifendes Monitoring für das Gesamte" geben könne mit an Deutlichkeit nicht zu überbietender Nüchternheit:

"Solange es das strukturiert nicht gibt, geht das Monitoring wesentlich über die Öffentlichkeit. [...] Die Öffentlichkeit hat die Wächterfunktion darüber und schaut dahin."*

Solange es kein diözesanübergreifendes Monitoring gibt und innerkirchlich auf einen einzelnen Klagefall die "vorgeschriebene Frist nicht eingehalten" bzw. in Rom erst dann reagiert wird, wenn etwas über eine "Studie" ans Licht der Öffentlichkeit kommt, wie Erzbischof Stephan Heße in einem heute veröffentlichten Interview zum Ausdruck brachte, ist es die Öffentlichkeit, die das Monitoring leisten muss, bis wirklich Transparenz und Verantwortung Einzug halten. Derzeit ist die Kirche angewiesen auf das Monitoring der Öffentlichkeit für das, was sie aus sich nicht schafft aufzuklären, bis endlich Verantwortung übernommen und darüber - in hoffentlich nicht zu weiter Zukunft - verlorene Glaubwürdigkeit wiederaufgebaut werden kann.

* Eigene Mitschrift der Online-Konferenz auf dem Synodalen Weg (4.2.2021):
https://www.youtube.com/watch?v=gVJoTAmTEpk

"Wenn wir aber die Geschwisterlichkeit bewahren wollen, dürfen wir den Himmel nicht aus den Augen verlieren" - Gebet der Kinder Abrahams beim interreligiösen Gebet in Ur

(Screenshot Vatican Media: Interreligiöses Gebetstreffen vor dem Haus Abrahams, Ur)

"Wir sehen zum Himmel hinauf. Wenn wir nach tausenden Jahren den gleichen Himmel betrachten, erscheinen dieselben Sterne. Sie erhellen die dunkelsten Nächte, weil sie gemeinsam leuchten. Auf diese Weise gibt uns der Himmel eine Botschaft der Einheit: Der Allerhöchste über uns lädt uns ein, uns niemals von unserem Bruder, unserer Schwester neben uns zu trennen. Das „Über" Gottes verweist uns auf das „Andere" des Bruders, der Schwester. Wenn wir aber die Geschwisterlichkeit bewahren wollen, dürfen wir den Himmel nicht aus den Augen verlieren.

158

Wir, Nachkommen Abrahams und Vertreter verschiedener Religionen, fühlen, vor allem diese Aufgabe zu haben: unseren Brüdern und Schwestern zu helfen, ihren Blick und ihr Gebet zum Himmel zu erheben. [...]

Und wir beten dafür, dass die Gewissensfreiheit und die Religionsfreiheit überall respektiert und anerkannt werden: Dies sind Grundrechte, denn sie machen den Menschen frei, den Himmel zu betrachten, für den er geschaffen wurde. [...]

Es liegt an uns, den Mut zu haben, den Blick zu erheben und die Sterne zu betrachten, die Sterne, die unser Vater Abraham gesehen hat, die Sterne der Verheißung."

(Aus der Ansprache von Papst Franziskus beim interreligiösen Gebetstreffen)

(Screenshot Vatican Media: Interreligiöses Gebetstreffen, Ur)

159

Gebet der Kinder Abrahams

Allmächtiger Gott, unser Schöpfer,
du liebst die Menschheitsfamilie und auch sonst alles,
was deine Hände vollbracht haben. Wir, die Söhne
und Töchter Abrahams, die dem Judentum, dem
Christentum und dem Islam angehören, danken dir
zusammen mit anderen Gläubigen und allen Men-
schen guten Willens, dass du uns Abraham, einen be-
rühmten Sohn dieses edlen und geschätzten Landes,
als gemeinsamen Vater im Glauben geschenkt hast.

Wir danken dir für das Beispiel dieses gläubigen
Mannes, der dir bis zum Äußersten gehorchte und
seine Familie, seinen Stamm und sein Land verließ,
um in ein Land zu gehen, das er nicht kannte.

Wir danken dir auch für das Beispiel an Mut, Durch-
haltevermögen, Seelenstärke, Großzügigkeit und
Gastfreundschaft, das uns unser gemeinsamer Vater
im Glauben gegeben hat.

Wir danken dir insbesondere für seinen heroischen
Glauben, den er bewies, als er bereit war, seinen
Sohn zu opfern, um deinem Befehl zu gehorchen. Wir
wissen, dass dies eine äußerst schwierige Prüfung
war, aus der er dennoch als Sieger hervorging, weil
er dir ohne Vorbehalt traute, der du barmherzig bist
und immer neue Wege für einen Neubeginn eröffnest.

Wir danken dir, denn dadurch, dass du unseren Vater Abraham gesegnet hast, hast du ihn zu einem Segen für alle Völker gemacht.

Wir bitten dich, du Gott unseres Vaters Abraham und unser Gott: Schenke uns einen starken Glauben, der sich für das Gute einsetzt, einen Glauben, der unsere Herzen für dich und für alle unsere Brüder und Schwestern öffnet, und eine Hoffnung, die sich nicht unterdrücken lässt und überall die Treue deiner Verheißungen zu erkennen vermag.

Mache jeden von uns zu einem Zeugen deiner liebenden Sorge für alle, besonders für die Flüchtlinge und Vertriebenen, die Witwen und Waisen, die Armen und Kranken.

Öffne unsere Herzen, schenke uns die Bereitschaft, einander zu vergeben und mache uns zu Werkzeugen der Versöhnung und des Friedens, zu Erbauern einer gerechteren und geschwisterlicheren Gesellschaft.

Nimm alle Verstorbenen, besonders die Opfer von Gewalt und Krieg, auf in dein Reich des Lichtes und des Friedens.

Steh den Verantwortlichen darin bei, die Entführten zu suchen und zu finden und vor allem Frauen und Kinder zu schützen.

Hilf uns für den Planeten Sorge zu tragen, das gemeinsame Haus, das du uns allen in deiner Güte und Großzügigkeit gegeben hast.

Komm uns beim Wiederaufbau dieses Landes zu Hilfe und gib uns die Kraft, die wir brauchen, um denen zu helfen, die ihre Heimat und ihr Land verlassen mussten, so dass sie sicher und in Würde zurückzukehren und ein neues Leben in Frieden und Wohlstand beginnen können. Amen.

(Gebet von Papst Franziskus beim interreligiösen Gebetstreffen in Ur am 6.3.2021)

Fünf Jahre "*Amoris laetitia*" - Ran an die heißen Eisen. Interview mit Fußnote* zum Beginn des *Amoris laetitia*-Aktionsjahres 2021-2022

Auf den Tag vor fünf Jahren unterzeichnete Papst Franziskus das Schreiben „*Amoris laetitia*" zu Ehe und Familie, das am 8.4.2016 veröffentlicht wurde. Auch wenn er die offizielle Lehre der Kirche damals unangetastet ließ, hat das Papier Türen für aktuelle Debatten geöffnet: zum Beispiel zu wiederverheirateten Geschiedenen oder Homosexualität.

Anno "Famiglia *Amoris Laetitia*"
19 marzo 2021 - 26 giugno 2022

Das am heutigen 19.3.2021 beginnende *Amoris laetitia*-Aktionsjahr endet mit dem Weltfamilientreffen in Rom.

„*Amoris laetitia* hat möglich gemacht, was wir jetzt auch auf dem Synodalen Weg versuchen: Liebe und Sexualität in gelingenden Partnerschaften nochmal neu auf unsere Gesellschaft hinzudenken", sagt Holger Dörnemann. Er leitet die Abteilung „Familien und Generationen" des Bistums Limburg und arbeitet als Experte im Forum zu Sexualität und Partnerschaft des Synodalen Wegs mit. Das Forum diskutiert unter anderem darüber, wie die Kirche in Zukunft mit homosexuellen Paaren oder wiederverheiratet Geschiedenen umgehen sollte. Ohne *„Amoris laetitia"* wären viele dieser Diskussionen heute so nicht möglich, schätzt Dörnemann. „Der Papst hat viele heiße Eisen angefasst."

Vor fünf Jahren, im Anschluss an zwei Bischofssynoden zu Ehe und Familie, veröffentlichte Franziskus das Papier, das viele als sein bis dato wichtigstes Lehrschreiben bezeichneten. Er wolle mehr Barmherzigkeit in der kirchlichen Morallehre zulassen, sagte er damals. Priester und Bischöfe sollten moralische Gesetze nicht anwenden „als seien es Felsblöcke, die man auf das Leben von Menschen wirft".

In mehreren Paragraphen widmete er sich sogenannten „unvollkommenen Situationen", also Lebensgemeinschaften, die nicht dem katholischen Ideal der Ehe entsprechen. „Er schaut auf alles, was in der persönlichen Geschichte der Menschen, der Paarbeziehung und der Familie an Wertvollem da ist – und nicht nur auf das, was zum Ideal noch fehlt", fasst Dörnemann das Papier zusammen.

Zum Beispiel beim Thema Homosexualität. Zwar sei der große Schritt in Blick auf die Würdigung homosexueller Partnerschaften ausgeblieben, sagt Dörnemann. Aber das Papier sei auch revolutionär in dem, was nicht drinsteht. Denn obwohl im Katechismus steht, dass homosexuelle Partnerschaften „in sich nicht in Ordnung sind", findet man das in *Amoris laetitia* nicht.

Das liegt auf der Linie des Papstes, der grundsätzlich findet, „dass nicht alle doktrinellen, moralischen oder pastoralen Diskussionen durch ein lehramtliches Eingreifen entschieden werden müssen", wie er in *Amoris laetitia* schreibt (AL 3, vgl. AL 37). Priester und Bischöfe forderte er dazu auf „die verschiedenen Situationen gut zu unterscheiden". Zum Beispiel bei der Begleitung wiederverheirateter Geschiedener. In einer Fußnote (AL 351) eröffnete der Papst die Möglichkeit, diese in Einzelfällen wieder zu Sakramenten zuzulassen; die Entscheidung darüber überließ er den Ortskirchen. Als eine der ersten habe daraufhin die Deutsche Bischofskonferenz 2017 in einem Papier die Möglichkeiten des Einbezugs von Paaren aller Art am Gemeindeleben und an der Eucharistiefeier eröffnet, sagt Dörnemann.

Dass Ortskirchen eigenverantwortlich abwägen und entscheiden können, das fordern auch die Befürworter des Synodalen Wegs. „Ortskirche und Weltkirche müssen ineinander spielen", sagt Holger Dörnemann und wünscht sich, pastorale Schritte in Bezug auf Liebe und Sexualmoral in Zukunft stärker in die Weltkirche eintragen zu können. Die Offenheit von *Amoris laetitia* ermutigt dazu. Und die nächste Bischofssynode im Herbst 2022 in Rom. Das Thema: Synodalität.

*Interview für https://www.bistumspresse.de/fuenf-jahre-amoris-laetitia, veröffentlicht am 18.3.2021. Es wurde am 12.3.21 geführt, drei Tage vor der Veröffentlichung der in Form, Inhalt und Diktion aus der Zeit gefallenen und noch nicht einmal persönlich vorgetragenen Note der Glaubenskongregation, die durch den unterzeichnenden Präfekten Kardinal Luís F. Ladaria am 15.3.21 erklärte, dass die Kirche "keine Vollmacht" habe, homosexuelle Partnerschaften zu segnen, weil Homosexualität "nicht der Schöpfungsordnung" entspräche und eine sexuelle Beziehung außerhalb der Ehe als "Sünde" nicht segenswürdig sei. Die Stellungnahme des Dikasteriums für Laien, Familie und Leben vom 18.3.2021 schlägt hingegen wieder pastorale und an den *Amoris laetitia*-Wortlaut anknüpfende Töne an zum „Thema Homosexualität - naturgemäß mit anderer Akzentsetzung als im jüngsten Dokument aus der Glaubenskongregation." (Vatican News, 18.3.2021)

Der für das Dikasterium für Laien, Familie und Leben und zugleich für das *Amoris laetitia*-Aktionsjahr verantwortliche Kardinal Kevin Farrel erklärte aus Anlass seiner Eröffnung:

"Wir sind offen dafür, alle Menschen zu begleiten... Ich habe viele Male mit Menschen zusammengearbeitet, die in einer gleichgeschlechtlichen Lebensgemeinschaft leben, und werde das auch weiterhin tun und sie weiterhin begleiten... Niemand, niemand darf jemals von der pastoralen Fürsorge und Liebe der Kirche ausgeschlossen werden!" (Vatican News, 18.3.2021)

Es zeigt sich einmal mehr – wie in diesem Blog über die zurückliegenden sieben Jahre seit den Befragungen im Vorfeld und Verlauf der Familiensynoden und Jugendsynode festgehalten –, dass das Thema der pastoralen Begleitung aller Menschen in Anerkennung ihrer sexuellen Orientierung, Lebens- und Familienform weiter eine der zentralen Herausforderungen des Aktionsjahres *Amoris laetitia* 2021-2022 bis zur #Synod22 sein wird.

** *"Andererseits hat diese jüngste Antwort keine große Autorität: Die übliche Formulierung, der Papst habe den Text "approbiert" wurde ersetzt durch: der Papst "wurde informiert". Die Absicht, das Dokument als weniger bedeutsam zu kennzeichnen, ist klar."* (katholisch.de, 28.3.2021)

Für einen neuen Anfang - oder: Notwendige Konsequenzen für die kirchliche Sexuallehre nach einem Gutachten zu sexuellem Missbrauch im Erzbistum Köln

Ausdrücklich wird im Gutachten über "Pflichtverletzungen von Diözesanverantwortlichen des Erzbistums Köln im Umgang mit Fällen sexuellen Missbrauchs von Minderjährigen und Schutzbefohlenen durch Kleriker des Erzbistums Köln im Zeitraum von 1975 bis 2018" die Mitursächlichkeit der Sexualmoral am Missbrauchsskandal herausgestellt:

- die Wertung jeglicher Sexualität außerhalb der Ehe als schwere Sünde gegen das 6. Gebot (vgl. KKK 2390).
- die kirchenrechtliche Wahrnehmung des Missbrauchs durch Kleriker ausschließlich als Zölibatsverstoß gegen das 6. Gebot (Can. 1395 §2).

Sie führten zu
- der Zahl und der Schwere der Straftaten sowie mangelndem Schuldbewusstsein der Täter
- und zum strukturellen Ausblenden der Opfer- bzw. Betroffenenperspektive bei Tätern, Personalverantwortlichen und Vertuschern (von individuellen 'Pflichtverletzungen' strafrechtlicher Art abgesehen,

die ausdrücklicher Gegenstand des Kölner Gercke-Gutachtens sind).

Das hätte - weitergedacht - zur Konsequenz:
- eine Sexuelle Bildung als integraler Bestandteil der Ausbildungsordnung von Klerikern (die weit über das 6. Gebot "Du sollst nicht die Ehe brechen" hinausgehen muss).
- die Anerkennung sexueller Selbstbestimmung jedes Menschen (die es als Grundsatz ethischen Handelns und sexueller Bildung in kirchlichen Texten nicht gibt!) und der vielen zerstörerischen Konsequenzen im Falle ihrer Übertretung bei den Opfern/Betroffenen sexuellen Missbrauchs und sexualisierter Gewalt - insbesondere bei Minderjährigen.
- ein grundsätzliches Denken von den Opfern und Betroffenen her, das die Aufarbeitung des Missbrauchsskandals und seiner systemischen Ursachen wie die Behandlung jedes neuen Falls Sexualisierter Gewalt kennzeichnen muss.
- das entschiedene Eintreten für eine Änderung des Wordings kirchlicher Verlautbarungen und der Lehrverkündigung (z.B. des Katechismus) und der Rechtsnormen des kirchlichen Gesetzbuches CIC entsprechend einem geänderten Denken und Handeln.

5 Jahre *Amoris laetitia* – Erinnerung an meine AL-Lieblingsstelle

Meine Erinnerungen anlässlich „5 Jahre *Amoris laetitia*" hatte ich bereits auf Fragen für ein Interview gegeben, das am 19.3.2021 – dem Jahrestag der Unterzeichnung durch Papst Franziskus - in diesem Blog und tags zuvor in der Bistumspresse.de veröffentlicht wurde. Dass ich noch gerne danach gefragt worden wäre, welche Ziffer des Schreibens für mich die wichtigste sei, dachte ich danach mehrfach. Dass gerade heute auf den Tag vor 5 Jahren das Schreiben veröffentlicht wurde – ich muss gestehen, dass ein Beitrag auf katholisch.de mir dies erst in den frühen Morgenstunden wieder ins Bewusstsein rief – lässt mich noch einmal die Gefühle erleben, die ich damals hatte…. und auch meine Ziffer zitieren.

Vaticano, 8 aprile 2016

Caro fratello:
invocando la protezione della Santa Famiglia di Nazareth, sono lieto di inviarti la mia Esortazione "Amoris laetitia" per il bene di tutte le famiglie e di tutte le persone, giovani e anziane, affidate al tuo ministero pastorale.

Uniti nel Signore Gesù, con Maria e Giuseppe, ti chiedo di non dimenticarti di pregare per me.

Franciscus

170

Etwas früher als vor der Pressefreigabe um 12:00 Uhr las ich das Dokument bereits am Vormittag quer und begann damit, in der Suchfunktion das Wort „Freundschaft" einzutragen. 19 Treffer werden angezeigt; aber entscheidend: Freundschaft in Bezug auf Ehe davon allein 14 Mal. Wahrscheinlich werde ich nach wie vor einer der wenigen Theolog*innen sein, der sich darüber freut – damals kamen mir Freudentränen –, hatte ich selbst so viel rund um die Freundschaftskategorie selbst geschrieben – in diesem Blog etwa am 14.2.2015 (manchmal erschien es mir, ich schreibe ihn nur deshalb) – in den Synodensprachen übersetzt, via Twitter unter den Hashtags in die Welt gesendet... Und so war es natürlich auch „mein Thema" im Blog-Eintrag vom 8.4.2016. In AL 123 – derselben Ziffer 123, in der auch in der Summa contra gentiles von Thomas von Aquin das auf Aristoteles zurückgehende Zitat steht – wird die Ehe als „größte Freundschaft" bezeichnet und in der Folge als „besondere Freundschaft" (AL 125) charakterisiert.

"Nach der Liebe, die uns mit Gott vereint, ist die eheliche Liebe die » größte Freundschaft «. [Thomas von Aquin, Summa contra Gentiles, III, 123; vgl. ARISTOTELES, Nikomachische Ethik, 8,12 (ed. Bywater, Oxford 1984, S. 174)] Es ist eine Vereinigung, die alle Merkmale einer guten Freundschaft hat: Streben

*nach dem Wohl des anderen, Gegenseitigkeit, Ver-
trautheit, Zärtlichkeit, Festigkeit und eine Ähnlichkeit
zwischen den Freunden, die sich im Laufe des miteinander geteilten Lebens aufbaut. Doch die Ehe fügt
alldem eine unauflösliche Ausschließlichkeit hinzu,
die sich in der festen Absicht ausdrückt, das gesamte
Leben miteinander zu teilen und aufzubauen."* (AL
123)

Mit der Wertschätzung der Ehe als einer besonderen
Form der Freundschaft (vgl. AL 120, 123, 125, 126,
127, 133, 142, 156, 267) *„erfährt die Ehetheologie
der katholischen Kirche eine Weiterentwicklung in
mehrfacher Hinsicht. Auf diese Weise wird zugleich
eine integrale Sicht auf unterschiedliche Formen verschiedener Partnerschaften in einer graduellen Perspektive möglich. Denn neben der besonderen Art
Freundschaft ehelicher Liebe vermag es der Freund-
schaftsgedanke, auch einen wertschätzenden Blick
auf weitere eheähnliche Partnerschafts- und neue
Familienformen zu ermöglichen, die in der gewählten
Perspektive der Analogie der Liebe nun auch wahr-
nehmbar werden. Mit dem Neuverständnis der Ehe
als eine „besondere Form der Freundschaft" (AL
207) wird die Ehepartnerschaft zugleich als spezifische Ausformung in einem Kontinuum von Freund-
schafts- und Partnerschaftsbeziehungen gesehen wie
hervorgehoben."* (Dörnemann 2017, 196)

Und dieser Blick ermöglicht in neuer Weise eine "Gradualität in der Seelsorge" (AL 293):

"Der Blick Christi, dessen Licht jeden Menschen erleuchtet (vgl. Joh 1,9; Gaudium et spes, 22), leitet die Pastoral der Kirche gegenüber jenen Gläubigen, die einfach so zusammenleben oder nur zivil verheiratet oder geschieden und wieder verheiratet sind. In der Perspektive der göttlichen Pädagogik wendet sich die Kirche liebevoll denen zu, die auf unvollkommene Weise an ihrem Leben teilhaben: [...] Wenn eine Verbindung durch ein öffentliches Band offenkundig Stabilität erlangt – und von tiefer Zuneigung, Verantwortung gegenüber den Kindern, von der Fähigkeit, Prüfungen zu bestehen, geprägt ist –, kann dies als Chance gesehen werden, sie zum Ehesakrament zu begleiten, wo dies möglich ist." (AL 78)

Vielleicht bietet ja das Aktionsjahr zu *Amoris laetitia*, das in das Weltfamilientreffen im Jahr 2022 münden wird, Gelegenheit über die Freundschafts-Kategorie die „Pädagogik der Liebe" (AL 211) breiter ins Bewusstsein zu heben. Auf dass AL 123 bekannter und theologisch rezipiert werde!

Wie die #Liebegewinnt – oder: #Synodaler Weg und Kurienreform als letzte Chancen

Schon vor zwei Jahren habe ich ähnlich geschrieben, wie ich es auch heute noch einmal schreibe: Dass das erstmals schon kurz nach der Jugendsynode unter dem Namen *Praedicate evangelium* bekannt gewordene Dokument zur Kurienreform nun endlich zum Fest der Heiligen Peter und Paul am 29. Juni diesen Jahres in Kraft gesetzt werden sollte. Wie zuletzt am 3. Januar 2021 in diesem Blog wiederholt, wird die neue Konstitution *Praedicate evangelium* die derzeit geltende und in vielfacher Weise in die Jahre gekommene Kirchenverfassung *Pastor Bonus* von 1988 ablösen.

"Sie wird nach den bisherigen Ankündigungen den subsidiären Auftrag der Kurie in Rom, aber darüber

auch die Anteilnahme der Teilkirchen an der Lehrautorität der Kirche herausarbeiten." (4.11.2018)

Es geht dabei auch darum, Papst Franziskus in seinem Reformanliegen der Synodalität zu stärken, das – wie zuletzt im ebenso ansatzlosen wie erratischen Responsum ad dubium vom 15.3.2021 geschehen – von Kongregationen ohne Approbation des Papstes auf den letzten Metern unterlaufen wird: Eben weil Ortskirchen – wie in Deutschland nach der „Zäsur" des Missbrauchsskandals – Reformanliegen aufgreifen und synodal beraten und gerade diese Synodalität in der Lehrentwicklung im Zentrum des Denkens und Handelns von Papst Franziskus steht. Aber nicht nur die Synodalität – Thema der Weltbischofssynode 2022 – wird diskreditiert, sondern auch der Papst als Person beschämt und – wohl bewusst in Kauf genommen oder beabsichtigt - in seiner Amtsführung ebenso massiv beschädigt. Wie er gegenüber Vertrauten über den Vorgang als "sehr verletzt" wahrgenommen wurde, bestätigt ebenfalls, dass das Reformprojekt der Kurienreform jetzt auch wirklich drängt. Und es ist dabei noch immer – oder noch einmal mehr – genau so, wie es Kardinal Oswald Gracias, Mitglied des K7-Kardinalsrats, Ende Oktober 2018 sagte.

"Ohne auf Details einzugehen deutete Kardinal Gracias als Stoßrichtung der Reform einen Dienst an den

Ortskirchen, also der Kirche in den einzelnen Ländern, an. 'Die Anfangsidee war es, den Ortskirchen zu helfen, indem wir dem Heiligen Vater helfen', so Gracias. 'Jetzt ist die Idee, dem Heiligen Vater zu helfen, indem die Ortskirchen unterstützt werden.' Das sei 'eine entscheidende Änderung', so der Erzbischof von Mumbai (Bombay) und Vorsitzende der Indischen Bischofskonferenz." (KNA, 31.10.2018)

Letztgültig ist dies auch der Plot im Hintergrund, warum der Vorsitzende der Bischofskonferenz Bischof Georg Bätzing auf den Synodalen Weg verweist, wenn er auf die besagte römische Note der Glaubenskongregation zu sprechen kommt. Denn im Forum „Liebe leben in gelingenden Beziehungen", das erstmals im September dieses Jahres erste Ergebnisse der dann anderthalbjährigen Beratungen vorlegen wird, geht es genau auch um die Themen der Würdigung unterschiedlicher sexueller Orientierungen und die Möglichkeit von Segensfeiern. Und aus demselben Grund verweist er in Bezug auf die vielen rund um den 10. Mai veranstalteten Segnungsgottesdienste für Liebende auf denselben Zusammenhang, da die synodalen Beratungsthemen ja nur als synodal abgestimmte Vorschläge Chancen haben, in der Weltkirche eingebracht zu werden.

Aber nicht nur die Aufarbeitung des Missbrauchsskandals, dessen Tiefpunkte – wie derzeit gerade die

Kölner Ortskirche zeigt – wohl immer noch nicht erreicht sind, sondern auch der Synodale Weg wie die Kurienreform, wegen der Papst Franziskus in sein Amt gewählt wurde, sind je für sich eine ‚Letzte Chance'. Aber dessen sind sich die Befürworter wie Gegner des Synodalen Wegs wie der Kurienreform gleichermaßen bewusst. Der K7-Kardinalsrat beriet am 6.5.2021 kirchenrechtlich-praktische Konsequenzen, die letztlich auch die kurialen Kongregationen synodal einbinden werden. Kurz vor dem 29. Juni trifft er sich wieder. Es geht um's Ganze!

Alles in der sicheren Hoffnung, dass die #Liebegewinnt!

Für eine synodale Kirche: Gemeinschaft, Partizipation und Mission: Dreijähriger Synodaler Weg zur XVI. Ordentlichen Generalversammlung der Bischofssynode in den Jahren 2021, 2022 und 2023

Beginn eines kirchlichen Abenteuers

„Der Vatikan hat zur Vorbereitung der nun für 2023 geplanten Bischofssynode einen weltweiten synodalen Prozess geplant. [...] Die ganze Kirche werde im kommenden Oktober einen "synodalen Weg" beschreiten [...]. Aus einem am Morgen bekannt gewordenen Schreiben des Generalsekretärs der Bischofssynode, Kardinal Mario Grech, an die Bischöfe, geht hervor, dass bereits im Oktober dieses Jahres die Beratungen in Rom und in den Ortskirchen beginnen sollen. Sie sollen der Kirche dabei helfen, "durch eine greifbare Erfahrung der Synoda-

lität" zusammenzuwachsen, hieß es darin. Der syno-
dale Prozess werde ein "kirchliches Abenteuer" wer-
den". (Vatican News, 21.5.2021)

Drei Phasen Synodaler Prozess: Beteiligung aller Getaufter

„Der Prozess besteht aus drei Phasen: Einer diöze-
sanen, einer kontinentalen und einer weltkirchlichen.
[...] Am 9. und 10. Oktober fällt der Startschuss in
Rom, am 17. Oktober folgt die Eröffnung in den Orts-
kirchen. Von Oktober 2021 bis April 2022 sollen auf
der Grundlage von Dokumenten, Fragebögen und
Handreichungen aus dem Vatikan Anhörungen in den
Diözesen abgehalten werden. [...] "Das Ziel dieser
Phase des Prozesses ist es, das Volk Gottes zu beteili-
gen. Der synodale Prozess geschieht, indem allen
Getauften, die Träger des Glaubenssinns der Gläubi-
gen sind, zugehört wird", so Grech. Nach dem diöze-
sanen Prozess sollen die Bischofskonferenzen die Er-
gebnisse beraten und ihre Ergebnisse zwischen Sep-
tember 2022 und März 2023 in kontinentalen Bi-
schofstreffen beraten, auf deren Grundlage die Ar-
beitsdokumente der Synode entstehen. Wie bereits zu-
vor angekündigt, tagt dann im Oktober 2023 die Bi-
schofssynode in einer einmonatigen Sitzungsperi-
ode." (Vatican News, 21.5.2021)

Zwei Synodale Wege – ein Ziel

„Der Vorsitzende der Deutschen Bischofskonferenz (DBK), Bischof Georg Bätzing, sieht den angekündigten weltweiten synodalen Prozess und den Synodalen Weg der Kirche in Deutschland als "zwei verschiedene Wege, die ein gemeinsames Ziel haben". In einer ersten Reaktion [...] kündigte Bätzing an, dass die Erfahrungen des Synodalen Wegs auch in den weltkirchlichen Prozess eingebracht werden. [...] "Wie nie zuvor wird das Volk Gottes in die Vorbereitung und den Weg der Weltbischofssynode einbezogen. Diese neue Form von Synodalität wird, so hoffe ich, einen starken Impuls und dynamische Kräfte freisetzen, um dem Thema der Synode, 'Für eine synodale Kirche: Gemeinschaft, Partizipation und Mission', gerecht zu werden"." (katholisch.de 21.5.2021)

An einem „toten Punkt" der Kirche: das Rücktrittsgesuch von Kardinal Reinhard Marx – oder: "Ein Wendepunkt aus dieser Krise kann aus meiner Sicht nur ein 'synodaler Weg' sein".

Reinhard Kardinal Marx, Erzbischof von München und Freising, in einer persönlichen Erklärung zum Brief vom 21. Mai 2021 an Papst Franziskus:

"Ich habe am 21. Mai 2021 den Heiligen Vater gebeten, meinen Verzicht auf das Amt des Erzbischofs von München und Freising anzunehmen, und meine weitere Verwendung in seine Entscheidung gegeben. Der Papst hat mir nun mitgeteilt, dass dieser Brief veröffentlicht werden kann, und dass ich meinen bischöflichen Dienst bis zu seiner Entscheidung weiterhin ausüben soll.

181

In den letzten Monaten habe ich immer wieder über einen Amtsverzicht nachgedacht, mich geprüft und versucht, im Gebet und im geistlichen Gespräch durch „Unterscheidung der Geister" eine richtige Entscheidung zu treffen. Ereignisse und Diskussionen der letzten Wochen spielen dabei nur eine untergeordnete Rolle.

In den letzten Jahren wurden mir wiederholt Fragen gestellt, die mich seitdem begleiten und mich immer wieder neu herausfordern. Ein amerikanischer Reporter fragte mich in einem Gespräch über die Missbrauchskrise in der Kirche und die Ereignisse des Jahres 2010: „Eminence, did this change your faith?" Und ich antwortete: „Yes!" Im Nachgang wurde mir deutlicher, was ich gesagt hatte. Diese Krise berührt nicht nur das Feld einer notwendigen Verbesserung der Administration – das auch -, es geht mehr noch um die Frage nach einer erneuerten Gestalt der Kirche und einer neuen Weise, heute den Glauben zu leben und zu verkünden. Und ich fragte mich: Was bedeutet das für dich persönlich?

Die von der MHG-Studie und dann in der Vereinbarung der Deutschen Bischofskonferenz mit dem Unabhängigen Beauftragten für Fragen des sexuellen Kindesmissbrauchs (UBSKM) angeregten und geforderten Aufarbeitungsprozesse sind ja in verschiedenen Bistümern auf dem Weg. Untersuchungen der

Akten und Nachforschungen über mögliche konkrete Fehler und Versäumnisse der Vergangenheit, einschließlich der Frage nach den jeweiligen Verantwortlichkeiten, sind unverzichtbare Bausteine der Aufarbeitung, aber sie umfassen nicht das gesamte Feld einer umfassenderen Erneuerung. Durchgängig haben die bisher vorliegenden Untersuchungen und Gutachten deutlich gemacht, dass es auch um „systemische" Ursachen und strukturelle Gefährdungen geht, die angegangen werden müssen. Beides muss zusammen gesehen werden. Deshalb habe ich mich sehr eingesetzt für das Projekt des Synodalen Weges, der die von der MHG-Studie und anderen identifizierten Punkte aufgreift und theologisch vertieft. Dieser Weg muss weitergehen!

Die andere Frage wurde mir unter anderem in der Pressekonferenz der Deutsche Bischofskonferenz nach der Vorstellung der MHG-Studie im September 2018 gestellt: ob angesichts der Präsentation der Studie einer der Bischöfe Verantwortung übernommen und seinen Rücktritt angeboten habe. Diese Frage habe ich mit „Nein" beantwortet. Und auch hier habe ich im Nachgang immer stärker gespürt, dass diese Frage nicht einfach beiseitegeschoben werden kann.

Aber die oben erwähnten Fragen bleiben. Ich bin 42 Jahre Priester und fast 25 Jahre Bischof, davon fast

183

20 Jahre Ordinarius eines jeweils großen Bistums,
und natürlich werde ich mich möglichen Fehlern und
Versäumnissen in einzelnen konkret zu prüfenden
Fällen auch meiner Amtszeiten stellen, die dann ent-
sprechend angeschaut und nach objektiven Kriterien
bewertet werden müssen. Es kann aber – so denke ich
– nicht ausreichen, die Bereitschaft zur Verantwor-
tungsübernahme zu beschränken auf aus den Über-
prüfungen der Aktenlage hervorgehende vor allem
kirchenrechtliche und administrative Fehler und Ver-
säumnisse. Ich trage doch als Bischof eine „institu-
tionelle Verantwortung" für das Handeln der Kirche
insgesamt, auch für ihre institutionellen Probleme
und ihr Versagen in der Vergangenheit. Und habe ich
nicht auch durch mein Verhalten negative Formen
des Klerikalismus und die falsche Sorge um den Ruf
der Institution Kirche mit befördert? Vor allem aber:
Ist der Blick auf die Betroffenen sexuellen Miss-
brauchs wirklich immer zentrales Leitmotiv gewesen?
Erst seit 2002, und konsequenter seit 2010, haben wir
diese Orientierung wirklich übernommen, und es ist
auch viel in Gang gekommen, aber wir sind dabei
noch lange nicht am Ziel. In diesem Zusammenhang
ist auch die Gründung der Stiftung „Spes et Salus"
zu sehen, die dazu beitragen soll, die Anliegen und
Bedürfnisse von Betroffenen in den Mittelpunkt zu
stellen.

Mit Sorge sehe ich, dass sich in den letzten Monaten eine Tendenz bemerkbar macht, die systemischen Ursachen und Gefährdungen, oder sagen wir ruhig die grundsätzlichen theologischen Fragen, auszuklammern und die Aufarbeitung auf eine Verbesserung der Verwaltung zu reduzieren.

Die Bitte um Annahme des Amtsverzichtes ist eine ganz persönliche Entscheidung. Ich möchte damit deutlich machen: Ich bin bereit, persönlich Verantwortung zu tragen, nicht nur für eigene mögliche Fehler, sondern für die Institution Kirche, die ich seit Jahrzehnten mitgestalte und mitpräge. Neulich wurde gesagt: „Aufarbeitung muss wehtun." Mir fällt dieser Schritt nicht leicht. Ich bin gerne Priester und Bischof und hoffe, auch in Zukunft für die Kirche arbeiten zu können. Mein Dienst für diese Kirche und die Menschen endet nicht. Aber um eines notwendigen Neuanfangs willen möchte ich Mitverantwortung für die Vergangenheit übernehmen. Ich glaube, dass der „tote Punkt", an dem wir uns im Augenblick befinden, zum „Wendepunkt" werden kann. Das ist meine österliche Hoffnung und dafür werde ich weiter beten und arbeiten."

(Quelle: Erzbistum München-Freising)

Rückenwind aus Rom– oder: ein Meilenstein für den Synodalen Weg auf orts- und weltkirchlicher Ebene

Das Fortschreiten des Synodalen Weges – mit Rückenwind aus Rom durch die Veröffentlichung zweier Vorbereitungsdokumente für die im Oktober beginnende zweijährige Weltsynode – kann nur überraschen, wer die Ankündigung des Synodalen Prozesses auf Ebene der Weltkirche nicht ernst genommen hat. Ausdrückliche Würdigung erfahren im heute von Seiten des Sekretariates der Bischofssynode vorgestellten Schreibens "Für eine synodale Kirche: Gemeinschaft, Teilhabe und Sendung" auch die verschiedenen synodalen Prozesse und Wege auf ortskirchlicher Ebene, wie z.B. in Lateinamerika, Irland, Australien und der deutschen Ortkirche.

186

Lob aus Rom

Für den Synodalen Weg des gemeinsam von Deutscher Bischofskonferenz und ZdK getragenen Synodalen Wegs kommt dieses Lob aus Rom gerade zur rechten Zeit: Nicht nur, dass neben der II. Synodalversammlung auch die Herbstvollversammlung der deutschen Bischöfe Ende September vor der Tür steht, auch wegen eines – mir als Berater eines Forums etwas erratisch anmutenden (weil ja alle Argumente eingebracht werden konnten und, so nicht selbstwidersprüchlich, auch in den Grundtexten von drei Foren aufgenommen und in ihnen mit über Zweidrittelmehrheit abgestimmt wurden) – Versuchs eine Plattform „Synodaler Beiträge" am Synodalen Weg vorbei zu platzieren. Dabei ist ein auf orts- und weltkirchlicher Ebene abgestimmter Synodaler Weg unter größtmöglicher Beteiligung aller die Richtung eines Aggiornamento, in der sich die Kirche synodal erneuern will:

"Mit dem weltweiten Prozess will der Papst die katholische Kirche synodaler machen: Einzelne, Gruppen und Verantwortliche sollen stärker aufeinander hören und mehr Menschen beteiligt werden." (katholisch.de, 7.9.2021)

Meilenstein auf dem Synodalen Weg

Das vatikanische Vorbereitungsdokument zur Weltbischofssynode sei ein "Meilenstein auf dem Synodalen Weg: weltweit und für die Kirche in Deutschland" heißt es deshalb unisono von Seiten der Präsidenten des Synodalen Wegs Bischof Georg Bätzing
und Thomas Sternberg:

*"Dass aus dem Vatikan heraus formuliert wird, Syno-
dalität stelle für die Kirche einen Königsweg dar,
gibt mir Hoffnung, dass wirklich auf den Glaubens-
sinn des Volkes Gottes gehört wird."* (ZdK.de vom
7.9.21)

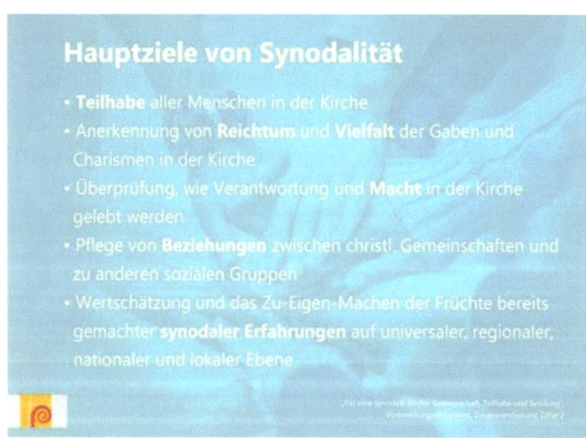

Ein ermutigender Rückenwind aus Rom für die II.
Synodalversammlung, die vom 30.09. bis 2.10.21 in

Frankfurt stattfindet, und eine deutliche Richtungsansage des weltweiten Synodalen Wegs, der vom 9. bis 10.10 2021 feierlich in Rom bzw. am 17. Oktober in jeder Teilkirche noch einmal gesondert eröffneten Synodalen Wegs auf weltkirchlicher Ebene.

Der Weg entgeht beim Stehen und der Weg entsteht beim Gehen: Zur II. Synodalversammlung von #SynodalerWeg

Als große „Täuschung" wurde der Synodale Weg in der Zeit der Vorbereitung der Zweiten Synodalversammlung von Seiten des Bonner Kirchenrechtlers Norbert Lüdecke bezeichnet.

„Der Synodale Weg sei nur ‚betreutes Diskutieren ohne Konsequenzen. [...] Es würde Spielraum vorgetäuscht, wo keiner sei". (katholisch.de, 28.7.2021)

Im Erleben der Synodalversammlung (30.09.-2.10.21 im Congress Center der Messe Frankfurt) und der diese spiegelnden Presseresonanzen erweist sich der suggestive Buchtitel anderthalb Jahre nach der I. Synodalversammlung seinerseits als „Täuschung der Gläubigen", wenn ein „Paradigmenwechsel" im Handlungstext „Liebe leben in Sexualität und Partnerschaft" des Synodalforums IV festgestellt wird.

"Ich möchte dem Forum gratulieren, sagte der Vorsitzende des Bundes Katholischer Unternehmer, Ulrich Hemel, bei der Debatte über den Grundlagentext zur Sexualmoral. 'Ich empfinde das, was wir hier heute machen als eine Sternstunde unserer Kirche hier in Deutschland.'" (katholisch.de, 1.10.2021)

„Leider entgeht oft der Weg beim Stehen", sagte Kai Moritz aus einer Betroffenenperspektive sexuellen Missbrauchs am zweiten Tag der Synodalversammlung und kritisierte mit diesem Bonmot die weiterhin in vielen Diözesen wahrnehmbare Nichtbefassung mit den Reformanliegen des Synodalen Weges, die zur Aufarbeitung des sexuellen Missbrauchs im Mittelpunkt aller vier Synodalforen stehen. Und dass

„der Weg beim Gehen entsteht" ist ein Eindruck, der bei den meisten Synodalen bei der 1. Lesung von drei Grundlagentexten aus drei Foren und zahlreicher Handlungstexte aus zwei Foren spürbar wird. Erfahrbar wird dies in der Ablehnung der vor einem Monat publizierten Alternativtexte und insbesondere auch in der engagierten Befassung mit dem Grundlagentext des Forums I Macht und Gewaltenteilung in der Kirche – Gemeinsame Teilnahme und Teilhabe am Sendungsauftrag.

Das *„Grundsatzpapier favorisiert eine neue Ordnung der Machtstrukturen. Beispiele sind Gewaltenteilung auf allen Ebenen, mehr Mitsprache der Basis bei der Berufung von Amtsträgern und eine Zulassung von Frauen zu Weiheämtern."* (Domradio, 1.10.2021)

Die Annahme der Ausrichtung der Grundlagentexte I und IV mit über Zweidrittelmehrheit erfolgt im Blick auf das vergleichsweise kurze Grundsatzpapier „Priesterliche Existenz heute" des Synodalforums II mit der Auflage der eingehenden Überarbeitung. Die diesem Votum und einigen anderen umfänglicher diskutierten Handlungstexten – etwa zur Thematik „Synodalität nachhaltiger stärken" – vorausgehende inhaltliche Auseinandersetzung ist zugleich auch der Grund, eine Streckung des Synodalen Wegs mit insgesamt fünf Synodalversammlungen ins Auge zu fassen. Der Vorsitzende bringt es am Morgen des dritten Synodentages ins Wort:

"Wir haben gemerkt, dass es mehr Zeit und Möglichkeit geben muss, über die Änderungsvorschläge zu diskutieren und zu beraten."

Es bedeutet zugleich: „*Der Reformdialog der katholischen Kirche Deutschlands wird voraussichtlich verlängert. Das Präsidium des Synodalen Wegs schlägt den 212 Teilnehmenden am Samstag auf der Vollversammlung in Frankfurt vor, eine zusätzliche fünfte Versammlung Anfang 2023 anzusetzen.*" (Domradio, 2.10.21)

Dass am Ende der Synodalversammlung die Anzahl der anwesenden stimmberechtigten Personen ausschlaggebend dafür ist, die Sitzung am Samstagnachmittag um eine Stunde zu verkürzen, und damit einen zusätzlichen Grund für die Streckung des Synodenweges gibt, macht diesen Vorschlag schon beinahe unausweichlich.

Die gute Botschaft aus Frankfurt aber ist: Der Synodale Weg geht weiter. Der Weg entsteht beim Gehen, aber er entgeht beim Stehen.

„...bisogna fare una Chiesa diversa" – Offizieller Start des Synodalen Wegs „Für eine synodale Kirche: Gemeinschaft, Partizipation und Mission" der XVI. Versammlung der Bischofssynode (2021-2023)

Mit einer Eröffnungsfeier in der vatikanischen Syno-denaula hat heute bereits der am 10. Oktober 2021 mit einer Messe auf weltkirchlicher Ebene startende, zweijährige und mehrstufige Synodale Prozess der XVI. Versammlung der Bischofssynode begonnen.

Nach einführenden Beiträgen des burkinischen Jesuiten Paul Béré und der spanischen Theologin Cristina Inogés Sanz zur Synodalität fokussiert Papst Franziskus die Zielsetzung des ebenfalls als „Synodaler Weg" bezeichneten Prozesses, indem er die Schlüsselworte im Titel auf das Zweite Vatikanische Konzil zurückführt. Schon Papst Paul VI. hatte „die vom Konzil verkündeten Hauptlinien in eben diesen beiden Worten – Gemeinschaft und Mission" zusammengefasst. (vgl. Angelus, 11. Oktober 1970). Drei Risiken auf dem Weg stellt er dabei drei Chancen gegenüber:

Wider die Risiken eines Formalismus, des Intellektualismus und der Immobilität

Wider einen rein äußerlichen Formalismus geht es Franziskus bei dem nun ansetzenden Synodalen Prozess um einen „*Weg echter geistlicher Unterscheidung*". *Dabei schade ein Intellektualismus, „die Synode zu einer Art Studiengruppe werden zu lassen [...] und sich dabei von der Wirklichkeit [...] zu lösen" und insbesondere die "Versuchung der Immobilität"* (Vatican News, 9.10.21):

"Da »es immer so gemacht wurde« (Apostolisches Schreiben Evangelii gaudium, 33), dieses Wort ist Gift für das Leben der Kirche, wenn man sagt: „Das wurde schon immer so gemacht", und man ändert besser nichts. Wer sich in diesem Horizont bewegt, gerät, auch ohne es zu bemerken, in den Irrtum, die Zeit nicht ernst zu nehmen, in der wir leben. Das Risiko besteht, dass am Ende alte Lösungen für neue Probleme angewendet werden: ein Zusammenflicken

mit neuem Stoff, woraus am Ende ein noch schlimme-
rer Riss entsteht (vgl. Mt 9,16). Daher ist es wichtig,
dass der Synodale Weg wirklich ein solcher ist, dass
er ein Prozess im Entstehen ist; er möge von unten
ausgehen und in verschiedenen Phasen die Ortskir-
chen in eine leidenschaftliche und konkrete Arbeit
einbeziehen, die einen Stil der Gemeinschaft und der
Partizipation prägt, der auf die Mission ausgerichtet
ist." (Ebd.)

...und mit den Chancen der Offenheit, des Zuhö-
rens und der Nähe

Mit der Vision eines "offenen Ortes", wo sich alle zu
Hause fühlen und teilhaben können, beschreibt Papst
Franziskus eine von drei Chancen der nächsten drei
Jahre.

Die Synode biete „*die Chance, eine hörende Kirche*
zu werden [...]: Schließlich haben wir die Chance,
eine Kirche der Nähe zu werden [...]: eine Kirche,
die sich nicht vom Leben trennt, sondern sich der
Zerbrechlichkeit und Armut unserer Zeit annimmt,
um die Wunden zu behandeln und die niedergeschla-
genen Herzen mit dem Balsam Gottes wiederherzu-
stellen. Vergessen wir nicht, wie Gott uns hilft: mit
Nähe, Mitgefühl und Zärtlichkeit." (Ebd.)

...hin zu einer Kirche, die divers ist.

Das Zukunftsbild einer synodalen Kirche beschreibt
Papst Franziskus mit den als „heilige Erinnerung" be-
zeichneten Worten französischen Konzilstheologen
Yves Congar, OP:

*«Non bisogna fare un'altra Chiesa, bisogna fare una
Chiesa diversa»* (Vraie et fausse réforme dans l'Eglise, Milan, 1994, 1939).

*«Il ne faut pas construire une autre Église, il faut
construire une Église différente»* (Vraie et fausse
réforme dans l'Eglise, Milan, 1994, 1939).

*»Man muss nicht eine andere Kirche machen, man
muss eine Kirche machen, die verschieden ist«* (Ebd.)

Diese "heilige Erinnerung" an den Wert der Unter-
schiedenheit, Vielfältigkeit und Diversität, eine
"Chiesa diversa", ist für Papst Franziskus „die Herausforderung" (Ebd.):

*"Rufen wir inständiger und häufiger den Geist um
eine Kirche an, »die verschieden ist«, die für die
Neuheit offen ist, die Gott ihr eingeben will, und hören wir ihm demütig zu, gehen wir zusammen folgsam
und mutig, wie er, der Schöpfer der Gemeinschaft
und der Mission, es wünscht."* (Ebd.)

Zu hören ist dabei – das macht der Erzbischof von Luxemburg und Generalrelator der Bischofssynode Kardinal Jean-Claude Hollerich im Anschluss an Papst Franziskus deutlich – ebenso auf diejenigen, die nicht oder nicht mehr Teil der Kirche sind, um auch von Ihnen zu lernen, wie sich Kirche auf Zukunft hin ausrichten muss.

Papst Franziskus schließt zum weltkirchlichen synodalen Auftakt mit einer ebenso hoffnungsvollen wie – angesichts der benannten Risiken - auch besorgten Anrufung des Heiligen Geistes:

"Bewahre uns davor, eine museale Kirche zu werden, die schön, aber stumm ist, die viel Vergangenheit, aber wenig Zukunft besitzt. Komm unter uns, auf dass wir uns in der synodalen Erfahrung nicht von Ernüchterung überwältigen lassen, die Prophetie nicht verwässern, nicht darin enden, alles auf unfruchtbare Diskussionen zu reduzieren. Komm, Geist der Liebe, öffne unsere Herzen für das Hören." (Ebd.)

Für eine synodale Kirche! Zum Start der ersten Phase des Synodalen Weges 2021 - 2023 in den Ortskirchen zur XVI. Bischofssynode

Der dreijährige, als weltweiter Prozess über die Jahre 2021, 2022 und 2023 geplante synodale Weg zur XVI. Bischofssynode, der am vergangenen Wochenende (9./10. Oktober 2021) in Rom eröffnet wurde, startet ab dem heutigen Tag in den Ortskirchen rund um den Globus.

"Erneuerungs- und Reformprozesse in mehreren Ländern der Erde – so auch der Synodale Weg in Deutschland – haben deutlich gemacht, dass es einen gestiegenen Gesprächsbedarf zu Gegenwart und Zukunft der Kirche gibt, der keinen Aufschub mehr erlaubt." (Erzbistum-Koeln.de)

In einer ersten Etappe zwischen Oktober 2021 und März 2022 sollen Gläubige, aber auch Ausgetretene

198

weltweit ihre Stimme in den Bistümern einbringen können, damit vor Ort das Bewusstsein für ihre Anliegen geschärft wird und ihre Fragen und Eingaben über die jeweiligen Bischofskonferenzen auch gebündelt nach Rom getragen werden. Dabei geht es im Grundsatz um die Einübung des als Zielvorgabe bereits vor sechs Jahren ausgerufenen Selbstverständnis der katholischen Kirche als einer synodalen Kirche und die damit verbundenen Fragen:

„Die grundlegende Fragestellung"…

"Eine synodale Kirche, die das Evangelium verkündet, „geht gemeinsam": wie verwirklicht sich dieses „gemeinsame Gehen" heute in Ihren Teilkirchen? Welche Schritte lädt der Geist uns ein, zu gehen, um in unserem „gemeinsam Gehen" zu wachsen?" (Vorbereitungsdokument 26)

…in 10 Themenfeldern

„Um dabei zu helfen, dass Erfahrungen ans Licht kommen und um in reicherer Weise zur Konsultation beizutragen, werden […] zehn Themenfelder benannt, in denen verschiedene Facetten der 'gelebten Synodalität' zum Ausdruck kommen", wobei diese „an die unterschiedlichen Kontexte vor Ort angepasst und nach und nach ergänzt, erklärt, vereinfacht und vertieft werden" (Ebd., 30) müssen:

I. DIE WEGGEFÄHRTEN

"In der Kirche und in der Gesellschaft gehen wir Seite an Seite auf der gleichen Straße. Wer sind in Ihrer Teilkirche diejenigen, die „gemeinsam gehen"? Wenn gesagt wird „unsere Kirche" – wer gehört dazu? Wer bittet darum, gemeinsam zu gehen? Wer sind die Reisegefährten, auch außerhalb des kirchlichen Sprengels? Welche Personen oder Gruppen werden absichtlich oder tatsächlich außen vorgelassen?

II. ZUHÖREN

Das Zuhören ist der erste Schritt. Es erfordert aber, ohne Vorurteile, offenen Geistes und Herzens zu sein. Wem gegenüber hat Ihre Teilkirche eine „Bringschuld des Zuhörens"? Wie wird den Laien, besonders den Jugendlichen und den Frauen, zugehört? Wie wird der Beitrag der gottgeweihten Frauen und Männer integriert? Welchen Raum hat die Stimme der Minderheiten, der Ausgestoßenen und der Ausgeschlossenen? [...]

III. DAS WORT ERGREIFEN

Alle sind eingeladen, mit Mut und Freimut [Parrhesie] zu sprechen, d.h. Freiheit, Wahrheit und Liebe zu integrieren. Wie wird innerhalb der Gemeinschaft und ihrer Organe ein freier und authentischer kommunikativer Stil gefördert, ohne Doppeldeutigkeit und Opportunismus? Wie sieht es im Hinblick auf die

Gesellschaft aus, deren Teil wir sind? Wann und wie gelingt es, das zu sagen, was Ihnen am Herzen liegt? Wie funktioniert die Beziehung zu den Medien (nicht nur der katholischen)? [...]

IV. FEIERN
Ein „gemeinsames Gehen" ist nur möglich, wenn es im gemeinsamen Hören auf das Wort Gottes und in der Feier der Eucharistie gründet. Auf welche Weise inspirieren und orientieren tatsächlich das Gebet und die Feier der Liturgie das „gemeinsame Gehen"? Wie wird die aktive Teilnahme aller Gläubigen an der Liturgie und am Heiligungsdienst gefördert? [...]

V. MITVERANTWORTUNG IN DER SENDUNG
Die Synodalität steht im Dienst der Sendung der Kirche, an der teilzuhaben alle Glieder berufen sind. Alle sind missionarische Jünger. Auf welche Weise wird jeder Getaufte aufgerufen, Protagonist der Sendung zu sein? Wie unterstützt die Gemeinschaft die eigenen Mitglieder, die in einem Dienst in der Gesellschaft engagiert sind [...]?

VI. IN DER KIRCHE UND IN DER GESELL-SCHAFT DIALOG FÜHREN
Der Dialog ist ein Weg der Beständigkeit, der auch Schweigen und Leiden umfasst, aber in der Lage ist, die Erfahrungen der Menschen und der Völker aufzugreifen. Welches sind die Orte und die Modalitäten

des Dialoges im Inneren unserer Teilkirche? Wie
wird mit den unterschiedlichen Sichtweisen, mit Kon-
flikten und Schwierigkeiten umgegangen? [...]

VII. MIT DEN ANDEREN CHRISTLICHEN KON-FESSIONEN

Der Dialog unter Christen verschiedener Konfessio-
nen, vereint in der einen Taufe, hat im synodalen
Weg einen besonderen Rang. Welche Beziehungen
werden mit den Schwestern und Brüdern der anderen
christlichen Konfessionen unterhalten? Welche Be-
reiche sind umfasst? Welche Früchte sind durch die-
ses „gemeinsame Gehen" gereift? Welche Schwierig-
keiten sind entstanden?

VIII. AUTORITÄT UND TEILNAHME

Eine synodale Kirche ist eine Kirche der Teilhabe
und der Mitverantwortung. Wie werden die zu verfol-
genden Ziele, die einzuschlagenden Wege und die zu
erfolgenden Schritte festgelegt? Wie wird innerhalb
unserer Teilkirche die Autorität ausgeübt? Wie sieht
die Praxis der Teamarbeit und der Mitverantwortung
aus? Wie werden die laikalen Dienste und die Über-
nahme von Verantwortung durch die Gläubigen ge-
fördert? [...]

IX. UNTERSCHEIDEN UND ENTSCHEIDEN

In einem synodalen Stil wird durch Unterscheidung
auf der Basis eines Konsenses entschieden, der aus

*dem gemeinsamen Gehorsam gegenüber dem Geist
hervorgeht. Durch welche Prozeduren und mit welchen Methoden wird unterschieden und wo werden
Entscheidungen getroffen? Wie kann das verbessert
werden? Wie wird die Teilnahme an Entscheidungen
innerhalb hierarchisch strukturierter Gemeinschaften
gefördert? [...]*

X. SICH IN DER SYNODALITÄT BILDEN
*Die Spiritualität des „gemeinsamen Gehens" ist dazu
berufen, Bildungsprinzip der menschlichen und
christlichen Person, der Familien und der Gemeinschaften, zu werden. Wie werden die Menschen aus-
gebildet, besonders diejenigen, die innerhalb der
christlichen Gemeinschaft verantwortliche Stellen
einnehmen, um sie zu befähigen, „gemeinsam zu gehen", sich gegenseitig zuzuhören und miteinander in
Dialog zu treten? [...] (Ebd.)*

*Ziel der ersten Phase des weltkirchlichen synodalen
Weges bis März 2022 ist es, „einen umfassenden
Prozess der Konsultation zu fördern, um den Reichtum der gelebten Erfahrung von Synodalität in ihren
verschiedenen Ausdrucksformen und Facetten zusammenzutragen." (Ebd., 31)*

*Eine Zusammenfassung, welche jede Teilkirche am
Ende dieser ersten Phase als Ergebnissicherung zu*

synthetisieren hat, soll „maximal zehn Seiten" umfassen und gleichwohl mehr sein als weitere „Dokumente zu produzieren". Sie soll vielmehr Ausdruck des Zuhörens einer synodal verfassten Kirche sein und – wie schon zu Beginn der Jugendsynode am 6.10.2019 gesagt – dabei helfen:

„Träume aufkeimen zu lassen, Prophetien und Visionen zu wecken, Hoffnungen erblühen zu lassen, Vertrauen zu wecken, Wunden zu verbinden, Beziehungen zu knüpfen, eine Morgenröte der Hoffnung aufleben zu lassen, voneinander zu lernen und eine positive Vorstellungswelt zu schaffen, die den Verstand erleuchtet, das Herz erwärmt, neue Kraft zum Anpacken gibt". (Ebd.)

Sonntag, 21. November 2021

"Es gibt systemische Ursachen, wir brauchen systemische Lösungen!"– oder: Warum der Synodale Weg „die Überprüfung seiner Beschlussvorlagen mit der Vereinbarkeit mit den Empfehlungen MHG-Studie" vorsehen muss.

Als „Chef der Täterorganisation" bekannte sich der derzeitige Apostolische Administrator Weihbischof Rolf Steinhäuser für das Erzbistum Köln in einem Bußgottesdienst am 18.11.21 im Kölner Dom. Nur

zwei Tage später beschrieb der Münsteraner Histori-
ker Thomas Großbölting auf der Herbstvollversammlung des Zentralkomitees der deutschen Katholiken
(ZdK) in Berlin die systemischen Ursachen, wie die
Katholische Kirche zur „Täterinstitution" wurde. Das
zusammen mit Klaus Große Kracht vorgestellte erste
Resümee der Studie zur Aufarbeitung des sexuellen
Missbrauchs im Bistum Münster bestätigt die bereits
im Jahr 2018 ermittelten Ergebnisse der MHG-Studie.

*"Insbesondere vier mögliche Risikofaktoren, die die
in der Studie erfassten sexuellen Übergriffe begüns-
tigt haben, werden in der Studie benannt: 1. Zölibat,
2. Sexualmoral / Haltung zu, Umgang mit Homosexualität, 3. Klerikalismus (Ausnutzung der Machtposi-
tion) sowie 4. unzureichende Voraussetzungen für
emotionale und sexuelle Persönlichkeitsentwicklung
in der Priesterausbildung / fehlende bzw. unzureichende Begleitung der Geistlichen im Hinblick auf
zölibatäres Leben"* (Dörnemann/Leimgruber 2022,
16-17).

Es brauche nach Großböltings Ansicht keiner weiteren Studien, um dieses Ergebnis noch weiter in Frage
zu stellen oder zu bekräftigen. Man müsse auch vor
dem Erscheinen seiner zweibändig ausfallenden For-
schungsstudie für das Bistum Münster anfangen die

Konsequenzen daraus zu ziehen. Eine Buße jeden-
falls, die die Augen vor den systemischen Ursachen
des Missbrauchsskandals verschließen würde, wäre
leer, da ohne ohne wirkliche Bußfertigkeit und wirkliche Umkehr. Und bevor die Ursachen nicht in den
Blick kommen und angegangen werden, kann es auch
keine ernst gemeinte Aufarbeitung geben, ja wird die
"tief katholische Prägung" des Missbrauchsskandals
fortgeschrieben, perpetuiert. Die juristische Aufarbeitung stelle nur ein „ethisches Minimum" (Großböl-
ting/Große Kracht, s. Screenshot oben), ja aus Sicht
des ZdK- und Mitglieds des Deutschen Ethikrates
Andreas Lob-Hüdepohl „nicht einmal ein ethisches
Minimum" dar. Und der neu gewählte Vize-Präsident
des ZdKs und Bochumer Neutestamentler Thomas
Söding brachte es auf die Kurzformel:

*"Es gibt systemische Ursachen, wir brauchen syste-
mische Lösungen!"* (ebd.)

Deshalb ist es so immens wichtig, ja für die katholische Kirche in Deutschland von geradezu existenziel-
ler Bedeutung die systemischen Ursachen des Missbrauchsskandals in den Blick, ja in Angriff zu nehmen. Und von daher zielt der Beschluss der ZdK-
Herbstvollversammlung, an der ich das erste Mal
auch persönlich teilnehmen konnte, ins Zentrum des
Synodalen Wegs der katholischen Kirche in Deutschland: dass „die Beschlüsse der Synodalversammlung

206

auf Ihre Vereinbarkeit mit den Empfehlungen MHG-Studie zu prüfen" sind.

"Das ZdK empfiehlt dem Erweiterten Synodalpräsidium darum, zusätzlich zu der obligatorischen Evaluationsphase (vgl. Satzung des Synodalen Wegs) über die Möglichkeit externer Expert*innen zu beraten, die beauftragt werden, die Beschlüsse der Synodalversammlung auf Ihre Vereinbarkeit mit den Empfehlungen MHG-Studie zu prüfen" (Ebd.).

Eine Evaluation durch externe Fachexpertise würde ernst nehmen, was schon ein Autor der MHG-Studie im Jahr 2019 sagte:

"Die Täterorganisation kann keine Aufarbeitung machen. Das wissen wir als organisationssoziologischen Studien. Das müssen unabhängige Institute sein" (Harald Dreßing im Interview mit Christiane Florin, Deutschlandfunk vom 1.7.2019).

Auf jeden Fall ist es mit Bußgottesdiensten - so sehr sie eine Umkehr zum Ausdruck bringen - allein nicht getan, wenn man nicht wider besseren Wissens auf Dauer „Chef der Täterorganisation" auf bleiben will.

"Wie wollt ihr in der Kirche eigentlich Weihnachten feiern?" – Zukunftsfrage des Synodalen Wegs in Deutschland und die Weihnachtsansprache 2021 von Papst Franziskus

Immer wieder Tacheles - Papst Franziskus bei seiner Weihnachtsansprache an die Kurie. (Vatican Media)

PAPST

PAPST FRANZISKUS   ROMISCHE KURIE   WEIHNACHTEN   #SYNOD2023   KLERIKALISMUS

KARDINÄLE

Papst an Kurie: In Demut und Synodalität vorangehen

"Wie wollt ihr in der Kirche eigentlich Weihnachten feiern und ein Kind in die Krippe legen, wenn auf der anderen Seite klar ist: Angesichts eures Umgangs mit den Verbrechen sexualisierter Gewalt könnt und wollt ihr das Kind gar nicht schützen?"

Über ein Jahr ist es her, seit der Kölner Pastoralreferent Peter Otten diese an ihn gerichtete Frage in seinem Blog auf die katholische Kirche und ihren Missbrauchsskandal bezog. Ein Jahr später scheint sie an Aktualität nichts verloren zu haben. Gerade einmal

208

vier Tage wird es an diesem Heiligabend her sein, dass in einem internen Hearing für die Synodenmitglieder der Orientierungstext – das ist derjenige Text, der alle Grundtexte der Synodalforen des Synodalen Wegs präludiert – und sein seit der ersten Lesung auf letzten Synodalversammlung unverändert gebliebener Absatz Nr. 43 an den Anfang und den Mittelpunkt der aktuellen Diskussion gestellt wurde:

(43) Der Aufschrei der Opfer sexualisierter Gewalt ist ein wahres Zeichen der Zeit. Der Aufschrei lenkt die Aufmerksamkeit auf furchtbares Unheil – nämlich auf jahrzehntelange Gewaltverhältnisse, in denen Priester, Ordensleute und andere Mitarbeiterinnen und Mitarbeiter ihre geistliche wie administrative Macht über Kinder und Jugendliche missbrauchten. Der Aufschrei der Opfer ist aber auch ein Zeichen des Heils: das Aufbegehren der Überlebenden widersagt dem System sexualisierter Gewalt. Es drängt die Kirche in die heilsame Krise einer Läuterung. Es drängt sie als Ganze zur Umkehr (Lumen gentium 9). Diesen Aufschrei zu hören und ihm durch die beherzte Erneuerung kirchlichen Lebens Taten folgen zu lassen, kann selbst zum Zeichen der Zeit werden.

Der Aufschrei der Opfer sexualisierter Gewalt

Der Bezug auf diese Zeichen und den Anlass des Synodalen Wegs darf nicht auf halbem Weg des Synodalen Wegs vergessen werden. Das ist besonders jetzt wichtig sich zu vergegenwärtigen, weil der Synodale Weg ansonsten in einer Flut von Handlungstexten in der Gefahr steht, viele über lange Zeit in der Kirche zurückgehaltene Reformanliegen höher zu priorisieren als die Themen, die am Anfang des Synodalen Wegs standen. In der Tat erscheint es so:

"In seinem Kern ist der Synodale Weg ein Prozess ‚nachholender Entwicklung'. Er will die kognitiven und lebensweltlichen Dissonanzen, die sich zwischen einigen neueren institutionellen und lehramtlichen Spezifica der römisch-katholischen Kirche und den Plausibilitäten eines bürgerlichen Lebens in einer freiheitlichen Demokratie aufgebaut haben, auflösen oder wenigstens mildern." (https://www.feinschwarz.net/synodaler-weg/)

Der Synodale Weg in Deutschland und der Weltkirche

Aber jenseits aller nachholenden Entwicklung, auf die Rainer Bucher in einem Beitrag auf feinschwarz.net hinwies, ist gerade die Zäsur des Missbrauchsskandals und die Erkenntnis der darin zu

Tage tretenden systemischen Ursachen aus meiner Sicht die Stelle, die der Synodale Weg der Kirche in Deutschland als ein zentrales "Zeichen der Zeit" und damit Ressource erster Ordnung in den „vielgestaltigen Reichtum des Volkes Gottes" und den Synodalen Weg der Weltkirche eintragen kann. Papst Franziskus bezog sich heute mit diesen Worten der Weihnachtsansprache an die römische Kurie explizit auch auf den seit dem 17. Oktober 2021 gestarteten Synodalen Prozess auf Ebene der Weltkirche: auf die die Gemeinschaft konstituierenden Teile der Weltkirche - und wie die Kurie in Rom ihr in Demut zu dienen habe und sie in „die Lage versetzen (könne), uns zu begegnen und zuzuhören, Dialog zu führen und zu unterscheiden" (Ebd.).

Gebe Gott zu Weihnachten 2021, dass der Synodale Weg der Kirche in Deutschland den Ausgangspunkt seines Weges nicht aus dem Blick verliert, wie ZdK auf seiner Vollversammlung am 20.11.21 anmahnte; dass man nicht weiter „am ‚Umgang mit den Verbrechen sexueller Gewalt in der Kirche ablesen kann: ‚Die können und wollen das Kind gar nicht schützen' (Kölnische Rundschau 13.12.20)." – wie bereits vor genau einem Jahr in diesem Blog zitiert.

"Bilanz des Schreckens" über sexuellen Missbrauch und seine Vertuschung - oder: Die Notwendigkeit eines Synodalen Wegs der Reformen

Als eine "Bilanz des Schreckens" bezeichnet die Kanzlei Westpfahl Spilker Wastl das am 20. Januar 2022 vorgestellte Gutachten „Sexueller Missbrauch Minderjähriger und erwachsener Schutzbefohlener durch Kleriker sowie hauptamtlich Bediensteter im Bereich der Erzdiözese München und Freising von 1945 – 2019". Auf 1900 Seiten werden „Verantwortlichkeiten, systemische Ursachen, Konsequenzen und Empfehlungen" und mindestens 497 Opfer - überwiegend männliche Kinder und Jugendliche – und ebenfalls mindestens 235 mutmaßliche Täter – darunter 173 Priester und neun Diakone - aufgeführt.

Marion Westpfahl berichtet bei der Vorstellung des Gutachtens, dass ihre Kanzlei bereits vor über zehn Jahren eine damals nicht veröffentlichte Studie zum sexuellen Missbrauch im Erzbistum München und Freising erarbeitet hatte. Die Auswertung musste sich zu dieser Zeit im Wesentlichen auf die Informationen der zur Verfügung stehenden Personalakten beschränken. Auch wenn die Kernaussagen dieser Studie - insbesondere auch zu den systemischen Ursachen - nach wie vor Bestand haben, ergaben „die zunehmende Bereitschaft Betroffener sich zu offenbaren, somit die Ausschöpfung im Jahre 2010 noch nicht zur Verfügung stehender Erkenntnisquellen" bei dem aktuellen Gutachten eine neue Sicht auf viele Missbrauchsfälle.

Heraus sticht bei dem aktuellen Gutachten vor diesem Hintergrund ein Joseph Ratzinger als damaligem Erzbischof von München und Freising im Jahr 1980 angelasteter Fall, nach dem er den verurteilten Essener Missbrauchstäter Peter H. in seine Diözese übernahm und in der Seelsorge weiter als Priester einsetzte. Bislang hatte der spätere Papst Benedikt XVI. eine Verantwortung dafür – und damit auch für die durch diesen Priester begangenen weiteren Missbrauchstaten - und ein Mitwissen immer bestritten - ebenso wie in Bezug auf drei weitere Missbrauchsfälle in seiner Münchener Amtszeit.

„Die Münchner Anwaltskanzlei zweifelt nun Ratzingers Angaben zu dem Fall Peter H. stark an, indem es „die Kopie eines Protokolls vorlegt, wonach Ratzinger - anders als von ihm behauptet - durchaus an der Sitzung teilgenommen hatte [in der die Aufnahme von Peter H. verhandelt wurde; H.D.]. Seine Teilnahme daran sei belegt, «weil das Protokoll Dinge referiert, die nur er wissen kann aus einem Gespräch mit Papst Johannes Paul II.» betont [der Münsteraner Kirchenrechtler Thomas] Schüller.

Dass es bei diesem Gespräch ausgerechnet um die Entziehung der Lehrerlaubnis für Ratzingers langjährigen liberalen Widersacher, den Theologen Hans Küng, ging, nannte Schüller einen «Treppenwitz der Geschichte»." (Zeit online vom 20.1.2022)

Auch wenn das Überführen eines ehemaligen Papstes bei einer offensichtlichen Unwahrheit den "Verantwortungsverdunstungsbetrieb" katholische Kirche (Christiane Florin) quasi auf oberster Ebene bloßstellt - eine moralische Bankrotterklärung des ehemals höchsten Kirchenrepräsentanten sondergleichen und weiterer Tiefpunkt der Krise der katholischen Kirche in Deutschland -, ist gerade das die Intention der Studie auch über alle anderen aufgeführten Missbrauchs- und Vertuschungstaten hinweg:

"Wesentlicher Auftrag ist Feststellung von Verantwortlichkeiten und Verantwortlichen und deren Benennung. [...] Ausschließlich über die Benennung der Individualschuld hinaus wird durch die kritisch analytische Betrachtung des Verhaltens der katholischen Kirche als Institution die Chance eröffnet, den Betroffenen Gerechtigkeit widerfahren zu lassen und einen Prozess der Selbstreinigung in Angriff zu nehmen." (Marion Westpfahl am 20.1.2022)

Welche nächsten Schritte sowohl im Erzbistum München und Freising – erwartet in einer angekündigten

Pressekonferenz in einer Woche - als auch im Vatikan nach einer "eingehenden Prüfung" der Studie gegangen werden, bleibt abzuwarten. Unzweifelhaft ist, dass Verantwortung übernommen werden und Konsequenzen gezogen werden müssen. Kardinal Marx - dem selbst in zwei Fällen Fehlverhalten in Form von Untätigkeit vorgeworfen wird - verweist in einer ersten Reaktion am selben Tag – wie bereits im Juni des vergangenen Jahres – auf die Notwendigkeit eines grundlegende Reformen einschließenden Synodalen Wegs.

"Aber es geht um mehr, es geht um die Erneuerung der Kirche, es geht um das, was wir auch im Synodalen Weg in Deutschland versuchen und vorantreiben. Denn dieser Synodale Weg ist ja ausgegangen von der MHG-Studie und ihren Analysen. Aufarbeitung des sexuellen Missbrauchs kann nicht getrennt werden vom Weg der Veränderung, der Erneuerung und der Reform der Kirche." (Pressestatement am 20.1.2022)

Es gibt keine Alternative. Oder noch einmal mit den Worten Marion Westpfahls gesagt:
"...etwas mehr als 10 Jahre später [nach dem ersten Gutachten] sogar, geht es nicht mehr darum Grunderkenntnisse zu gewinnen, sondern darum unerlässliche Konsequenzen zu ziehen, die ohne die Barriere von Tabuzonen zu definieren sein werden."

"Der Geist von Frankfurt […] Die dritte Synodalversammlung war erfolgreich!" – Resümee der III. Synodalversammlung des Synodalen Wegs (3.-5.02.2022)

Nachdem die katholische Kirche in Deutschland noch vor einer Woche – mit der Offenlegung der „Bilanz des Schreckens" des Münchener Missbrauchsgutachtens und dem fehlenden Schuldeingeständnis des emeritierten Papstes Joseph Ratzinger – wie „im freien Fall" schien, hat sie auf der III. Synodalversammlung wieder „Boden" gewonnen. Die Vorsitzende der Zentralkomitees der deutschen Katholiken Irme Stetter-Karp resümiert:

„Die dritte Synodalversammlung war erfolgreich. Die Versammlung hat geliefert. Der Synodale Weg hat überfällige Entwicklungen auf die Tagesordnung gesetzt." (Pressekonferenz am 5.2.2022)

Man will sich fast die Augen reiben:

"Was die dritte Synodalversammlung in Frankfurt auf die Beine gestellt hat, lässt selbst ernüchterte Kirchenreformträumer die Augen reiben: Öffnung des Zölibats? Sicher! Weihe für Frauen? Natürlich! Laienbeteiligung bei Bischofswahlen? Klar! Wertschätzung für queere Menschen und Paare? Logisch! Zivile Eheschließung für geschiedene und queere Kirchenleute ohne Kündigungsangst? Selbstverständlich!" (Kirche + Leben, 5.2.2022)

Dies bestätigt auch Bischof Georg Bätzing, der als Vorsitzender der deutschen Bischofskonferenz zusammen mit Irme Stetter-Karp Präsident der Synodalversammlung ist:

„Frankfurt war ein großer Erfolg und Zwischenschritt. Es gibt die Hoffnung, dass sich Kirche verändern kann. […] Die Vorlagen wurden von einer großen Mehrheit bestätigt: Drei Vorlagen endgültig, elf in erster Lesung angereichert zur Weiterarbeit empfohlen." (Verschriftlichung der Pressekonferenz am 5.2.2022)

Dabei ist Bischof Bätzing auch nach der Synodalversammlung wichtig mit denselben Worten zu resümieren, was er schon zu Beginn der Synodalversammlung vor der Presse zum Ziel der Synodalversammlung erwähnt hatte.

"Wir machen nicht vor allem Texte, sondern verändern das konkrete Handeln der Kirche. [...] Und ich habe die große Hoffnung: uns gelingt der Durchbruch in eine veränderte Kultur: deutlich partizipativer, gerechter, in geteilter Verantwortung aller, die durch Taufe und Firmung zum Gottesvolk gehören." (Verschriftlichung der Pressekonferenz am 5.2.2022)

Dieselbe Zuversicht teilt auch der ehemalige Vorsitzende des Zentralkomitees der deutschen Katholiken Thomas Sternberg in einem Interview:

"Es ist eine Erleichterung, denn es gab viel Grundsatzkritik am Synodalen Weg und das nicht nur aus einer konservativen Ecke, sondern auch von anderen. Äußerungen wie, der Synodale Weg sei ein "kirchenrechtliches Nullum" oder eine "Täuschung der Gläubigen", das waren sehr große Kanonen mit denen geschossen wurde. Ich glaube, was der Synodale Weg vor allem zeigt – auch der Weltkirche mit Blick auf die Weltbischofssynode 2023: Synodalität ist möglich, sie funktioniert." (katholisch.de, 5.2.2022)

Genau das ist auch der Plan – aber auch die Überraschung – mit der Bischof Bätzing gleich zu Beginn der Synodalversammlung aufwartete und in der Pres-

sekonferenz am Ende wiederholte: Dass der Synodale Weg in Deutschland eingebunden ist in den Synodalen Prozess auf weltkirchlicher Ebene, der im
vergangenen Oktober in Rom und den Ortskirchen begonnen hat.

*"Wir suchen und gestalten eine hilfreiche Kommuni-
kation mit römischen Verantwortlichen. [...] Das hat
große Zustimmung und Freude ausgelöst: Dass wir
eine gemischte Gesprächsgruppe zwischen Verantwortlichen im römischen Sekretariat und uns als Präsidium des Synodalen Wegs in unserem Land einrich-
ten werden. Nach der Zustimmung in der Synodalversammlung gehen wir umgehend daran und wollen wir
sehr bald miteinander ins Gespräch kommen."* (Eigene Verschriftlichung der Pressekonferenz am
5.2.2022)

Der Synodale Weg in Deutschland und der synodale
Prozess auf weltkirchlicher Ebene – mit dem Sekretär
des Synodensekretariates Kardinal Mario Grech und
dem Generalrelator und Luxemburger Erzbischof
Kardinal Jean-Claude Hollerich – sind verzahnt, greifen ineinander. Sie sind keine Gegensätze, sondern
eng verbunden:

*"Jerome Vignon, der die französische Partnerorgani-
sation des Zentralkomitees der deutschen Katholiken*

(ZdK) vertritt, betonte vor den rund 200 Teilnehmen-
den des Reformdialogs, Misstrauen und Befürchtun-
gen, "die der deutsche Wagemut durchaus hervorru-
fen kann", zerstreuten sich inzwischen. Erst der
Schock über die "fortwährenden Enthüllungen" sexu-
ellen Missbrauchs ließen den Prozess verstehen.
Auch die französischen Bischöfe sähen systemische
Dimension. Ursachen seien "herrschsüchtige Macht-
praktiken, unangemessene kirchenrechtliche Regeln
und bestimmte fragwürdige theologische Auffassun-
gen". Die Synodalversammlung erlebe er als "Raum
der Hoffnung". (katholisch.de, 5.02.2022)

Praedicate evangelium! - Papst Franziskus unterschreibt das Herzstück der Kirchenreform und zur Synodalität der Kirche

(Screenshot: Papst Franziskus' Ansprache über "Synodalität, welcher der Weg ist, den Gott von seiner Kirche im 3. Jahrtausend erwartet." am 17.10.15)

Der 19. März ist im Jahr 2022 einmal mehr ein symbolisches Datum im Pontifikat von Papst Franziskus. Vor sechs Jahren unterschrieb er an ebendiesem Tag das epochale nachsynodale Schreiben *Amoris laetitia*, mit dem sich eine "Reform der Kirche" Bahn brach. Und heute an eben demselben Tag promulgiert Papst Franziskus dasjenige Schreiben zur Kurienverfassung, das er mit dem von ihm einberufenen K-9 Kardinalsrat seit Beginn seines Pontifikats im Jahr 2013 gewissermaßen an der Kurie vorbei beraten hatte. Es

221

kann als das "Herzstück der Reformen" von Papst Franziskus bezeichnet werden, das ihm als Hauptaufgabe seines Pontifikats mit seiner Wahl im Jahr 2013 auferlegt worden war.

Bereits kurz nach der Jugendsynode des Jahres 2018 deutete bereits ein Mitglied des Kardinalsrates am 31.10.2018 an, dass eine neue Konstitution mit dem Titel *Praedicate evangelium* (Verkündet das Evangelium) im folgenden Jahr das derzeit noch geltende und in vielfacher Weise in die Jahre gekommene kirchliche Grundgesetz *Pastor Bonus* aus dem Jahr 1988 ablösen werde. Nach der 29. Sitzung des Kardinalsrates im April 2019 wurde demgegenüber bekannt, dass das Dokument zur Kurienreform seinerseits noch auf den synodalen Weg gehen müsse, indem es an die Bischofskonferenzen, die Synoden der unierten Ostkirchen, die Ordensoberen und Chefs der Kurienbehörden zur Beratung versendet werde.

Dabei ging es *"auch um die Verpflichtung, den Prozess der Synodalität in der Kirche auf allen Ebenen zu stärken, hieß es in der Vatikannote. Besonders hervorgehoben wurde die Notwendigkeit einer stärkeren Präsenz der Frauen in Führungsfunktionen in Gremien des Heiligen Stuhls. Es wurde auch wiederholt, dass der Kardinalsrat ein Organ der Kirche sei, das die Aufgabe habe, den Papst „bei der Leitung der Universalkirche zu unterstützen", und daher ende*

*seine Funktion nicht mit der Veröffentlichung der
neuen Apostolischen Verfassung."* (Vatican News,
10.4.2019)

Auch in der Weihnachtsansprache des Jahres
2019 wurde der Neuentwurf des kirchlichen Grund-
gesetzes in Aussicht gestellt, in der weitere Grund-
züge der "pastoralen Neuausrichtung" der Kurie, ja
der Kirche insgesamt, bereits deutlicher werden: Die
Glaubenskongregation wie auch die Kongregation für
die Evangelisierung der Völker seien „zu einer Zeit
gegründet, in der es einfacher war, zwischen zwei
ziemlich klar abgegrenzten Bereichen zu unterscheiden: einer christlichen Welt auf der einen Seite und
einer noch zu evangelisierenden Welt auf der anderen." Diese Situation gehöre jedoch der Vergangenheit an: Sie seien entsprechend dem programmatischen Schreiben *Evangelii gaudium* aus dem Jahr
2013 neu auszurichten.

*"Die Reform der Strukturen, die für eine pastorale
Neuausrichtung erforderlich ist, kann nur in diesem
Sinne verstanden werden: dafür zu sorgen, dass sie
alle missionarischer werden«"* (EG 27).

Zwei Jahre später wurde dann am 8. Mai 2021 gemutmaßt, dass das Fest der Heiligen Peter und Paul
am 29. Juni 2021 der Tag sein werde, an dem die
neue Kirchenverfassung in Kraft treten solle. Nun ist

sie knapp ein halbes Jahr danach am heutigen, für das Pontifikat von Papst Franziskus emblematischen 19.3.2022 (Tag seiner Amtseinführung) promulgiert worden - mit der Ankündigung, dass sie am Pfingstsonntag, den 5. Juni 2022 in Kraft treten werde.

Praedicate evangelium und die Kirchenreform

Tatsächlich löst die heute in italienischer Sprache veröffentlichte Konstitution ein, was seit dem Jahr 2018 mit der Reform der Kirchenverfassung verbunden wurde. Wie bereits von Anfang an von ihr gesagt wurde, dass sie den subsidiären Auftrag der Kurie in Rom stärker herausarbeiten und unterstreichen werde, wird nun die Synodalität der Kirche selbst zum zentralen Thema der Kirchenverfassung: Die Gemeinschaft der Kirche präge das Antlitz einer Kirche der Synodalität: einer Kirche des gegenseitigen Zuhörens, "in der jeder etwas zu lernen hat: Gläubige, Bischofskollegium, wie der Bischof von Rom." (Präambel 4)

Konkret heißt das für das Zueinander von römischer Kurie und den Teil- und Ortskirchen eine Zusammenarbeit auf Augenhöhe, die insbesondere die römische Kurie nach Art. 36 zur verbindlichen Transparenz und Zusammenarbeit verpflichtet:

§1. Die Kurieninstitutionen müssen in den wichtigsten Fragen mit den Teilkirchen, den Bischofskonferenzen, ihren regionalen und kontinentalen Unionen und den östlichen hierarchischen Strukturen zusammenarbeiten.

§ 2. Wenn die Frage dies erfordert, sind Dokumente allgemeiner Art von erheblicher Bedeutung oder solche, die bestimmte Teilkirchen in besonderer Weise betreffen, unter Berücksichtigung der Stellungnahme der Bischofskonferenzen, der regionalen und kontinentalen Union und der beteiligten östlichen hierarchischen Strukturen zu erstellen.

§ 3. Die Kurieneinrichtungen sollen unverzüglich den Eingang der ihnen von den Teilkirchen unterbreiteten Ersuchen bestätigen, sie mit Sorgfalt und Sorgfalt prüfen und so bald wie möglich angemessen antworten. (eigene Übersetzung)

Ebenso sollen die Kurieninstitutionen nach Art. 37 den Papst bzw. seine Vertreter konsultieren

„in Angelegenheiten, die die Teilkirchen betreffen, (...) die dort ihre Funktion ausüben, und es nicht versäumen, sie sowie die Bischofskonferenzen und die östlichen hierarchischen Strukturen über die getroffenen Entscheidungen zu unterrichten." (eigene Übersetzung)

Vor allem aber wird die Synodalität nach Art. 33 unter Einbezug der Ortskirchen Teil der Kirchenverfassung – insbesondere in der Zusammenarbeit mit der Bischofssynode und ihrem Sekretariat:

Die Kurieninstitutionen arbeiten entsprechend ihrer jeweiligen spezifischen Zuständigkeiten an der Tätigkeit des Generalsekretariats der Synode mit, angesichts dessen, was in den der Synode selbst eigenen Normen festgelegt ist, die dem römischen Papst eine wirksame Zusammenarbeit ermöglichen, gemäß den Wegen, die von ihm festgelegt wurden oder in Angelegenheiten von größerer Bedeutung für das Wohl der ganzen Kirche festgelegt werden sollen. (eigene Übersetzung)

Synodalität ist das Thema der nächsten XVI. ordentlichen Generalversammlung der Bischofssynode, an deren Vorbereitung nunmehr die gesamte römische Kurie einbezogen bzw. in Dienst genommen ist. Ebenso bedeutsam wie die Betonung der Dienstfunktion der römischen Kurie ist ihre flächendeckende und einheitliche Neustrukturierung in Dikasterien - nurmehr 16 und untereinander gleichrangige Dikasterien. Dabei wird nicht nur ein neues Dikasterium Evangelisierung unter der Leitung des Papstes geschaffen, das die Missionskongregation und den Rat für die Neuevangelisierung in sich vereinen wird und als erstgenanntes Dikasterium auch den missionarischen Charakter der neuen Kirchenverfassung unterstreicht. Zu den wichtigsten Punkten und großen Neuerungen gehört auch, dass Laien - und damit auch Frauen - im Grundsatz die Möglichkeit eingeräumt, wird die Leitung von zentralen Behörden bis hin zu Dikasterien zu übernehmen – möglicherweise auch das Dikasterium für Glaubensfragen (dass die traditionsreiche Glaubenskongregation nominell ablösen wird.)

Praedicate evangelium ist als neue Kirchenverfassung eine Kurienreform, die diesen Namen verdient. Am 21. März 2022 soll sie in einer Pressekonferenz vorgestellt werden und am 5. Juni in Kraft treten. Warum es nicht das Fest Peter und Paul - wie dies für die vorausgegangenen Jahre vorhergesagt wurde - am 29.6.2022 sein wird, hängt voraussichtlich mit dem Weltfamilientreffen (22.6.-26.6.2022) zusammen, bei dessen Vorbereitung und Durchführung sich die neue Kurienstruktur bereits schon bewähren soll.

Angesichts des lähmenden Reformstaus – Papst Franziskus zitierte in der oben erwähnten Weihnachtsansprache des Jahres 2019 Kardinal Martini, dass die Kirche "zweihundert Jahre lang stehen geblieben" sei – kann es nach neun Jahren Vorbereitung der Kurienreform im Kreis des Kardinalsrates nur heißen: Je früher, desto besser.

Synodalität und Kirchenreform auf Dauer gestellt – Zur Inkraftsetzung der Kirchenverfassung *Praedicate evangelium* und Spekulationen über einen Rücktritt

Papst Franziskus in seiner Predigt am heutigen Pfingstsonntag über das "Hier und Jetzt […] als Ort der Gnade" (Bild: Screenshot Vatican Media)

Mit dem Inkrafttreten der Apostolischen Konstitution *Praedicate evangelium* zum diesjährigen Pfingstfest, das auch als „Geburtstag der Kirche" bezeichnet wird, wird ein lange währender Weg der Reformen vollzogen, der fast ein Jahrzehnt gedauert hat und ebenso als Ziel- wie als neuer Ausgangspunkt einer Kirchenreform bezeichnet werden kann. Am 19. März 2022 – dem neunten Jahrestag seines Pontifikats – angekündigt hat die neue Kirchenverfassung

Papst Franziskus und den ihn beratenden Kardinalsrat wie kein zweites Anliegen von Anfang an beschäftigt – auf einem Weg, der bereits in den Diskussionen des Konklaves im Jahr 2013 begonnen hatte.

Wie in vorangegangenen Beiträgen erwähnt folgt die neue Kirchenverfassung auf die von Johannes Paul II. (*Pastor Bonus*, 1988) eingeführte Reform, die wiederum die von Paul VI. (*Universi regimini Ecclesiae*, 1967) verkündete modifizierte. In der Priorität der Evangelisierung, der Dezentralisierung und der Rolle der Laien liegen die Hauptmotive, die die neue Kirchenverfassung auch wieder näher mit Motiven des Zweiten Vatikanischen Ökumenischen Konzils verbinden.

Evangelisierung

"Nach dem Willen von Papst Franziskus tritt die Evangelisierung an die erste und grundlegende Stelle der Zielsetzungen der Römischen Kurie. Die Leitung dieser Super-Behörde übernimmt der Papst selbst. Das Dikasterium für Evangelisierung entsteht aus der Zusammenlegung des Missionskongregation und des Rates für die Neuevangelisierung. Bildungskongregation und Kulturrat verschmelzen zum Dikasterium für Kultur und Bildung." (Vatican News, 5.6.2022)

Dezentralisierung und Synodalität

Neben der missionarischen Ausrichtung – und mit ihr eng verbunden - liegt der zweite Akzent der Kurienreform in der Dezentralisierung. Dezentralisierung und Evangelisierung sind als zentrale Punkte bereits aus dem programmatischen Schreiben *Evangelii Gaudium* bekannt, in dem Papst Franziskus kurz nach Amtsantritt seine Vorstellungen einer zeitgenössischen Kirche skizzierte.

"Leitmotivisch zieht sich das Gebot der Zusammenarbeit der einzelnen Kurieneinrichtungen mit den Bischöfen durch die 250 Paragrafen des gut 50 Seiten langen Dokuments. Die Reform ziele auf eine „gesunde Dezentralisierung" der Kirche, die Kurie solle mithin den Bischöfen „die Kompetenz überlassen", als Hirten, Lehrer und Seelsorger „jene Fragen zu lösen, die sie gut kennen", soweit sie „die Einheit der Lehre, der Disziplin und der Gemeinschaft der Kirche nicht beeinträchtigen". (Vatican News, 5.6.2022)

In Bezug auf das erstmalig in einer Kirchenverfassung erwähnte „Sekretariat der Synode" (s. Blog-Beitrag vom 19.3.22) könnte man sagen, was in der Diskussion um die Einrichtung eines „Synodenrats" nach Beendigung des Synodalen Wegs auch in Deutschland angedacht wird: dass die Synodalität in der neuen Kirchenverfassung gewissermaßen auch auf weltkirchlicher Ebene „auf Dauer gestellt wird".

Leitungsämter unabhängig vom Geschlecht

Von den genannten Hauptmotiven des Reformwerkes wird in der Öffentlichkeit als größte Neuerung aufgenommen, dass der Vorsitz von Kurienämtern – und ebenso fast aller Dikasterien – nun Laien unabhängig vom Geschlecht offenstehen könnte. Zwar ist ein Pfingstsonntag als Feiertag noch kein Tag der Bekanntmachung von Leitungsämtern egal welcher Art. Doch man kann gespannt sein, wer Paolo Ruffini, dem seit dem Jahr 2018 ernannten Leiter des damals neu eingerichteten Dikasteriums für Kommunikation, als nächste Ernennungen folgen werden. Dass darunter weitere Laien und gewiss auch eine Frau sein könnten, ist seit heute keine bloße Wunschvorstellung mehr.

Evangelisierung, Dezentralisierung und der neugeordnete Zugang zu Leitungsämtern in der Römischen Kurie: Es sind Leitmotive einer Kirchenreform, die miteinander zusammenhängen, einander bedingen und damit auch einen Ausgangspunkt für neue Reformen bilden werden. Die heutige Inkraftsetzung einer erneuerten Kirchenverfassung bildet eine wichtige Wegmarke des derzeitigen Synodalen Prozesses auf weltkirchlicher Ebene, die – ergänzt durch die Ergebnisse des Synodalen Wegs – zur Synode über die Synodalität im September 2023 leiten wird.

Konsistorium und möglicher Papstrücktritt

Zuvor wird allerdings noch Ende August ein außerordentliches Konsistorium, eine Versammlung aller Kardinäle der Weltkirche mit gleich 21 neu ernannten Kardinälen stattfinden, um gemeinsam mit diesen über die neue Apostolische Konstitution über die Römische Kurie *Praedicate evangelium* zu beraten.

"Das Konsistorium für die neuen Kardinäle am Samstag, den 27. August, geht somit dem für Montag, 29. und Dienstag, 30. August, geplanten Kardinals-Treffen knapp voraus, so dass auch die neuen Kardinäle bereits an den Beratungen teilnehmen können." (Vatican News, 29.5.2022)

Nicht wenige Kommentatoren halten den 28. August 2022 – an diesem Tag wird Papst Franziskus aus Anlass der jährlichen auf diesen Tag fallenden Pilgerfahrt L'Aquila und die Grabstätte von Papst Coelestin V. (1294) besuchen, der wie Benedikt XVI. als einziger Papst zuvor zu Lebzeiten zurückgetreten ist – für einen möglichen Tag eines neuerlichen Papstrücktritts. Die Inkraftsetzung der neuen Kirchenverfassung lassen das Pontifikat von Papst Franziskus, der seit wenigen Wochen vermehrt Termine im Rollstuhl wahrnehmen muss, bereits heute rund und abgeschlossen erscheinen.

Weder "Ohrfeige" noch „Stoppschild aus Rom" - oder: Über die Chancen der Erklärung des Heiligen Stuhls zum Synodalen Weg vom 21.07.2022

Als „Ohrfeige" und „Stoppschild aus Rom" für den Synodalen Weg ist die Erklärung des Heiligen Stuhls gewertet worden, die die Grenzen und Reichweite der Beschlüsse des Synodalen Wegs in der deutschen Ortskirche „zur Annahme neuer Formen der Leitung und neuer Ausrichtungen der Lehre und der Moral zu verpflichten" anmahnt.

Aus meiner Sicht übersieht eine solche Deutung den vergleichsweise wichtigeren Appell, den die Erklärung im zweiten Absatz enthält, *„dass die Vorschläge des Weges der Teilkirchen in Deutschland in den synodalen Prozess, auf dem die Universalkirche unterwegs ist, einfließen mögen, um zur gegenseitigen Bereicherung beizutragen".*

Die ebenso irritierte wie pflichtschuldige Antwort der Präsidenten des Synodalen Wegs, Dr. Irme Stetter-Karp und Bischof Dr. Georg Bätzing, fordert zu Recht die direkte Kommunikation zwischen römischen Stellen und dem Präsidium des Synodalen Wegs: ein und beklagt das bisherige Ausbleiben direkter Gespräche. Aber sie verdeckt zugleich auch eine noch offene Stelle der Kommunikation in der deutschen Ortskirche, wie wenig aufeinander abgestimmt die beiden Prozesse - der Synodale Weg in Deutschland - der Synodale Prozess auf weltkirchlicher Ebene - derzeit erscheinen müssen.

Von außen wird nicht ersichtlich, wie beide Prozesse ineinander greifen. Eine veröffentlichte Rückmeldung – anders als in den benachbarten deutschsprachigen Ländern der Schweiz und Österreich – auf die Umfragen der Diözesen in Deutschland zur Vorbereitung der Weltsynode steht bislang noch aus. Auch wenn sie sicher bald zu erwarten ist, muss sie jetzt noch einmal mehr daraufhin ausgerichtet werden, die Schnittstellen beider synodaler Prozesse auszuweisen.

Das Pfund, das die deutsche Ortskirche mit ihren Erfahrungen von Synodalität im Zuge des Synodalen Wegs – entstanden aus der Zäsur, den der Missbrauchsskandal für die Kirche in Deutschland bedeutete – in der Hand hat, darf bei aller Kritik an der namentlich nicht zuordenbaren Erklärung des Heiligen Stuhls nicht verspielt werden und kann auf weltkirchlicher Ebene gerade zum jetzigen Zeitpunkt (der Vorbereitung der Synode zur Synodalität des Jahres 2021-2023 und der Umsetzung der *mit Praedicate evangelium* auf den Weg gebrachten Kurienreform) zugunsten des weltkirchlichen Prozesses eingebracht werden. Daraufhin ist die Erklärung des Heiligen Stuhls vom 21.07.2022 aufzugreifen und aus meiner Sicht als Chance zu nutzen.

„Für eine synodale Kirche: Gemeinschaft, Teilhabe und Sendung". Deutsche Bischofskonferenz veröffentlicht Bericht zur Weltbischofssynode

Deutsche Bischofskonferenz veröffentlicht Bericht zur Weltbischofssynode 2023

„Für eine synodale Kirche: Gemeinschaft, Teilhabe und Sendung"

Knapp zwei Wochen nach der Erklärung des Heiligen Stuhls zum Synodalen Weg vom 21.07.2022 ist Bericht der Deutschen Bischofskonferenz als Ergebnis der ersten Phase auf nationaler Ebene zur Weltbischofssynode 2023 veröffentlicht worden. Und er verbindet in zwei Teilen den seit 2018 in Deutschland voranschreitenden Synodalen Weg mit dem weltkirchlichen Prozess der Synode zur Synodalität, die im Herbst 2023 in die XVI. Versammlung der Bischofssynode fließen wird.

Dabei stellt der Bericht den Synodalen Weg einerseits in den Kontext des Missbrauchskandals in Deutschland, der eine Behandlung systemischer Ursachen notwendig macht, aber zugleich auch in eine Geschichte der Synodalität, deren Anfänge bereits im Zusammenschluss der katholischen Verbände zum Zentralkomitee der deutschen Katholiken im 19. Jahrhundert grundgelegt gesehen werden kann, synodale Erfahrungen aus den Mitgliedsorganisationen in der Arbeitsgemeinschaft Christlicher Kirchen (ACK) in Deutschland einschließt und nach dem II. Vatikanischen Konzil vor allem in der Würzburger Synode (1971 – 1975) eine herausragende Wegmarke fand. Nicht ohne Understatement benennt der Bericht, dass der damalige Wunsch auf nationaler Ebene in jedem Jahrzehnt eine Gemeinsame Synode auf nationaler Ebene durchzuführen unter dem damaligen und nachfolgenden Pontifikaten nie Anklang fand und aufgenommen wurde. Umso mehr sieht der Bericht selbstbewusst den Synodalen Weg in Deutschland verbunden mit dem von Papst Franziskus bereits im Jahr 2015 angekündigten Weg der Synodalität, der nachfolgend in einen weltkirchlichen Prozess der Jahre 2021 -2023 gemündet ist. Und er bestätigt zugleich, dass die Themenschwerpunkte des Synodalen Wegs auch diejenigen sind, die in die Synode auf weltkirchliche Ebene eingebracht werden sollen:

"Die Rückmeldungen aus den Diözesen wünschen, dass die Themen des Synodalen Weges in Deutschland (1. Macht und Gewaltenteilung in der Kirche, 2. Priesterliche Existenz heute, 3. Frauen in Diensten und Ämtern in der Kirche, 4. Leben in gelingenden Beziehungen) als wichtige ortskirchliche Anliegen in die Weltbischofssynode eingebracht werden. Die Bearbeitung der mit diesen Themenstellungen verbundenen innerkirchlichen Reformbedarfe wird als Voraussetzung für eine neue Glaubwürdigkeit der Kirche in Deutschland und ihrer Sendung in die heutige Gesellschaft hinein angesehen".

Der Bericht, der die Rückmeldungen aller 27 deutschen Diözesen zusammenfasst und damit auch rückgebunden ist an den Ständigen Rat der deutschen Bischöfe, benennt zwar selbstkritisch, dass die Resonanzen in den Diözesen "im untersten einstelligen Prozentbereich" geblieben seien. Aber er unterstreicht nicht minder, dass "alle Gruppen der engagierten Gläubigen" einbezogen wurden: "Frauen und Männer, Kleriker und Laien, Hauptamtliche und Ehrenamtliche, junge und alte Menschen". Es ist ein ebenso eindringliches wie nach vorne weisendes Votum der Kirche in Deutschland für die Weltsynode 2021-2023 und zugleich die beste Antwort und Aufnahme der römischen Note vom 21.7.2022.

Hören und sich verändern lassen - oder: Zum Beginn der zweiten Phase des Synodalen Prozesses der Weltsynode 2021-2023

In einer Pressekonferenz zum Beginn der zweiten Phase des Synodalen Prozesses der Weltsynode 2021-2023 wurde heute mit großer Genugtuung auf die Rückmeldungen von über 100 von insgesamt 114 Bischofskonferenzen aus der vorangegangenen Phase verwiesen, aus denen nunmehr ein erstes *Instrumentum laboris*, ein Arbeitsdokument erstellt wird, auf dessen Grundlage

„dann die sieben kontinentalen Bischofsversammlungen der katholischen Kirche – Afrika, Ozeanien, Asien, Naher Osten, Europa, Lateinamerika sowie

238

USA/Kanada – bis März 2023 je ein eigenes Dokument erstellen. Diese sieben Abschlussdokumente wiederum fließen bis Juni 2023 in ein zweites Arbeitsdokument ein. Auf dessen Grundlage berät die Bischofsversammlung der Synode im Oktober 2023 in Rom." (katholisch.de, 26.8.2022)

Das Herausragende bei der bisherigen Erarbeitung der Grundlagen des Arbeitsdokuments der Synode im Herbst 2023 sei es gewesen, „nicht eine Kirche des Volkes gegen eine hierarchische Kirche auszuspielen und die Beziehungen in der Kirche dynamisch und fruchtbar zu gestalten." (Übersetzung aus dem Statement von Kardinal Mario Grech) Dieses gemeinsame Zusammengehen von Orts- und Weltkirche fasst der Generalrelator der Bischofssynode Kardinal Jean-Claude Hollerich in einem Zitat eines US-amerikanischen Priesters zusammen, der der die synodalen Erfahrungen in seiner Gemeinde mit den folgenden Worten beschrieb:

"Ist es nicht wunderbar, dass Papst Franziskus entschlossen ist, auf die ganze Kirche zu hören und nicht nur auf die Hierarchie? Die Idee ist revolutionär. Soweit ich weiß, hat die Kirche noch nie eine Anstrengung dieser Art und dieses Umfangs unternommen, nicht einmal in der Anfangszeit, als die Zahl der Gläubigen noch bescheiden war. Und Papst Franzis-

kus will nicht nur der ganzen Kirche zuhören, son-
dern auch uns, die wir die Kirche sind, einander zu-
hören lassen. Und genau das ist während des Syno-
denprozesses in unserer Gemeinde geschehen. Und
es ist klar, dass diejenigen von Ihnen, die der Einla-
dung gefolgt sind und sich versammelt haben, um ei-
nander in einem respektvollen und betenden Dialog
zuzuhören, von dem, was geschehen ist, überrascht,
erfreut und verändert wurden." (Zitat aus dem Statement von Kardinal Jean-Claude Hollerich am
26.8.2022; eigene Übersetzung)

Entfernt davon eine „eigene Agenda" zu haben ist
diese Erwartung über den Weg des Hörens und Un-
terscheidens verändert zu werden, die Hoffnung und
Überzeugung von Kardinal Hollerich auch für die
jetzt anstehende Phase und den synodalen Prozess
insgesamt, die er „ohne Furcht" betrachte. Auf die
Frage, wie sich der Synodale Weg in Deutschland zu
dem weltkirchlichen synodalen Prozess verhalte, antwortete der Generalsekretär der XVI. Generalversammlung der Bischofssynode Kardinal Mario Grech
mit einem – mündlich etwas abkürzenden – Zitat aus
dem Brief von Papst Franziskus an die Kirche in
Deutschland, das über die drängenden und anstehenden Fragen die Bedeutung eines verbindenden Sensus
ecclesiae unterstreicht.

*"Die anstehenden Herausforderungen, die verschie-
denen Themen und Fragestellungen können nicht ig-
noriert oder verschleiert werden; man muss sich
ihnen stellen, wobei darauf zu achten ist, dass wir
uns nicht in ihnen verstricken und den Weitblick verlieren, der Horizont sich dabei begrenzt und die
Wirklichkeit zerbröckelt. (...) In diesem Sinne schenkt
uns der Sensus Ecclesiae diesen weiten Horizont der
Möglichkeit, aus dem heraus versucht werden kann,
auf die dringenden Fragen zu antworten."* (Papst
Franziskus in seinem Brief vom 29.6.2019)

Wie die in den Worten von Kardinal Grech „unterschiedlichen Erfahrungen" von Synodalem Weg der
Kirche in Deutschland und dem weltkirchlichen Prozess der Synode der Synodalität zueinander passen,
wird spannend zu beobachten sein in der nun beginnenden zweite Phase des Weltsynode 2021-2023.
Beide Wege verbinden sich in dem Grundsatz, den
Papst Franziskus – ebenfalls heute – vor Kirchenver-
tretern aus dem italienischen Lodi, das jüngst seine
14. Diözesansynode ausgerichtet hatte, unterstrich.

*"Der synodale Weg ist institutionell, weil er zum We-
sen der Kirche selbst gehört."* (Vatican News,
26.8.2022)

Eklat und Erleichterung - oder: Die IV. Synodalversammlung in Frankfurt im Wechselbad der Gefühle

Fast schien es mit der Ablehnung des Grundtextes des Synodalforums IV. "Leben in gelingenden Beziehungen. Liebe leben in Sexualität und Partnerschaft" am frühen Abend des ersten Tages der IV. Synodalversammlung, dass der Synodale Weg ins Stocken oder gar schon zu Beginn zum Ende gekommen sein könnte. Eine Sperrminorität von 22 Bischöfen ließ bei nur 33 befürwortenden bischöflichen Voten keine der Satzung des Synodalen Wegs entsprechende Zweidrittelmehrheit der Bischöfe zustande kommen, mit der ein Beratungsergebnis auch als Ergebnis des Synodalen Wegs gewertet werden kann.

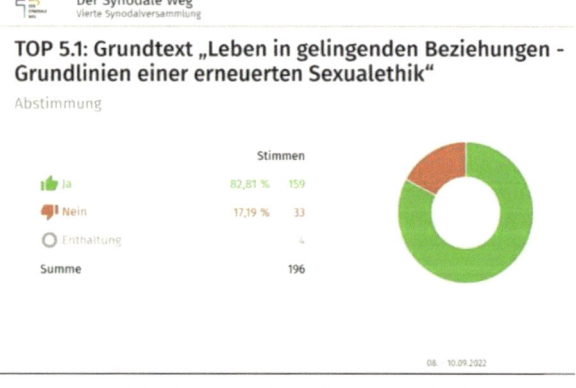

Abstimmung: Synodengesamtheit

Abstimmung Bischöfe

Und es brauchte fast einen ganzen Tag bis mit der
Annahme des zweiten Grundtextes des Synodalforums III. "Frauen in Diensten und Ämtern" ein erster
Text erfolgreich die Abstimmungen durchlief, der
sich für eine Geschlechtergerechtigkeit beim Zugang
zu Weiheämtern ausspricht.

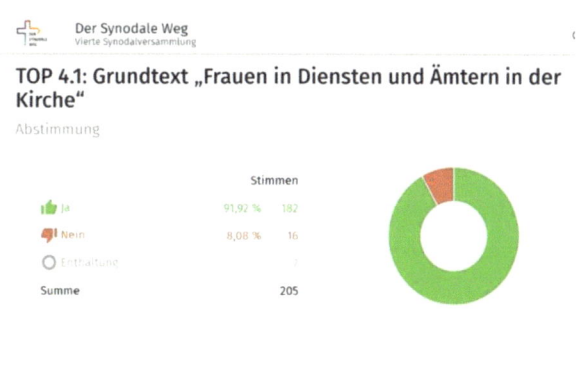

Abstimmung Synodengesamtheit

Und erst danach schafften es auch zwei weitere Handlungstexte des Synodalforums IV. zur "Neubewertung der Homosexualität" und zu einer "Veränderung der Grundordnung" mit einer deutlichen Dreiviertelmehrheit angenommen zu werden.

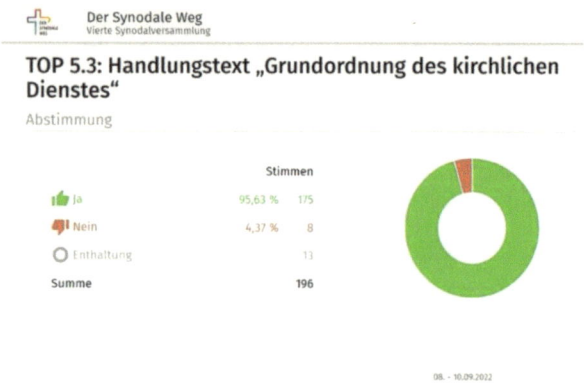

Abstimmung: Synodengesamtheit

Während Letzterer ggf. schon bereits im Herbst diesen Jahres Chancen hat auch im Arbeitsleben von Mitarbeitenden im kirchlichen Dienst mit einer Inkraftsetzung umgesetzt zu werden, richtet sich der erste Handlungstext an den Papst mit dem Wunsch auf Änderung der entsprechenden Ziffern 2357-2359 des seit seiner Veröffentlichung im Jahr 1991 in diesen Passagen unveränderten Katechismus der Katholischen Kirche.

TOP 5.2: Handlungstext „Lehramtliche Neubewertung von Homosexualität"

Abstimmung

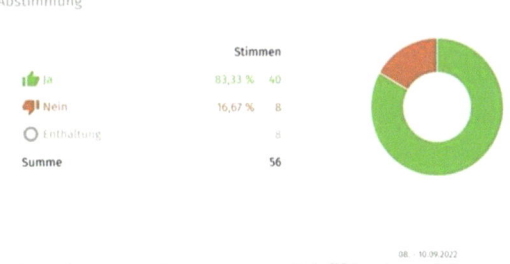

		Stimmen
👍 Ja	83,33 %	40
👎 Nein	16,67 %	8
⚪ Enthaltung		8
Summe		56

08. - 10.09.2022

Abstimmung Bischöfe

Nicht wenige verwunderte die Zustimmung zu beiden Texten, nachdem noch am Vortag die theologische Grundlegung des Grundtextes ebenso überraschend wie knapp am Dreiviertelmehrheits-Quorum gescheitert war, der über die neu im Untertitel hervorgehobene Sexualethik hinaus das ganze Spektrum von Sexualität, Partnerschaft und Liebe anspricht.

Die Ergebnisse machen zugleich deutlich, dass die Zustimmung zu einzelnen Themen des am Vorabend abgelehnten Grundtextes durchaus möglich ist; in diesen beiden konkreten Fällen, nachdem sich die Bischöfe jeweils vor den Abstimmungsblöcken noch unter sich beraten hatten. Selbst wenn an den ersten beiden Tagen der IV. Synodalversammlung nur insgesamt vier von vierzehn anstehenden Beratungstexten behandelt werden konnten, ließen sie nach einem Wechselbad der Gefühle wieder den "Geist von

Frankfurt" spüren, der bereits die vorausgegangenen Synodalversammlungen gekennzeichnet hatte.

Synodalität auf Dauer gestellt

Derselbe zuletzt die III. Synodalversammlung kennzeichnende Geist war auch am letzten Tag der Synodalversammlung bei der Annahme der in 1. Lesung vorgetragenen Handlungstexte "Verkündigung des Evangeliums durch Frauen in Wort und Sakrament", "Umgang mit geschlechtlicher Vielfalt" und "Enttabuisierung und Wertschätzung - Voten zur Situation nicht-heterosexueller Priester" erlebbar. Sie kamen am Nachmittag noch zum Zuge, nachdem der Vormittag durch eine ebenso umfassende wie zeitraubende Debatte des Handlungstextes "Synodalität nachhaltig stärken: Ein Synodaler Rat für die katholische Kirche in Deutschland" gekennzeichnet war. Seine Annahme mit einer Dreiviertelmehrheit der Synodengesamtheit wie unter den Bischöfen kann als Basisentscheidung für einen erfolgreichen Abschluss des Synodalen Wegs insgesamt gewertet werden.

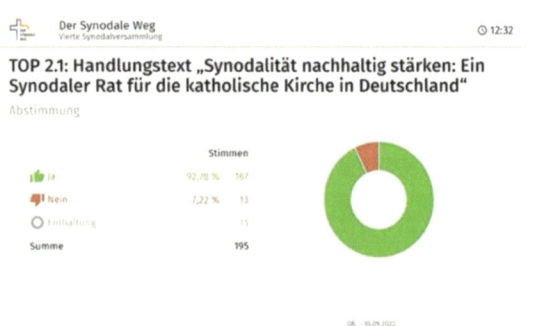

Denn ohne die Einrichtung eines Synodalen Rates wären allein schon die auf der IV. Synodalversammlung nicht behandelten, sechs Handlungstexte nicht mehr innerhalb der bis März 2023 begrenzten Zeit des Synodalen Wegs behandelbar. Und ohne ein solches Gremium, dessen Satzung von ZdK und DBK gemeinsam ausgearbeitet werden wird, könnte die Kirche sich auch nicht den darüber hinausgehenden Herausforderungen widmen, die weltkirchlicherseits über den "Weg der Synodalität der Kirche im 3. Jahrtausend" und die Vorbereitung der Weltsynode zur Synodalität mehr und mehr erkennbar werden. Das Votum für den Synodalen Rat stellt Synodalität in Deutschland auf Dauer und ist die Grundlage "für eine synodale Kirche", wie das Motto der XVI. Weltbischofssynode heißt.

„…im aufmerksamen Hören auf die Zeichen der Zeit" – oder: Die Weiterführung des Konzilsauftrags im synodalen Prozess

(Screenshot Vatican Media, 11.10.2022)

Zum 60. Jahrestag des Beginns des II. Vatikanischen Konzils (11.10.1962 – 8.12.1965) feierte Papst Franziskus heute in der Nähe des gläsernen Sargs mit den sterblichen Überresten des Konzilspapstes Johannes XXIII. einen Gottesdienst.

In seiner Predigt verwies er auf den Weg der Liebe, in der sich die Kirche erneuert und bemühen muss den widerstreitenden „Ismen" – die er über dreimal erwähnte – zu widerstehen:

„Sowohl der Progressivismus, der sich der Welt anpasst, als auch der Traditionalismus oder die Rückwärtsgewandtheit, die einer vergangenen Welt nachtrauert, sind keine Beweise der Liebe, sondern der

248

Untreue. Es sind pelagianische Egoismen, die ihre eigenen Vorlieben und ihre eigenen Pläne über die Liebe stellen, die Gott gefällt". (Originalübersetzung der Predigt von Papst Franziskus).

Bereits gestern betonte das neu eingerichtete Sekretariat der Bischofssynode in einem Statement, dass die Einrichtung der Bischofssynoden durch Papst Paul VI. das Anliegen des Konzils in der Kirche weiter trug…. nicht ohne einen Zentralbegriff der Konzilszeit wie des unlängst von einem römischen Kurienkardinal infrage gestellten Orientierungstextes des Synodalen Wegs im Hinblick auf das „aufmerksame Hören auf die Zeichen der Zeit" herauszuheben:

Hören auf die Zeichen der Zeit

Im Lauf der Jahrzehnte habe sich die Synode *„stets in den Dienst des Konzils gestellt und ihrerseits dazu beigetragen, das Antlitz der Kirche zu erneuern, in immer tieferer Treue zur Heiligen Schrift und zur lebendigen Tradition und im aufmerksamen Hören auf die Zeichen der Zeit".* (Vatican News, 10.10.23)

Die Bischofssynoden haben „die Möglichkeit geboten, dessen Lehren zu vertiefen, sein Potential angesichts neuer äußerer Umstände zu erschließen und die Inkulturation unter den verschiedenen Völkern zu fördern." (Ebd.) In der Weise unterstreicht das Sekretariat auch die Verbundenheit der kommenden XVI. Bischofssynode „Für eine synodale Kirche: Gemeinschaft, Teilhabe und Sendung" mit den Grundanliegen des II. Vatikanischen Konzils:

„Die Magna Charta der Synode 2021-2023 ist die Lehre des Konzils über die Kirche, insbesondere seine Theologie des Volkes Gottes, eines Volkes, das ‚die Würde und die Freiheit der Kinder Gottes zu seiner Bedingung hat, in dessen Herzen der Heilige Geist wie in einem Tempel wohnt' (Lumen Gentium 9)." (Ebd.)

Reformen auf Weltkirchenebene

In Fortsetzung dieses Konzilsauftrags ist es die Aufgabe der Synode ein Dokument zu erarbeiten, *„das Papst Franziskus als Grundlage zur Abfassung seines Postsynodalen Schreibens und für eventuelle Reformen auf Weltkirchenebene dienen soll."* (Ebd.)

Als nächster Schritt – entsprechend der Aufplanung – wird die Veröffentlichung eines Vorbereitungsdokumentes (*Instrumentum laboris*) erwartet, das die weltweiten Rückmeldungen der Bischofskonferenzen aufgenommen hat und im Rahmen kontinentaler Bischofssynoden - d.h. für Europa: im Rahmen eines europäischen Treffens des Europäischen Bischofsrats

CCEE vom 5. bis 12. Februar in Prag - bearbeitet werden soll. Nächste Schritte, auf deren Hintergrund sich auch die Entwicklungen des Synodalen Wegs in Deutschland mit seinem Abschluss in der V. Synodalversammlung (9.-11.03.2023) weiter konturieren werden.

Nicht nur in der Physiognomie dem Konzilspapst Johannes XXIII. immer ähnlicher vereint Papst Franziskus mit seinem im Jahr 2014 von ihm heiliggesprochenen Vorgänger dieses Anliegen der Reform der Kirche im Geist der Synodalität, die er schon zum 50. Jahrestag des Synodenjubiläums in den Mittelpunkt seines Pontifikats gestellt hat:
da Synodalität *„der Weg ist, den Gott von der Kirche des dritten Jahrtausends erwartet"* (17.10.2015).

Weg des Zuhörens und der Unterscheidung - oder: Zur Verlängerung der XVI. Generalversammlung der Bischofssynode zur Synodalität bis zum Jahr 2024

Nachdem Papst Franziskus einen Tag nach der 60-Jahresfeier des Beginns des II.Vatikanischen Konzils die Spitze des Sekretariats der Synode empfangen hatte, wird heute zunächst im Rahmen der Angelus-Ansprache und nachfolgend in einem Communiqué des Sekretariats bekannt, dass die zunächst auf zwei Jahre angelegte 16. Ordentliche Generalversammlung der Bischofssynode ein Jahr länger dauern wird: *„d.h. zwei Sitzungen umfassen wird, die ein Jahr auseinander liegen: die erste vom 4. bis 29. Oktober 2023, die zweite im Oktober 2024. Papst Franziskus verwies auf die Apostolische Konstitution Episcopalis Communio, die diese Möglichkeit in Betracht zieht (vgl. Artikel 3).*
Diese Entscheidung entspringt dem Wunsch, dass das Thema einer synodalen Kirche wegen seiner Breite

und Bedeutung Gegenstand einer längeren Unterscheidung nicht nur der Mitglieder der Synodenversammlung, sondern der ganzen Kirche sein möge. Daher wird die Ordentliche Generalversammlung der Bischofssynode auch eine prozessuale Dimension annehmen und sich als "ein Weg auf dem Weg" gestalten, um eine reifere Reflexion für das größere Wohl der Kirche zu fördern." (Ebd.; eigene Übersetzung)

Weg des Zuhörens und der Unterscheidung zum Einbezug der ganzen Kirche

„Von Anfang an hat das Generalsekretariat der Synode den Weg des Zuhörens und der Unterscheidung gewählt, auch in der Planungs- und Umsetzungsphase des synodalen Prozesses. In den kommenden Wochen werden wir unsere Unterscheidung fortsetzen, um den Ablauf der beiden Versammlungen (und die Zeit dazwischen) der XVI. Ordentlichen Bischofssynode besser darzustellen. (...)
Jetzt geht es weiter mit einer kontinentalen Ebene, die mit der Durchführung der kontinentalen Synodenversammlungen ihren Höhepunkt zwischen Januar und März 2023 erreichen wird." (Ebd.; eigene Übersetzung)
D.h. – wie gesagt – für Europa: im Rahmen eines europäischen Treffens des Europäischen Bischofsrats CCEE vom 5. bis 12. Februar in Prag.

„Vergrößere den Raum Deines Zeltes!" – Zur Veröffentlichung des zweiten Vorbereitungsdokumentes für die XVI. Generalversammlung der Bischofssynode

Dass Synodalität und Mission der Kirche innerlich zusammen gehören, hebt der Generalsekretär der Bischofssynode Kardinal Mario Grech hervor, indem er das Sprachbild des Zeltes in der Überschrift des Vorbereitungsdokumentes der Weltsynode aufgreift, das für eine Kirche im Aufbruch steht. Und dieses Zelt solle vergrößert, ein größerer Raum bereitet werden im Zuge des synodalen Prozesses. Der Vorsitzende der Deutschen Bischofskonferenz Bischof Georg

254

Bätzing sieht darin zugleich eine nach vorne weisende, ausgreifende Dynamik, *„dass der Synodale Weg der Kirche in Deutschland als Teil einer synodalen Dynamik zu verstehen ist, die die ganze Kirche ergriffen hat." [...] Dabei sind viel Gemeinsames, gut Vergleichbares, aber auch in unterscheidender Weise Spezifisches zu entdecken. "* (DBK.de, 27.10.2022)

„Das nun veröffentlichte Arbeitsdokument stelle ‚unmissverständlich' fest, dass auf allen Kontinenten eine Neubewertung der Rolle der Frau in der Kirche gefordert werde. ‚Deshalb wird in vielen Teilen der Kirche eine aktive Rolle der Frauen in den Leitungsstrukturen der Kirche, ihr Predigtdienst und ein Frauendiakonat befürwortet, in einer Reihe von Ortskirchen auch die Priesterweihe für Frauen', analysiert Bätzing. Das Arbeitsdokument weise ausdrücklich auch auf die Situation von LGBTQ-Personen und Menschen in gleichgeschlechtlichen Lebensgemeinschaften hin, die von der Kirche oftmals Zurückweisung erführen. Zudem würde das respektvolle Miteinander von Bischöfen, Priestern, Ordensleuten und Laien und der Wunsch nach mehr Teilhabe und Mitverantwortung aller Getauften geäußert. " (katholisch.de, 27.10.2022)

Wie bereits zuvor ausgeführt sollen die sieben kontinentalen Bischofsversammlungen – Afrika, Ozeanien, Asien, Naher Osten, Europa, Lateinamerika sowie USA/Kanada – auf der Basis des Vorbereitungsdokumentes bis März 2023 je ein eigenes Dokument erstellen, die insgesamt wiederum in ein weiteres Arbeitsdokument fließen werden, das dann die eigentliche Grundlage der im Herbst 2023 beginnenden XVI. Generalversammlung der Bischofssynode sein wird. Der nächste Schritt ist – wie gesagt – auf kontinentaler Ebene für Europa im Rahmen eines europäischen Treffens des Europäischen Bischofsrats CCEE vom 5. bis 12. Februar in Prag.

„Gemeinsam auf dem Weg bleiben" nach einem „Ernstfall der Synodalität" oder: Über das Zueinander von Synodalem Weg und dem weltkirchlichen synodalen Prozess nach dem Ad-limina-Besuch der deutschen Bischöfe in Rom (14.-19.11.22)

Papstaudienz der deutschen Bischöfe am 17.11.22

© Deutsche Bischofskonferenz/Matthias Kopp

Als einen „Ernstfall der Synodalität" bezeichnete der Vorsitzende der deutschen Bischofskonferenz Bischof Georg Bätzing – das Wort eines bischöflichen Kollegen aufgreifend – den Ad-Limina-Besuch der deutschen Bischöfe in Rom. Es sei um „Hinhören, Abwägen und den anderen mit seiner Auffassung bestehen lassen" gegangen; „nicht um Deutungshoheit, sondern um die ehrliche Reflexion, wo wir als Kirche stehen und wie die Sichtweise des jeweils anderen

257

ist." (DBK.de, 19.11.22) Ein offener Austausch sei es im Gespräch mit allen Dikasterien gewesen – insbesondere beim interdikasteriellen Abschlussgespräch unter der Moderation von Kardinalstaatssekretär Pietro Parolin und Beteiligung zweier den Synodalen Weg bereits in der Vergangenheit kritisierenden Dikasterienleiter: dem Leiter der Dikasteriums für die Glaubenslehre Kardinal Luis Francisco Ladaria und dem schon seit dem Jahr 2010 von Benedikt XVI. als Leiter der damaligen Bischofskongregation berufenen kanadischen Kurienkardinals Marc Ouellet.

„Ich bin dankbar, dass die Bedenken, die es in Rom gibt, offen vorgetragen wurden. Und ebenso dankbar bin ich, dass die Sorgen und Auffassungen aus unserer Bischofskonferenz – quer durch alle Themen – gehört wurden. Das interdikasterielle Treffen war für mich ein Zeichen, dass wir – trotz widersprechender Auffassungen – gemeinsam auf dem Weg bleiben." (DBK.de, 19.11.22)

Ein Moratorium – eine abermalige Aufschiebung des Synodalen Wegs, die einem Abbruch gleichgekommen wäre – habe im Raum gestanden. Stattdessen wurden deutliche Bedenken und Vorbehalte hochrangiger Kurienkardinäle "gegenüber der Methodik, den Inhalten und den Vorschlägen des Synodalen Weges" geäußert, aber die Weiterarbeit des Synodalen Wegs im Grundsatz bestätigt, indem gemeinsam herausgestellt wird, wie *„wichtig und dringend notwendig es ist, einige der angesprochenen Fragen zu definieren und zu vertiefen, wie zum Beispiel diejenigen, die sich auf die Strukturen der Kirche, das Weiheamt und seine Zugangsbedingungen, die christliche Anthropologie und weitere Fragen"* (Vatican.va, 18.11.22).

Bischof Bätzings Resümee fällt angesichts dieses erlebten, aber auch in der Rezeption auf dem Synodalen Weg in der deutschen Ortskirche nicht minder zu erwartenden „Ernstfalls der Synodalität" ebenso zuversichtlich wie sorgenvoll aus:

„Ich fahre mit einer gewissen Erleichterung nach Hause, weil wir Themen benannt haben und niemand sagen kann, er hätte davon nichts gehört oder sich nicht äußern können. Ich fahre mit einer gewissen Sorge nach Hause, weil ich noch nicht abschätzen kann, welche Dynamik die synodalen Prozesse entfalten. Aber vielleicht ist diese Spannung gut: Erleichterung und Sorge." (DBK.de, 19.11.22)

Immerhin ersparte die Delegation der deutschen Bischöfe nicht nur einzelnen Dikasterienleitern, sondern auch dem Initiator des synodalen Prozesses – seit seiner bewegenden Ansprache zu eben diesem Thema aus Anlass des 50-jährigen Jubiläums der

Bischofssynode – Papst Franziskus nicht auch deutliche Kritik: Dass er in dem auch während des Ad-Limina-Besuchs vielzitierten Brief an den Synodalen Weg vom 29.06.2019 nicht auf den Anlass des Missbrauchsskandals eingegangen sei, der ja dem ganzen Synodalen Weg und seinen Themen in Deutschland zugrunde liegt. Und die Verwahrung gegenüber dem Vergleich des Synodalen Reformweges mit einer bereits bestehenden „guten evangelischen Kirche" wurde in ebenso deutlicher Sprache im interdikasteriellen Treffen adressiert wie gegenüber Vorwürfen eines schismatischen Sonderweges:

„Der Synodale Weg der Kirche in Deutschland sucht weder ein Schisma noch führt er in eine Nationalkirche. Wer immer von Schisma oder Nationalkirche spricht, kennt weder die deutschen Katholikinnen und Katholiken noch die deutschen Bischöfe. Mich macht traurig, welche Macht dieses Wort bekommen hat, mit dem man uns die Katholizität und den Willen zur Einheit mit der weltweiten Kirche abzusprechen versucht." (DBK.de, 19.11.22)

Aber Bischof Georg beweist zugleich auch Humor, wenn er den „Ernstfall der Synodalität" mit dem Sprachbild und Titel des Synodendokuments aus Rom für die anstehende kontinentale Etappe des weltkirchlichen synodalen Prozesses vergleicht: *„Mach den Raum deines Zeltes weit".*

„Hier kommt gut zum Ausdruck, was wir spüren: Der Raum des Zeltes entsteht erst durch die Spannung der Seile, die das Zelt aufspannt. Das ist ein Bild, das vielleicht auch für unseren Synodalen Weg und den Weg der Kirche in Deutschland insgesamt hilfreich ist. " (DBK.de, 19.11.22)

In diesem gespannten Zustand heißt es *„gemeinsam auf dem Weg (zu) bleiben"*.

„Nicht das Evangelium verändert sich, sondern wir beginnen, es besser zu verstehen" - oder: Weihnachtsansprache 2022 zur Bedeutung von Synodalität

(Weihnachtsansprache von Papst Franziskus an die Römische Kurie, ©Screenshot Vatican News, 23.12.2022)

"Dieses Jahr sind es sechzig Jahre seit dem Beginn des Zweiten Vatikanischen Konzils. Was war das Ereignis des Konzils anderes als eine große Gelegenheit zur Umkehr für die ganze Kirche? Der heilige Johannes XXIII. sagte in diesem Zusammenhang: »Nicht das Evangelium verändert sich, sondern wir beginnen, es besser zu verstehen«. Die Umkehr, die uns das Konzil geschenkt hat, war der Versuch, das Evangelium besser zu verstehen, es in diesem historischen Augenblick aktuell, lebendig und wirksam werden zu lassen.

So fühlten wir uns, wie schon mehrfach in der Kirchengeschichte geschehen, auch in unserer Zeit als Gemeinschaft der Gläubigen zur Umkehr aufgerufen. Und dieser Weg ist keineswegs abgeschlossen. Das gegenwärtige Nachdenken über die Synodalität der Kirche entspringt gerade der Überzeugung, dass der Weg zum Verständnis der Botschaft Christi nie zu Ende ist und uns ständig herausfordert.

Das Gegenteil von Bekehrung ist die Fixierung, d.h. die versteckte Überzeugung, dass wir kein tieferes Verständnis des Evangeliums benötigen. Es ist der Fehler, die Botschaft Jesu auf eine einzige, allzeit gültige Form festlegen zu wollen. Die Form jedoch muss sich immer wieder verändern können, damit die Substanz dieselbe bleibt. Die wahre Häresie besteht nicht nur darin, ein anderes Evangelium zu predigen (vgl. Gal 1,9), wie Paulus sagt, sondern auch darin, es nicht mehr in die jeweils aktuelle Sprache und Kultur zu übersetzen, und der Apostel der Völker hat gerade das getan. Bewahren bedeutet, die Botschaft Christi lebendig zu halten und nicht, sie einzusperren. [...]" (Vatican News, 22.12.22)

Verdichteter Moment einer Zeitenwende: Die Beerdigung des ehemaligen Papstes Benedikt XVI. durch seinen Nachfolger und die Neuausrichtung des Papstamtes

(Screenshot Vatican Media vom 5.1.2022)

Eine Beerdigung eines Papstes durch seinen Nachfolger sucht in der Geschichte noch mehr ihresgleichen wie das zeitgleiche Erscheinen eines amtierenden und eines ehemaligen Papstes in weißer Soutane. Symbolisch ist es auch für die Ablösung eines überkommenen Papst- und Amtsverständnisses zu einem neuen, das zugunsten einer heilsamen Dezentralisierung "die Primatsausübung [..] einer neuen Situation öffnet". Dieses Neuverständnis klang zwar schon bei Papst Johannes Paul II. an, von dem ebendieses am 50. Jahrestag der Bischofssynode aufgenommene Zitat stammt. Und es findet sich auch angedeutet in den heute im Requiem für Benedikt XVI. von Papst Franziskus zitierten Worten seines Vorgängers, der sich der Notwendigkeit des Mittragens und der Fürsorge des Volkes – Zitate aus dessen Predigt zur Amtseinführung im Jahr 2005 – bewusst war.

Doch waren die Pontifikate der beiden Vorgänger von Papst Franziskus über Jahrzehnte im Grundsatz doch deutlich an der Ausrichtung der Welt auf den jeweiligen Pontifex gekennzeichnet. Einer „Bekehrung des Papstamtes" (vgl. EG 32) gleich sieht Franziskus in der Synodalität – der konstitutiven Beteiligung und synodalen Einbeziehung der Ortskirchen und einer subsidiär sich verstehenden Kurie – demgegenüber den neu fortzusetzenden „Weg, den Gott sich von seiner Kirche im 3. Jahrtausend erwartet".

Dass gewissermaßen realsymbolisch Papst Franziskus seinen Vorgänger zu Grabe trägt, ist somit ein verdichteter Augenblick: zugleich für die Fortschreibung wie den Übergang zu einem Neuverständnis des Papstamtes, das nunmehr auch ohne den Schatten eines im Hintergrund präsenten Vorgängers wirksam werden kann. Auch dies eine „Zeitenwende" – mit einem Wort aus dem Brief von Papst Franziskus an die Christen in Deutschland zu Beginn des Synodalen Weg gesagt.

Klarstellung aus Rom und Fortsetzung des Dialogs zur Einrichtung eines Synodalen Rats

STAATSSEKRETARIAT

Aus dem Vatikan, am 16. Januar 2023

N. 2825/SdS/2023

Exzellenz,
sehr geehrter Herr Bischof,

der Brief vom 21. Dezember 2022, den Seine Eminenz der Erzbischof von Köln und die hochwürdigsten Bischöfe von Eichstätt, Augsburg, Passau und Regensburg an die Unterzeichnenden, den Kardinalstaatssekretär sowie die Präfekten der Dikasterien für die Glaubenslehre und für die Bischöfe (in Kopie), gerichtet haben, erfordert, das Thema des Synodalen Weges der Kirche in Deutschland erneut aufzugreifen, das bereits Gegenstand des interdikasteriellen Treffens während des *Ad-Limina*-Besuchs des deutschen Episkopats am 18. November war.

(Brief des Staatsekretariats des Vatikans vom 16.1.2023)

Das Schreiben aus dem Staatssekretariat des Vatikans – mit Unterschriften der bereits beim interdikasteriellen Gesprächs anwesenden Kurienkardinäle der Dikasterien für die Bischöfe und die Glaubenslehre im Rahmen des Ad-limina-Besuchs der deutschen Bischöfe im November 2022 in Rom – war angekündigt und erwartet worden. Am Ende des heutigen Treffens des Ständigen Rats der deutschen Bischofskonferenz wurde das Schreiben von Kardinalstaatssekretär Pietro Parolin, das auch von Papst Franziskus zur Übermittlung gutgeheißen wurde*, bekannt gegeben und damit zugleich der Anlass des Schreibens veröffentlicht:

Fünf Mitglieder des 27 Diözesanbischöfe umfassenden Ständigen Rats der Deutschen Bischofskonferenz – die (Erz)Bischöfe aus Köln, Augsburg, Eichstätt, Passau und Regensburg – hatten sich an Rom gewandt mit der Frage, ob der auf der IV. Synodalversammlung des Synodalen Wegs mit Zweidrittelmehrheit (auch der Bischöfe) befürwortete "Synodale Rat" gemäß den Statuten des Kirchenrechts überhaupt möglich sei.

Konkret geht es in einer zweigeteilten Fragestellung, der der Brief des Staatsekretariates nachgeht – u.a. mit Rekurs auf die Kirchenkonstitution Lumen Gentium des II. Vatikanischen Konzils (LG 21) – um die Bedeutung der Autorität und Leitungshoheit der Ortsbischöfe (die auch nach den Statuten des Synodalen Wegs nicht eingeschränkt ist) und eben die daraus folgende Frage, ob es auch unter der genannten unstrittigen Voraussetzung überhaupt im Grundsatz möglich ist, Synodalität auf allen Ebenen der Teilkirche vor Ort "auf Dauer" zu stellen und ein Gremium einzurichten, dass das Anliegen des Synodalen Wegs der Erneuerung der Kirche fortsetzt und weiterträgt und insofern auch „Grundsatzentscheidungen von überdiözesaner Bedeutung" in den Blick nimmt.

Während der Brief des Staatssekretariates einen solchen Rat nicht nur auf nationaler, sondern auch schon auf diözesaner und pfarreilicher Ebene geradeheraus als illegitim einschätzt, hält die breite Mehrheit der Bischöfe des Ständigen Rates – entsprechend der erwähnten Abstimmung der IV. Synodalversammlung – dagegen, sich mit dem „in der Beschlussfassung enthaltenen Auftrag innerhalb des geltenden Kirchenrechts [zu] bewegen", wie es heute in dem ebenfalls heute veröffentlichten Antwortstatement der Deutschen Bischofskonferenz heißt.

Ein Dialog, der aus Sicht der Deutschen Bischofskonferenz nur zusammen mit dem Präsidium des Synodalen Wegs erfolgen kann, aber auch von Seiten des Staatssekretariates gegen Ende des Briefes als solcher zugesichert wird, muss der nächste Schritt der Verständigung sein, will sich der Weg der Synodalität der Kirche als ganzer nicht gegen sich selbst kehren.

Von kritischen Äußerungen des Papstes, einem grundverschiedenen Verständnis von Synodalität und einer möglichen Rückfalloption für den Synodalen Weg

Grundverschiedenes Verständnis von Synodalität

Bätzing über Franziskus: Kirchenführung durch Interviews fragwürdig

(Screenshot katholisch.de, 27.01.2023)

Konnte man die kritischen Stellungnahmen aus Rom – von dem absenderlosen Schreiben vom 21.07.2022 über die schriftlich nachgearbeiteten Vorträge der beteiligten Kurienkardinäle beim interdikasteriellen Gespräch vom 18. November 2022 bis zum letzten, am 23.01.23 veröffentlichten Schreiben aus dem Staatssekretariat des Vatikans – nicht eindeutig mit der Meinung des Papstes ineins setzen, dessen Brief vom 29.06.2019 zu Beginn des Synodalen Wegs noch als grundsätzliche Bestätigung für die angebrochene "Zeitenwende" verstanden werden konnte, belegt ein am Mittwoch bekannt gewordenes, ausführliches Interview, wie kritisch Papst Franziskus über den deutschen Synodalen Weg insgesamt denkt. Er sei „nicht hilfreich", werde „von Eliten durchgeführt", sei „Ideologie" gefährdet und müsse wieder „in die Kirche integriert" werden.

War sich der Vorsitzende der Deutschen Bischofskonferenz Anfang Januar noch sicher, dass es „kein Stoppschild des Papstes für Synodalen Weg" gebe, lassen die nun das "in forma specifica" approbierte und zur Übermittlung angeordnete Schreiben bekräftigenden, abwertenden Worte keinen Zweifel daran, dass das wiederholte Nein zum Synodalen Weg und seinen Ergebnissen nicht auch von Papst Franziskus selbst geteilt wird. Und so diplomatisch am Montag noch das Festhalten an einem Dialog auf Augenhöhe zur Ausräumung von Missverständnissen als Lösungsweg formuliert wurde, so enttäuscht-kritisch fällt nun heute auch die persönliche Reaktion von Bischof Bätzing – ebenfalls in einem Interview – auf die Worte des Papstes aus.

"Warum hat der Papst nicht mit uns darüber gesprochen, als wir im November bei ihm waren? (Die Welt vom 27.1.2023)

Tatsächlich war die Anwesenheit des Papstes beim erwähnten interdikasteriellen Treffen, bei dem die

269

Diskussion des Synodalen Wegs auf dem Programm stand, vorgesehen gewesen, das dieser zur Überraschung aller Teilnehmenden nicht wahrgenommen hatte. Die Position des Papstes war so hinter den kritischen Beiträgen der Präfekten der Dikasterien für die Bischöfe und die Glaubenslehre nicht klar herauszulesen gewesen. Umso deutlicher zeichnet sich für Bätzing jetzt ein unterschiedliches Verständnis von Synodalität ab.

"Der Papst versteht darunter ein breites Sammeln von Impulsen aus allen Ecken der Kirche, dann beraten Bischöfe konkreter darüber, und am Ende gibt es einen Mann an der Spitze, der die Entscheidung trifft. Das halte ich nicht für die Art von Synodalität, die im 21. Jahrhundert tragfähig ist", so Bätzing. Die deutschen Bischöfe suchten dagegen im Rahmen des geltenden Kirchenrechts eine Möglichkeit des "wirklichen gemeinsamen Beratens und Entscheidens". (zitiert nach katholisch.de, 27.1.2023)

Ob und wie sich im Rahmen des vor vier Tagen beschriebenen Willens zum fortgesetzten Dialog noch ein gemeinsam abgestimmter Weg finden wird, den Synodalen Weg mit seinen Ergebnissen und Entscheidungen zur synodalen Weiterarbeit in den weltkirchlichen Prozess der Weltsynode zu integrieren oder aber für Deutschland eine schon jetzt ausgesprochene "Rückfalloption" einer mit wichtigen neuen

Aufgaben versehenen Gemeinsamen Konferenz von Bischofskonferenz und Zentralkomitee der deutschen Katholiken (ZdK) – wie bereits seit der Würzburger Synode (1971-1975) bewährt – eine Weiterführung des Synodalen Wegs nach der fünften und abschließenden Synodalversammlung Anfang März 2023 ermöglichen könnte, wird die entscheidende Frage der nächsten Wochen sein.

Beginn der kontinentalen Phase Europas der Weltsynode 2021-2024 und die Eingaben der Delegation aus Deutschland

Gestern hat in Prag die die kontinentale Phase Europas der Weltsynode in Prag begonnen. Insgesamt 590 Delegierte von 39 Bischofskonferenzen haben mit ihren Beratungen begonnen, von denen 200 präsentisch in Prag der Konferenz beiwohnen und weitere 390 online zugeschaltet sind. Noch bis Donnerstag, 9.2.2023 widmen sie sich in der Gesamtgruppe der Beantwortung dreier Fragen, die aus dem Arbeitsdokument für die kontinentale Etappe vorgesehen sind „diesen Prozess des Zuhörens, des Dialogs und der Unterscheidung voranzutreiben" und zum Beratungsende in ein etwa 20 Seiten umfassendes Ergebnispapier fließen sollen.

Die Eingaben der deutschen Delegation wurden heute in einem Statement durch den Vorsitzenden der Deutschen Bischofskonferenz Bischof Georg Bätzing und die Vorsitzende des Zentralkomitees der deutschen Katholiken Irme Stetter-Karp auch in ihrer Eigenschaft als Präsidentin und Präsident des Synodalen Wegs gemeinsam vorgetragen.

Bischof Georg Bätzing betont darin, dass die „Situationen, in denen wir in Europa leben unterschiedlich sind.

„Wir brauchen überzeugende Antworten, wie wir in diesen Situationen das Evangelium neu entdecken und verkünden können. Aber wir dürfen keine Sonderwege gehen. Wir gehen gemeinsam den Weg, den Gottes Geist unsere Kirche führt: an vielen Orten, mit vielen Menschen, in vielen Formen. Es ist ein Kairos der Kirche, ihre Synodalität zu entdecken und zu gestalten."

Auf die erste Frage des Arbeitsdokumentes, welche Einsichten am intensivsten in Einklang mit den konkreten Erfahrungen und Gegebenheiten der Kirche in Europa stehen, stellt Bischof Bätzing fest, *dass „die Erfahrungen unsere Kirche einen, auch wenn die Antworten noch nicht feststehen.*

• *Wir hören, dass Frauen mehr Teilhabe und Mitwirkung erwarten – und dass dies ein Anliegen der ganzen Kirche ist.*
• *Wir hören, dass die Gläubigen eine Stimme haben wollen, wenn ihre Angelegenheiten beraten und entschieden werden.*
• *Wir hören, dass nach neuen Formen gesucht wird, das Priesteramt zu gestalten.*
• *Wir hören, dass die Stärkung der Ökumene ein Herzensanliegen der ganzen katholischen Kirche ist.*
• *Wir hören, dass die Kirche für Menschen offenstehen soll, deren Lebensweise nicht den Normen des Katechismus entspricht, auch den queeren Personen.*
• *Wir hören und verstehen diese Anliegen. Ich teile sie ganz persönlich. Ich sehe meine Aufgabe als Vorsitzender der Deutschen Bischofskonferenz darin, sie in den weltweiten Prozess einzubringen, der die Kirche erneuern soll."*

Auf die zweite Frage, welche wesentlichen Spannungen oder Divergenzen aus europäischer Sicht besonders wichtig sind und welche Probleme oder Fragenstellungen auf den nächsten Etappen des Prozesses in Angriff genommen und berücksichtigt werden sollten, fügt Irme-Stetter Karp an:

„Die katholische Kirche darf nicht nur auf sich selbst schauen. Europa wird von einem mörderischen Krieg gefährdet. Weltweit gibt es verheerende Kriege und Bürgerkriege, die schlimmes Leid verursachen. Wir brauchen hier in Prag ein Zeichen der Solidarität mit den Opfern der Kriege, ein Zeichen der Hoffnung auf Frieden. Wir brauchen es nicht nur in der Form von Deklarationen. Wir brauchen es in der Weise, wie wir Kirche sind. Wir brauchen Wege, unsere Schuld aufrichtig zu bekennen und unsere Einheit zu stärken. Wir brauchen Wege, in denen wir Geschlechtergerechtigkeit verwirklichen. Wir brauchen Wege, Menschen willkommen zu heißen. Unser Ziel ist es, den Klerikalismus zu überwinden und die gemeinsame Verantwortung für die Verkündigung des Evangeliums zu stärken. Wir brauchen keine Uniformität. Wir brauchen Einheit in Vielfalt.“

Die dritte Frage, über welche Prioritäten, wiederkehrenden Themen und Handlungsaufforderungen man sich mit anderen Ortskirchen in der ganzen Welt austauschen und welche auf der ersten Sitzung der Synodenversammlung im Oktober 2023 diskutiert werden können, *"führt zu einer Antwort, die Realismus mit*

*Glaube, Hoffnung und Liebe verbindet. Wir dürfen
den systemischen Missbrauch nicht verdrängen. Das
sind wir den Betroffenen schuldig. Wir können uns
auf die Charismen besinnen, die Gaben, die Dienste
und Energien des Geistes, die alle Gläubigen in die
Kirche einbringen. Wir brauchen eine Klärung, was
wir unter Synodalität verstehen: im Sehen, im Urteilen und im Handeln. Das gemeinsame Priestertum aller steht nicht im Widerspruch zum Priestertum des
Dienstes – und umgekehrt. Gemeinsames Beraten erleben wir schon jetzt im synodalen Prozess. Wie kommen wir auch in einem gemeinsamen Prozess zu Entscheidungen?"*

Das Statement von Irme Stetter-Karp und Bischof
Georg Bätzing kann am Schluss - mit einer ausdrück-
lichen Bezugnahme auf Papst Franziskus und sei-
nen Brief zu Beginn des Synodalen Wegs - auch als
Replik auf die römische Kritik am Synodalen
Weg und seiner Arbeitsweise und der beabsichtigten
Einrichtung eines Synodalen Rates in der Nachfolge
des Synodalen Wegs gelesen werden:

"Wir stimmen Papst Franziskus zu: Synodalität dient
der Evangelisierung. Synodalität ist ein spiritueller
Prozess, der klare Formen findet. Papst Franziskus
hat klargestellt: Synodalität muss „von unten" beginnen, immer wieder neu; dann erst gibt es die „Syno-

dalität von oben". Die Bischöfe tragen die Leitungsverantwortung: nicht einsam, sondern gemeinsam,
verbunden mit dem ganzen Volk Gottes."

"United in diversity", "the Beauty of 360°" and "the new style to be a church" at #SynodPrague2023

Heute ist die kontinentale Phase Europas des weltweiten synodalen Prozesses nach fünftägigen Beratungen zu Ende gegangen. Am Ende wurde ein für
heute angekündigtes 20-Seiten ‚draft-document' verlesen, das aber nicht verteilt wurde und in den nächsten zwei Wochen redaktionell fertiggestellt werden

soll. Die deutsche Delegation blickt mit einer aner-
kennenden, aber auch konstruktiv-kritischen Perspektive auf den Verlauf und das Ergebnis der Beratungen:

*"Die Synodalversammlung der europäischen konti-
nentalen Etappe des weltweiten, von Papst Franziskus angestoßenen synodalen Prozesses, hat für uns
viele Erkenntnisse gebracht. Wir konnten erfahren,
wie sich die Kirche in den Ländern Europas auf den
Weg macht, um mehr und mehr zu einer synodalen
Kirche zu finden."* (DBK-Pressemeldung, 9.2.23)

Der verlesene Entwurf des auf Englisch verfassten
Abschlusstextes bringt in vielfältigen Formulierungen den synodalen Charakter, den „neuen Stil Kirche
zu sein" ins Wort. „United in diversity", „Unity means not uniformity" und „Diversity is not a problem
but an asset" heißt es einerseits durchgängig, nicht
ohne zugleich auf die damit verbundenen Spannungen hinzuweisen. Insofern kann die deutsche Delegation der „Beauty of 360°" auch nur bedingt etwas abgewinnen. Denn es wurde bereits in der kontinentalen
Phase der Weltsynode deutlich, „dass es erhebliche
Unterschiede zwischen Grundhaltungen bei uns und
in Ländern mit anderen Kulturen gibt."
Obwohl - was für die Schweizer Delegierte Tatjana
Disteli vor Jahren noch undenkbar gewesen wäre -

"alle Tabu-Themen […] auf den Tisch" kamen, bezeichnet auch der Basler Bischof Felix Gmür das verlesene Abschlussdokument als "vage", weil die „Konflikte hätten klarer benannt werden sollen." Im Unterschied zu der bis vor kurzem oft zitierten Einschätzung die Pluralität der Meinungen als „kostbares, aus vielen berechtigten Besorgnissen und ehrlichen, aufrichtigen Fragen zusammengesetztes Polyeder" (AL 4) zu verstehen, heißt es auch in dem Statement der deutschen Delegation am Ende der Versammlung deutlich nüchterner:

„Offenkundig erleben und gestalten wir in Europa in den jeweiligen kulturell geprägten Kontexten die Wirklichkeit unterschiedlich, das heißt in Ungleichzeitigkeit und Dezentralität." (DBK-Pressemeldung, 9.2.23)

Die Fragen, auf die die Stellungnahme hinweist, werden dennoch auch und gerade die entscheidenden der Weltsynode der Synodalität werden:

„Es bedarf auf weltkirchlicher Ebene der Klarheit und Transparenz, Vielfalt und Einheit neu zu vermitteln. An welchen Orten in welchen synodalen Strukturen künftig beraten und entschieden werden soll, gilt es neu zu entdecken. Wie wird Diversität als Reichtum erkannt, wo zerstören Gegensätze die Einheit?

Wer entscheidet diesbezüglich und auf welche Weise?" (Ebd.)

Kontinentalversammlung nicht als einmalige Veranstaltung*

Dass dabei auf dem synodalen Weg der Weltkirche die Theologie eine wichtige Rolle spielen muss, da „eine kirchliche Lehre ohne angemessene theologische Begründung […] auf Dauer keine Rezeption" finden würde, wird auch auch vom Rat der Bischofskonferenzen (CCEE) in Schlussbemerkungen vom 11.2.2023 und der Einforderung einer "Theologie und der Hermeneutik der Synodalität" geteilt.

Die Vorsitzenden der europäischen Bischofskonferenzen, die im Nachgang der Synode noch zwei Tage länger in Prag tagten, hielten in ihren „Schlussbemerkungen" darüber hinaus fest, dass die Kontinentalversammlung für Europa für sie eine neue Weise gewesen sei „Kirche zu leben, gemeinschaftlich Erkenntnisse zu gewinnen und die Zeichen der Zeit zu verstehen." Und sie blicken insgesamt – wie schon die deutsche Delegation – auch strukturell auf den kommenden synodalen Prozess:

"Konkret gesprochen: Wir wollen nicht, dass diese Kontinentalversammlung eine einmalige Veranstaltung bleibt. Sie soll regelmäßig stattfinden, und sie

soll auf der synodalen Methode beruhen, die unsere Strukturen und Verfahren auf allen Ebenen durchdringt. Auf diese Weise werden wir die Probleme angehen können, denen wir in Zukunft verstärkte Aufmerksamkeit widmen müssen: die Unterstützung der Opfer, die Stärkung der Rolle von jungen Menschen und Frauen, das Lernen von marginalisierten Gruppen und ähnliches." (CCEE 11.2.2023)

Neu ist schon jetzt die gemeinsam über alle Bischofskonferenzen vertretene Überzeugung, „Spannungen aus einer missionarischen Perspektive zu betrachten" und nicht wie früher „als Quelle lähmender Angst". Und Einigkeit besteht auch formal über das Lösungsziel: *„die Wahrheit des Evangeliums in ihrer ganzen Fülle zu verkünden" und dabei „Einheit in der Vielfalt zu finden und der Versuchung der Uniformität zu widerstehen."* (CCEE 11.2.2023)

„Ich möchte, dass sich kirchliches Handeln verändert!" oder: Über Erfolgskriterien des Synodalen Wegs, Anträge auf geheime Abstimmungen und die Wahrscheinlichkeit abgelehnter Texte auf der V. Synodalversammlung

Beate Gilles, Bischof Georg Bätzing und Matthias Kopp auf der Abschlusspressekonferenz der DBK-VV 2023 in Dresden

Es sei eine "kritische Situation", hatte der Vorsitzende der Deutschen Bischofskonferenz bereits zu Beginn der Frühjahrsvollversammlung der Deutschen Bischofskonferenz am Montag, den 29.2.23 konstatiert – noch bevor er ein Grußwort des Nuntius Nikola Eterović vom selben Tag gehört hatte, in dem dieser der Einrichtung eines Synodalen Rates auch auf den Ebenen eines Bistums oder der Pfarreien eine klare Absage erteilte. Dass die römischen Bedenken auf Missverständnissen basieren und ausgeräumt werden können, hatte Bischof Bätzing schon in einem wenige Tage zuvor versendeten Brief an den Kardinalstaatsekretär Kardinal Pietro Parolin und die Kardinäle des interdikasteriellen Gesprächs beim gerade zurückliegenden Ad-limina-Besuch zum Ausdruck gebracht – mit einem Gesprächsangebot an die römische Seite zusammen mit den drei weiteren Delegierten aus Deutschland bei der Prager Kontinentalsynode.

Aber unzweifelhaft hat die Kritik am Synodalen Weg und einigen seiner erarbeiteten Ergebnisse Folgen gehabt, die auch die Erwartungen bei der abschließenden V. Synodalversammlung des Synodalen Wegs tiefer hängen. Dennoch zeigt sich Bischof Bätzing vom Erfolg des Synodalen Wegs überzeugt:

"Wir haben einen Erfolg des Synodalen Wegs. Denn es sind grundlegende Texte miteinander abgestimmt worden in den vergangenen Synodalversammlungen. Und es ist schon Praxis verändert worden. Ich verweise nochmal auf das kirchliche Arbeitsrecht. Und so liegen nochmal Text vor. Ich gehe nicht davon aus und ich glaube das tut keiner wirklich: Es müssen nicht alle Texte durch die Synodalversammlung kommen. Wir rechnen auch damit, dass Texte nicht angenommen werden und das ist ein ganz normaler Vorgang. [...] Ich möchte – so habe ich es immer gesagt –, dass sich kirchliches Handeln verändert! Und das haben wir mit der Novellierung des Arbeitsrechts

hinbekommen. Das bekommen wir hin, wenn wir deutlich machen, in unserer Beratungs- und Entscheidungskultur gehen wir deutliche Schritte nach vorne auf Partizipation und Transparenz. Wir machen die Wahrnehmung amtlicher Autorität in der Kirche rechenschaftspflichtig und verantwortbar. Und da gehört für mich auch dazu, das Signal zu setzen, wenn Menschen, die in Paarbeziehungen Verantwortung füreinander übernehmen – auch wenn sie nicht verheiratet sind – und um den Segen Gottes bitten, Ihnen diesen Segen zu gewähren." (Pressekonferenz der DBK-VV vom 2.3.23, eigene Mitschrift)

Dass es auch von bischöflicher Seite getragene Anträge bei der abschließenden Konferenz des Synodalen Wegs geben könnte, geheime Abstimmungen von Texten vorzusehen, mutmaßte die Generalsekretärin der Deutschen Bischofskonferenz Dr. Beate Gilles. Ob diese dazu führen, dass so manche Texte – den mündlichen Ausführungen der Pressekonferenz war zu entnehmen, dass es vor allem die Handlungstexte "Gemeinsamen beraten und entscheiden" zum Themenkomplex "Frauen in sakramentalen Ämtern" und zu den "Segenfeiern" betrifft – mit größerer Zustimmung angenommen werden als in den Probeabstimmungen, die ein Stimmungsbild hinsichtlich der derzeitigen Textvorlage einfingen: Wir werden es im Zuge der den Synodalen Weg beschließenden

V. Synodalversammlung vom 9.-11.3.2023 in Frankfurt erleben. Einem möglichen Eklat – aufgrund der Nichtannahme des ein oder anderen durchgefallenen Handlungstextes – am Ende des Synodalen Wegs ist heute mit einem besonnenen Erwartungsmanagement in gewisser Weise schon einmal vorgebeugt worden.

„Das ist Ihre Zuständigkeit!" – „Wegweisende Ergebnisse" der V. Synodalversammlung (9.-11. März 2023) und die Weiterführung des Synodalen Wegs

(Screenshot synodalerweg.de)

Die Dramaturgie der Aussprache durch eine Zurverfügungstellung der eigenen Redezeit von Bischof Stephan Ackermann am zweiten Synodentag an einen Gast der flämischen Bischofskonferenz machte es möglich, dass der Antwerpener Bischof Johan Bonny als letzter Redner der Redeliste die Genese und Abstimmungen des Schreibens „Für eine einladende Kirche, die niemanden ausschließt" mit römischen Gesprächspartnern im Rahmen des Ad-limina-Besuchs der belgischen Bischöfe vorstellen konnte, in denen sie sich für kirchliche Segnungsfeiern gleichgeschlechtlicher Partnerschaften aussprechen. "Das ist Ihre Zuständigkeit", soll Papst Franziskus den Bischöfen im persönlichen Gespräch am Ende ihres Ad-limina-Besuchs am 25. November 2022 geantwortet und sich dabei insbesondere der Geschlossenheit der Bischofskonferenz in dieser Frage versichert haben. Vielleicht war dabei auch das kurzgefasste und gewissermaßen noch offene Ablaufschema dieses Papiers auf der insgesamt nur drei Seiten umfassenden Vorlage - und die damit verbundene Absicht zunächst Erfahrungen mit Segensfeiern zu machen - ein Grund für die positive und bestärkende Aufnahme in Rom.

Kurz vor der Abstimmung des Handlungstextes "Segensfeiern für Paare, die sich lieben" war diese Ermutigung vielleicht auch ausschlaggebend für die Zustimmung nicht nur der Synodalversammlung, sondern auch der Bischöfe mit einer zuvor noch sehr unsicheren Zweidrittelmehrheit. In der Folge verhinderte auch die in der Woche vor der V. Synodalversammlung als Kompromissvorschlag eingebrachte "Einsetzung einer Arbeitsgruppe zur Erarbeitung eine

Handreichung für Segensfeiern" nicht die direkten öffentlich-medialen Reaktionen, die unter Überschriften über die Einführung von "Segensfeiern für homosexuelle Paare" titelten. Ob und wie die Beschlussfassung des Synodalen Wegs jetzt schon das Handeln in den Bistümern verändert - das Kriterium, an dem Bischof Georg Bätzing den Erfolg des Synodalen Wegs festmacht -, wird sich in den Reaktionen und Worten der Diözesanbischöfe in den nächsten Tagen, Wochen und Monaten zeigen.

Direkte Möglichkeiten zum Handeln bilden demgegenüber andere Handlungstexte: Unter dem Titel "Verkündigung des Evangeliums durch Lai*innen in Wort und Sakramenten" wird sich auf Ebene der Deutschen Bischofskonferenz für eine grundsätzliche Erlaubnis dafür beauftragter Frauen und Männer ausgesprochen, in Eucharistiefeiern auch predigen zu können. Selbst wenn auch hier die ursprünglich gefasste Beschlussvorlage deutlich weiter ging - und nun in einem Konsultationsprozess weiter ausgearbeitet werden soll -, zeigte die Freude der mit der Vorbereitung dieser Handlungstextvorlage befassten Personen, welche Bedeutung allein dieser Text schon für die Anerkennung von Frauen in der pastoralen Praxis besitzt.

Konkretes Handeln zu verändern, ist auch mit der einstimmigen Annahme der Handlungstexte „Prävention sexualisierter Gewalt, Intervention und Umgang mit Tätern in der katholischen Kirche" und „Maßnahmen gegen Missbrauch an Frauen in der Kirche" zu erwarten. Ebenso kirchlich-pastorales Handeln verändern wird der Handlungstext „Umgang mit geschlechtlicher Vielfalt", der nach kontroverser, aber fairer Diskussion - und einer engagierten Stellungnahme von Bischof Shane Anthony Macinley über ein in die gleiche Richtung argumentierendes Papier der australischen Bischofskonferenz - mit 92 % der Synodal*innen wie einer Zweidrittelmehrheit der Bischöfe angenommen wurde.

Zwei an den Papst adressierte Handlungstexte „Der Zölibat der Priester – Bestärkung und Öffnung" mit der Bitte, die Zölibatspflicht für Priester zu überprüfen, wie der Handlungstext „Frauen in sakramentalen Ämtern – Perspektiven für das weltkirchliche Gespräch" mit dem eindringlichen Votum für die Einführung des Diakonats für Frauen wurden ebenfalls mit Zweidrittelmehrheit der Synodalversammlung insgesamt und ebenso mit dem Zweidrittelquorum der Bischöfe angenommen wie bereits am ersten Tag der V. Synodalversammlung zuvor der Grundtext „Priesterliche Existenz heute".

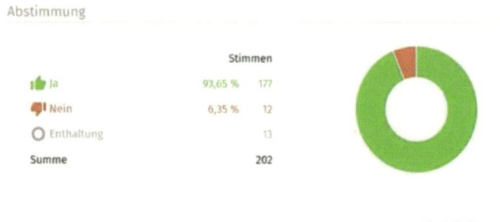

TOP 5.1-: HANDLUNGSTEXT "FRAUEN IN SAKRAMENTALEN ÄMTERN – PERSPEKTIVEN FÜR DAS WELTKIRCHLICHE GESPRÄCH"

Abstimmung

		Stimmen
👍 Ja	93,65 %	177
👎 Nein	6,35 %	12
⭘ Enthaltung		13
Summe		202

09 - 11.03.2021

Wie sehr die Frage der Öffnung des Zölibats auch unter weltkirchlicher Perspektive mitgedacht wird, brachte ein gerade zum Zeitpunkt der Synodalversammlung veröffentlichtes Interview von Papst Franziskus zum Ausdruck, indem er frei heraus erklärt, dass die "Abschaffung des Zölibats" aus seiner Sicht möglich ist.

Mit der Verabschiedung des Präambeltextes "Hören, lernen, neue Wege gehen: Der Synodale Weg der katholischen Kirche in Deutschland" wurde abschließend das letzte Dokument der Synodalen Wegs mit über 97 % verabschiedet, der mit einem Abschlussgottesdienst im Frankfurter Kaiserdom St. Bartholomäus nach über drei Jahren seinen feierlichen Abschluss fand. In der Pressekonferenz sprachen Bischof Bätzing und Irme Stetter-Karp davon, dass "wegweisende Ergebnisse erzielt" seien, die einerseits "Impulse für die Weltsynode" geben, aber auch konkrete Beschlüsse enthalten, die direkt "in den Bistümern umgesetzt werden können. Morgen können wir damit beginnen".

"Morgen können wir damit beginnen!"

Der Reichtum in der Diversität zwischen Tradition und Aggiornamento – oder: Zur Veröffentlichung des Abschlussdokuments der Prager Synodalversammlung der europäischen kontinentalen Etappe der Weltbischofssynode 2021-2024

Das waren gefühlt lange 14 Tage seit Mitte Februar, bis das Abschlussdokument der Prager Kontinentalsynode zur Vorbereitung der im Oktober in Rom beginnenden Weltsynode an diesem Wochenende mit mehr als zwei Monaten Verzug endlich veröffentlicht wurde. Es entstand auf der Grundlage des Arbeitspapiers für die Etappe der Kontinentalsynoden (DCS) und bezog die vorab eingereichten wie die

während des Treffens in Prag eingebrachten Statements der 39 Delegationen der europäischen Bischofskonferenzen mit ein. Und es soll schon am
kommenden Donnerstag, den 20.4.23 mit den Rückmeldungen aus den weiteren vier Kontinenten in
das *Instrumentum laboris* fließen, das (bis Ende Mai
fertiggestellt sein soll und) das wirkliche Arbeitspapier der Weltsynode werden wird.

Das in englischer und italienischer Sprache vorliegende Abschlussdokument der Prager Versammlung
ist voller Zitate, in denen die Vielfalt, Diversität und
Pluralität in den verschiedenen Ortskirchen als Fülle,
Reichtum und Schatz beschrieben wird.

*„With an awareness that has grown as the Assembly
unfolded, we feel today that we can confess that our
Church is beautiful, a bearer of a vital diversity that
is also our wealth."* (4)

Auf 20 Seiten werden aber auch die Spannungen
nicht verschwiegen, die die Versammlung geprägt
haben und die europäischen Kirchen kennzeichnen.
Dabei wird eine Perspektive vertreten, die diese
Spannungen nicht auf Gewinner und Verlierer hin
auflösen will, sondern sie als Beitrag auf dem synodalen Weg zu werten vorschlägt, der Räume eröffnet
und zum Weiterdenken und Experimentieren anregt.
Das im DCS verwendete Sprachbild des Zeltes, das
weder zu viel noch zu wenig Spannung verträgt, um

weder zu zerreißen noch in sich zusammenzufallen, wird als Beispiel zitiert für einige Themen, die diese Spannungen insbesondere in sich tragen:

Das Thema des wertschätzenden und seelsorgerlichen Umgangs mit LGBTQ-Personen (allein schon die Aufnahme dieses Akronyms ist auch nach der erstmaligen Verwendung von LGBT im Instrumentum Laboris der Jugendsynode 2018 immer noch der Erwähnung wert, vgl. Blogbeitrag vom 24.10.2018) gehört an dieser Stelle insbesondere zu diesen sehr umstrittenen Themen wie ebenfalls noch der Umgang mit wiederverheiratet Geschiedenen und einige andere Themen, in denen die Spannung zwischen der Tradition und eines Aggiornamentos besonders zum Ausdruck kommt. So unterstreicht das europäische Abschlussdokument die Bedeutung "konkreter und mutiger Entscheidungen über die Rolle der Frau in der Kirche und über ihre stärkere Beteiligung auf allen Ebenen, auch an Entscheidungs- und Entscheidungsfindungsprozessen, zu treffen" (92). Aber auch Fragen und Folgerungen rund um den beinahe alle europäischen Kirchen mehr oder weniger betreffenden Missbrauchsskandal gehören zu den Themen, die mehrfach angesprochen werden.
Gewünscht wird – wie ebenfalls schon zum Ende der Prager Versammlung betont – eine Fortsetzung der synodalen Erfahrungen auf kontinentaler Ebene. Dar-

über hinaus wird insbesondere eine Ausarbeitung einer "Theologie der Synodalität" gefordert und Schulungen, die das gesamte Volk Gottes mit einbeziehen in diesen Learning-by-doing-Prozess. Für den Umgang mit "Tradition und Aggiornamento" (3.2) und bei aller von den meisten mitgebrachten Bereitschaft, neue Ideen weiterzuentwickeln, bedürfe es einer immer wieder neu zu findenden Balance zwischen dem neu Aufbrechenden auf der einen und dem Festhalten an überkommenen Traditionen der Kirche auf der anderen Seite.

„ We all would like to develop and implement new ideas, but we need to find a balance between Church traditions and new thoughts. " (65)

Vor diesem Hintergrund wurde vorgeschlagen, eine Haltung der Komplementarität oder Fähigkeit einzuüben, die die Balance zwischen Polaritäten aushalten hilft.

„ Along these lines, some prefer to speak of complementarity or the ability to maintain a balance between polarities. " (53)

In Prag sei sichtbar geworden, was wahrscheinlich auch für die anderen Kontinentalversammlungen aus ihren Berichten und dem daraus destillierten *Instrumentum laboris* herauszulesen sein wird: Dass die zurückliegenden kontinentalen Versammlungen das Privileg der Einheit in Verschiedenheit erlebbar gemacht haben, eine Diversität, die mittlerweile in der Katholischen Kirche als Reichtum wahrgenommen wird.

„In Prague, the Churches of Europe had the privilege of experiencing unity in diversity. The diversity in the Catholic Church is a richness". (86)

"We have to be faithful in the process" – Zum Beginn der 2. Phase der XVI. Generalversammlung der Bischofssynode zur Synodalität

Mit der heutigen Veröffentlichung und Vorstellung des Arbeitsdokumentes (*Instrumentum laboris*) der XVI. Bischofssynode „wird die erste Phase der Synode 'Für eine synodale Kirche: Gemeinschaft, Teilhabe und Sendung' abgeschlossen und die zweite Phase eröffnet, die in die beiden Sitzungen (Oktober 2023 und 2024) untergliedert ist". (3) Das *Instrumentum laboris* „wurde auf der Grundlage des gesamten während der Anhörungsphase gesammelten Materials und insbesondere der Abschlussdokumente der Kontinentalversammlungen ausgearbeitet. [...] Ihr Ziel soll es sein, den Prozess im Alltag der Kirche*

weiter mit Leben zu füllen und dabei jene Wege auf-
zuzeigen, zu denen der Geist uns einlädt, um noch
entschlossener als ein Volk Gottes voranzuschrei-
ten." (Ebd.)

Tatsächlich hat sich die Zusammensetzung der Bischofssynode seit der vorausgegangenen Jugendsynode des Jahres 2018 beinahe unter der Hand sehr
verändert. Erstmals werden 370 Teilnehmende einbezogen sein und neben den von den Bischofskonferenzen entsendeten Bischöfen auch insgesamt 70 Lai:in-
nen, von denen die Hälfte Frauen sein sollen.
Tagungsort wird deshalb in den Plenarphasen – wie
ebenfalls heute in der Pressekonferenz bekannt wurde
– nicht die in gewisser Weise heimelige Synodenaula, sondern die weitläufige Audienzhalle Paul VI.
sein.

In der heutigen Pressekonferenz wurde in Anwesenheit des Generalrelators der Synode Erzbischof Jean-
Claude Hollerich und des Sekretärs der Bischofssynode Kardinal Mario Grech erläutert, dass das Vorbereitungsdokument „auf den Erkenntnissen der ersten
Etappe und vor allem der Arbeit der Kontinentalversammlungen aufbaut und einige der Prioritäten formuliert, die sich aus der Anhörung des Volkes Gottes
ergeben haben, dies jedoch nicht in Form von Be-
hauptungen oder Standpunkten tut. Stattdessen wer-

den sie als Fragestellungen an die Synodalversammlung formuliert", eben weil es „nicht als ein erster
Entwurf des Abschlussdokuments der Synodalversammlung verstanden werden kann, der nur noch zu
korrigieren oder abzuändern wäre". (10)

Abschnitt A des *Instrumentum laboris* mit dem Titel
„Für eine synodale Kirche" versucht, die Erkenntnisse aus der Auseinandersetzung mit dem bisher zu-
rückgelegten Weg zusammenzutragen." (14) „Eine
synodale Kirche ist gerufen, eine Kultur der Begegnung und des Dialogs mit den Gläubigen anderer Religionen und den Kulturen und Gesellschaften, in die
sie eingebettet ist, zu pflegen und vor allem aber auch
inmitten der vielen Unterschiedlichkeiten, die die
Kirche selbst erlebt. Diese Kirche hat keine Angst
vor der Vielfalt, die sie in sich birgt, sondern bringt
sie zur Geltung, ohne sie zur Gleichförmigkeit zu
zwingen."
In Abschnitt B mit dem Titel „Gemeinschaft, Sendung und Teilhabe" werden in Form von drei Fragestellungen die Prioritäten formuliert, die sich auf den
Kontinenten am stärksten herauskristallisiert haben,
und der Versammlung zur Unterscheidung vorgelegt.
Um die Dynamik der Synodalversammlung und insbesondere die Gruppenarbeit (Circuli Minores) zu
fördern, werden für jede der drei Prioritäten fünf Arbeitsblätter vorgeschlagen, damit sie aus unterschiedlichen Blickwinkeln bearbeitet werden können." (14)

„Die drei Prioritäten aus Abschnitt B, die mit Hilfe der entsprechenden Arbeitsblätter ausgearbeitet wurden, betreffen umfangreiche, besonders relevante Themengebiete", die in den vorausgegangenen Kontinentalversammlungen benannt wurden. (15) Konzeptionell überrascht das *Instrumentum laboris* in Teil B mit der Umstellung des Untertitel-Ternars „Gemeinschaft – Sendung – Teilhabe", die inhaltliche Implikationen hat. In den Kontinentalversammlungen, aber auch schon bei der vorausgegangenen XV. Bischofssynode zur Jugend sei die Erkenntnis gewachsen, „dass die Ausrichtung auf die Sendung das einzige im Evangelium begründete Kriterium für die interne Organisation der christlichen Gemeinschaft ist, für die Verteilung der Funktionen und Aufgaben und die Verwaltung ihrer Institutionen und Strukturen. In dem Verhältnis zu Gemeinschaft und Sendung kann die Teilhabe verstanden werden, und deshalb kann sie erst nach den beiden anderen behandelt werden." (44)

Gemeinschaft

B 1. Eine Gemeinschaft, die ausstrahlt: Wie können wir noch stärker zu einem Zeichen und Werkzeug der Vereinigung mit Gott und der Einheit der ganzen Menschheit werden?

Die in fünf Arbeitsblättern ausgeführten Fragen - auch zur Integration von LGBTIQ-Menschen, wiederverheiratet Geschiedenen und polygamen Lebensgemeinschaften – haben ihren Ursprung *„im konkreten Alltagsleben der christlichen Gemeinschaften, die in der ersten Phase angehört wurden. Sie betreffen nämlich die Frage, ob unserer Bereitschaft, Menschen und Gruppen aufzunehmen, Grenzen gesetzt sind, wie wir in einen Dialog mit Kulturen und Religionen treten können, ohne unsere Identität zu gefährden, und die Entschlossenheit, die Stimme derer zu sein, die am Rande stehen, und zu bekräftigen, dass niemand zurückgelassen werden darf. Die fünf Arbeitsblätter für diese Prioritäten versuchen, die genannten Fragen aus fünf sich ergänzenden Blickwinkeln zu beleuchten."* (50)

Sendung

B 2. Gemeinsame Verantwortung in der Sendung: Wie können wir Fähigkeiten und Aufgaben im Dienst des Evangeliums besser miteinander teilen?
„Die Arbeitsblätter zu diesem Themenschwerpunkt versuchen, diese Grundfrage in Bezug auf Themen wie die Anerkennung der Vielfalt der Berufungen, Charismen und Ämter, die Förderung der Taufwürde von Frauen sowie die Rolle des Weiheamtes und insbesondere das Bischofsamt innerhalb der missionarisch-synodalen Kirche konkret greifbar zu machen."
(55)

Teilhabe

B 3. Teilhabe, Leitungsaufgaben und Autorität: Welche Prozesse, Strukturen und Institutionen gibt es in einer missionarisch-synodalen Kirche?

„An diese Frage knüpft sich eine zweite, die von dem Bemühen um Konkretheit und zeitlicher Kontinuität getragen ist: Wie können wir unseren Strukturen und Institutionen die Dynamik der missionarisch-synodalen Kirche einhauchen?" (57)

Heiße Eisen-Themen

Die „heiße Eisen-Themen" werden gleichwohl bereits zu Beginn angepackt: zu LGBTIQ, wiederverheiratet Geschiedenen und polygamen Beziehungen in B 1.2, zu Möglichkeiten der Leitungsverantwortung von Frauen bis hin zum Weiheamt in B 2.3 und zu Fragen rund um das in den Ortskirchen in unterschiedlicher Weise drängende Thema der Ehelosigkeit von Priestern B 2.4.

Gleichwohl: *„Die erste Sitzung der XVI. Ordentlichen Generalversammlung der Bischofssynode wird kaum zu einer abschließenden Formulierung von Leitlinien zu vielen dieser Themen führen können: Deshalb hat der Heilige Vater beschlossen, die Synodenversammlung in zwei Sitzungen abzuhalten. Das Ziel der ersten Sitzung wird vor allem darin bestehen, die Wege für eine eingehende, im synodalen Stil durchzuführende, Untersuchung zu skizzieren. Dabei*

werden die zu behandelnden Themen und die sich da-
raus ergebenden Wege aufgezeigt, so dass die Unter-
scheidung in der zweiten Sitzung im Oktober 2024
abgeschlossen werden kann, indem konkrete Vor-
schläge für das Wachsen als synodale Kirche ausge-
arbeitet und dem Heiligen Vater unterbreitet werden
können." (IL, Arbeitsblätter für die Synodalversammlung. Einführung, S. 26)

Einheit in Vielfalt im Hören auf den Dialekt und die Symphonie, in denen der Glaube erfahrbar wird: Abendvigil & Konsistorium als Notenschlüssel und Auftakt zur 3. Phase der XVI. Generalversammlung der Bischofssynode

Zur Einstimmung auf die am kommenden Montag, 4. Oktober 2023 beginnende Synode fand heute Abend

299

ein ökumenisches Abendgebet „Together" auf dem Petersplatz statt. Auf Einladung der Gemeinschaft von Taizé fand zusammen mit Oberhäuptern, Verantwortlichen und Delegationen verschiedener christlicher Traditionen und Kirchen das Abendgebet unter dem Motto „Together" statt, um gemeinsam vor der Ordentlichen Generalversammlung der Bischofssynode gemeinsam zu beten: „Lasst uns gemeinsam gehen, nicht nur die Katholiken, sondern alle Christen, das ganze Volk der Getauften, das ganze Volk Gottes" (Vatican News, 30.09.23), rief Papst Franziskus den Teilnehmenden aus der Ökumene zu.

Gebetsstille und Schweigen

Die Gebetsstille vor dem Kreuz von San Damiano wurde zum Leitmotiv seiner Ansprache. Auf die Ökumene, aber insbesondere auf das Leben der Kirche im Allgemeinen und die beginnende Synode im Besonderen bezogen betonte Papst Franziskus, „dass das Schweigen in der kirchlichen Gemeinschaft eine geschwisterliche Kommunikation ermöglicht, in der der Heilige Geist die Standpunkte in Einklang bringt... Und die Stille ermöglicht eben diese Unterscheidung durch aufmerksames Hören auf das „unaussprechliche Seufzen" (vgl. Röm 8,26) des Geistes." Das möge dazu führen, „dass die Synode ein kairós der Geschwisterlichkeit wird, ein Ort, an dem der Heilige Geist die Kirche von Geschwätz, Ideologien und Polarisierungen reinigt." (Ebd.)

Vielfalt und Einheit

Bereits am Vormittag hatte Papst Franziskus beim Konsistorium mit 21 neuen Kardinälen dem zunehmend internationaler gestalteten Kardinalskollegium dieselbe Botschaft ans Herz gelegt, „einander zuzuhören und sich der Führung des Heiligen Geistes anzuvertrauen, der die Vielfalt und die Einheit schafft." (Vatican News, 30.09.23)

Einheit in Vielfalt zu erfahren, bedeutet zu realisieren, dass wir die „Gnade des Evangeliums in unseren jeweiligen Herkunftsvölkern empfangen haben.... Und es ist „in unseren Sprachen" zu uns gelangt, über die Lippen und die Gesten unserer Großeltern und Eltern, von Katecheten, Priestern, Ordensleuten ... Jeder von uns kann sich an konkrete Stimmen und Gesichter erinnern. Der Glaube wird „im Dialekt" weitergegeben, ... von den Müttern und Großmüttern." (Ebd.)

Notenschlüssel zum Auftakt der Weltsynode Schweigen und Stille, eine Besinnung in das Hören hinein, die morgen über einen Besinnungstag alle 375 Teilnehmende der XVI. Generalversammlung der Bischofssynode einstimmen wird, können als Notenschlüssel zum Auftakt der der 3. Phase der Weltsynode gelesen werden, in der es mit dem Thema Synodalität und das Austarieren von Einheit und Vielfalt um nichts weniger als um das Selbstverständnis und die Zukunft der Katholischen Kirche geht.

Dubia und Antworten von Papst Franziskus - Paukenschläge und Klarstellungen wider eine „Synode der Medien"

(Screenshot Vatican News, 2.10.23)

Schon zwei Tage vor Beginn der Weltsynode hat schlagartig die „Synode der Medien" begonnen, die von außen manipulierend Themen der Synodalversammlung setzen und ihren Verlauf beeinflussen will.

Waren es bei der ersten Familiensynode im Jahr 2014 (s. Blog-Beitrag vom 14.10.2014) nach einer Woche ab der Vorstellung der Zwischenrelatio das Medienecho, bei der Jugendsynode und Amazonassynode Querschüsse gewissermaßen von Anfang an (mit dem Höhepunkt einer dem emeritierten Papst unterschobenen Buchveröffentlichung; s. Blog-Beitrag vom 2.2.2020), beginnt die mediale Auseinandersetzung

302

zur „Synode zur Synodalität" jetzt schon vor deren eigentlichem Beginn.

Und wie schon 2014/15, 2018 und 2019 sind es Lobbygruppen (von 2014 sind noch die Kardinäle Burke und Brandmüller dabei, von 2018 und 2019 noch Kardinal Sarah und gewissermaßen „neu" die schon nicht mehr wahlberechtigten Kardinäle Zen Ze-kiun, 91 Jahre und Sandoval Íñiguez, 90 Jahre), die von außen über eingebrachte "Dubia" den Synoden-Fahrplan lautstark auf ihre Themen hin verändern wollen, statt den Synodalen und Synodalinnen selbst den Beratungsverlauf zu überlassen.

Dasselbe gilt natürlich auch für Positionierungen, die Themen des Synodalen Wegs der deutschen Ortskirche – so sehr sie mehrheitsbildend über drei Jahre erarbeitet wurden –, die ebenso nicht einfach 1:1 auf weltkirchlicher Ebene übertragen werden können, sondern in ihrer für die Ortskirche wichtigen Bedeutung und Geltung einzubringen sind – und dies selbstredend an den Stellen, an denen sie in der Bearbeitung des *Instrumentum laboris* in seinen vier Teilen A, B1, B2 und B3 „an der Zeit sind".

Das erfordert Demut, Zurückhaltung und Contenance, die nicht medienreißerisch von außen in die Synodenaula hinein und ebenso nicht aus der Synodenaula heraus nach außen polemisiert. Von daher war es weise, externe Medien aus den Synodalen Beratungen herauszuhalten, den Synodalinnen und Synodalen einen geschützten Raum zu bieten und ihnen selbst eine zurückgenommene Medienberichterstattung nahezulegen.

Dass dies wie bei all den genannten Synoden seit 2014 - die in ihrer jeweiligen Transparenz in meiner seitdem geschärften Wahrnehmung an Offenheit jedes Mal mehr gewonnen haben und unvergleichlich gegenüber den Bischofssynoden davor sind bis zur Einführung des Stimmrechts von Nicht-Bischöfen und Frauen bei dieser Synode – nicht eintreffen wird, ist leider zu befürchten und zeigt die lautstarke Veröffentlichung von seit Juli an Papst Franziskus gerichteten Dubia, auf die er bisher vermeintlich "unklar" geantwortet habe, deutlich. Umso mehr gilt es in der medialen Berichterstattung nicht den Heißmacherinnen und Heißmachern, bildlich gesprochen von rechts und links, zu folgen, sondern möglichst viel von der synodalen Bewegung mitzubekommen, von der Katholikinnen und Katholiken auf der ganzen Welt glauben und dafür beten, dass der Heilige Geist und seine Geistkraft sie leiten und die Zukunft der Kirche im Sinne eines Aggiornamento verändern möge. Wie am Samstag bereits geschrieben geht es um die Zukunft der Kirche im Ganzen.

Dass Papst Franziskus die von außen auf die Synode zielenden Fragen – z.T. betreffen sie Themenstellungen der Beratungen, die im *Instrumentum laboris* aufgeführt sind –, dennoch bereits am selben Tag noch beantwortet hat und darin auch Fragen zur Synodalität und dem Segensauftrag der Segensauftrag der Kirche aufgreift, macht deutlich, dass er den Rahmen der Beratungen der Synode offen halten und zugleich auch Mut für eine tiefere Erschießung der Botschaft Christi und Tradition in den Kulturen der Welt geben will.

Wie dies auf weltkirchlicher Ebene ausgetragen wird und gelingen kann, werden alle Synodalinnen und Synodalen im Eröffnungsgottesdienst am Mittwoch als Gabe des Heiligen Geistes für den Synodenverlauf erbitten.

„Die Kirche mit offenen Türen, für alle, alle, alle!" – Die Eröffnung der 3. Phase der XVI. Generalversammlung der Bischofsynode

Mit einem Gottesdienst auf dem Petersplatz mit allen Synodalinnen und Synodalen und einer großen Beteiligung von Gläubigen aus aller Welt hat die 3. Phase der XVI. Generalversammlung der Bischofsynode begonnen. Papst Franziskus nahm in seiner Predigt direkt die von außen an die Synode herangetragenen Spannungen auf. In Bezug auf den heutigen Festtag des Hl. Franziskus stellte er heraus, dass Franz von Assisi „in einer Zeit großer Kämpfe und Spaltungen zwischen weltlicher und geistlicher Macht, zwischen der Amtskirche und häretischen Strömungen, zwischen Christen und anderen Gläubigen, niemanden kritisiert und sich über niemanden hergemacht [hat], sondern nur die Waffen des Evangeliums eingesetzt: die Demut und die Einheit, das Gebet und die Nächstenliebe. Lasst es uns ebenso machen! Machen wir es

genauso: Demut und Einheit, Gebet und Nächstenliebe." (Vatican News, 4.10.23)

Die Synode ist kein Parlament

*„[W]ir sind bei der Eröffnung der Synodenver-
sammlung. Und da brauchen wir keinen innerweltli-
chen Blick, der aus menschlichen Strategien, politischen Überlegungen oder ideologischen Kämpfen besteht. Dass die Synode diese oder jene Erlaubnis er-
teilt, diese oder jene Tür öffnet - das braucht es nicht.
Wir sind nicht hier, um eine parlamentarische Sitzung oder einen Reformplan voranzubringen. Die Synode, liebe Brüder und Schwestern, ist kein Parlament. [...] Und wenn das heilige Volk Gottes mit seinen Hirten aus der ganzen Welt Erwartungen, Hoffnungen und auch einige Befürchtungen in Bezug auf
die Synode hegt, die wir gerade beginnen, sollten wir
uns erneut daran erinnern, dass sie keine politische
Versammlung ist, sondern eine Zusammenkunft im
Heiligen Geist; [...] ein Ort der Gnade und der Gemeinschaft."* (Ebd.)

Die Hauptperson ist der Heilige Geist!

In seiner Ansprache zur Eröffnung in der Synodenaula unterstreicht Papst Franziskus seine Gedanken, dass der Geist derjenige ist, "der die Kirche her-
vorbringt":

„Er ist es, der die Kirche schafft." Er ist „der Protagonist der Synode". Ihm gegenüber stehe „die am

weitesten verbreitete Krankheit in der Kirche: Geschwätz. Und wenn wir nicht zulassen, dass der Heilige Geist uns von dieser Krankheit heilt, wird ein synodaler Prozess kaum gut werden. Zumindest hier drinnen: Wenn du nicht einverstanden bist mit dem, was jener Bischof oder jene Ordensschwester oder jener Laie dort sagt, dann sag es ihm ins Gesicht. Dafür ist es eine Synode. Um die Wahrheit zu sagen, und nicht das heimliche Geschwätz." (press.vatican 4.10.23)

Wider den „Druck von außen"

In seinem eindringlichen Plädoyer für das Wirken des Geistes im Einander Zuhören erinnert Papst Franziskus an die in diesem Blog bereits erwähnten Drucksituationen der vorangegangenen Synoden:

„Als die Synode über die Familie stattfand, gab es eine öffentliche Meinung, die von unserer Weltlichkeit herrührte, dass sie dazu da sei, den Geschiedenen die Kommunion zu ermöglichen: Und so sind wir in die Synode hineingegangen. Als es die Synode für das Amazonasgebiet gab, gab es die öffentliche Meinung, den Druck, dass es viri probati geben solle: Wir sind mit diesem Druck hineingegangen. Jetzt gibt es einige Spekulationen über diese Synode: »Was werden sie tun?«, »Vielleicht das Priesteramt für Frauen«..., ich weiß nicht, diese Dinge, die sie draußen sagen. " (Ebd.)

Perspektiven aus der Synodalität

Wider alle Spekulationen von außen wurde Papst Franziskus in seiner Predigt im Eröffnungsgottesdienst konkret auf seine Erwartungen an die Synode - verbunden mit dem spirituellen Geschehen, gemeinsamer Andacht und Gebet, dem eigentlichen Movens der Synode:

Der offene Blick auf das Fehlen und die Erneuerung der Kirche:
„Unsere Mutter Kirche bedarf stets der Reinigung, der „Reparatur", denn wir alle sind ein Volk von Sündern, denen vergeben worden ist." (Ebd.)

Der Offenheit für das Wirken der Geistkraft:
„Der Heilige Geist bricht dann oftmals unsere Erwartungen, um etwas Neues zu schaffen, das unsere Vorhersagen und unsere Negativität übertrifft." (Ebd.)

Die Offenheit der Kirche für alle Menschen:
„Die Kirche mit offenen Türen, für alle, alle, alle!" (Ebd.)

Synodalität als Bezeichnung für die "neue Art und Weise, Dinge zu tun und Probleme seitens der Kirche anzugehen": Erste Pressekonferenz mit zwei Synodalen zum Ende der Beratungen zum Teil A des Instrumentum laboris

Wie in der ersten Pressekonferenz am Donnerstag, den 5.10.2023 vom Präfekten des vatikanischen Kommunikationsdikasteriums Paolo Ruffini und der Sekretärin der Informationskommission der Bischofssynode Sheila Leocádia Pires angekündigt waren heute mit dem kongolesischen Kardinal Fridolin Ambongo Besungu und der US-amerikanischen Ordensschwester Leticia Salazar erstmals zwei Synodale zum Ende der Beratungen von Teil A des *Instrumentum laboris* zu Gast beim heutigen Briefing.

Anders als in den vorausgegangenen Synoden werden die Ergebnisse der Beratungen in der Tisch- und
Sprachgruppen, der sogenannten "circoli minori",
ebenso wenig veröffentlicht wie der vorläufig daraus
von der Redaktionskommission erarbeitete Entwurf
für den entsprechenden Abschnitt A des Abschlussdokuments. Die Diskretion über die verhandelten Inhalte soll den Beratungsverlauf der Synode schützen
und die Bedingungen des Einander Zuhörens und Un-
terscheidens bereiten. Ermöglichen soll dies die Methode eines "Gesprächs im Hl. Geist", die in der Pressekonferenz kurz erläutert wird.

Das Hören auf das Wort und das Wirken des Geistes
Auf eine kluge Weise führte Kardinal Besungu, der
zugleich auch Präsident der Bischofskonferenzen von
Afrika und Madagascar (SECAM) ist, die Frage in
der Pressekonferenz nach der Behandlung von LGB-
TIQ-Themen im Synodenplenum auf das derzeit
in Teil A des *Instrumentum laboris* im Fokus stehende Thema der Synodalität zurück. Die Besonder-
heit dieser Synode bestehe ja genau darin, "eine neue
Art und Weise zu definieren, Dinge zu tun und Probleme seitens der Kirche anzugehen." (Vatican News,
7.10.2023) Darin - so Kardinal Besungu - würde der
Herr seiner Kirche den Weg zeigen auch mit den Fragen rund um LGBTIQ umzugehen.

Ausblick in Spannung auf die 2. Synodenwoche

Man muss kein Prophet sein, dass die Frage nach der Integration von LGBTIQ-Menschen, aber auch des Umgangs mit wiederverheiratet Geschiedenen und polygamen Lebensgemeinschaften auch in der nächsten Synodenwoche wieder im Zentrum stehen, werden doch diese Fragen im dann im Fokus stehenden Teil B1 tatsächlich angesprochen, so dass sie Gegenstand der Auseinandersetzung werden. Spätestens am Donnerstag, den 12.10.2023 werden dann die zum Presse-Briefing als nächste aus der Synodalversammlung geladenen Gäste Vertiefendes sagen können, bevor am Nachmittag eine für alle Synodalinnen und Synodalen obligatorische Wallfahrt ansteht. Vielleicht kann auf diese Weise Indiskretionen vorgebeugt und die Vertraulichkeit der Beratungen geschützt und vertieft werden.

„Die Menschen nicht mit Labeln, Etiketten versehen, sondern sie annehmen, wie Gott sie liebt" - Oder: Das Ceterum censeo der 2. Synodenwoche zu Teil B1 des Instrumentum laboris

Die zweite Synodenwoche begann mit einer "Göttlichen Liturgie" in byzantinischem Ritus im Petersdom, in deren Predigt der griechisch-melkitische Patriarch Youssef Absi von Antiochien bereits bereits ein Motiv dieser Synodenwoche, die Seelsorge wiederverheiratet Geschiedener und polygamer Ehen, aufnahm. Dass die Liebe der Kirche gleich der göttlichen Liebe sich allen Menschen zuwenden solle, war auch das Ceterum censeo vieler Beiträge – angefangen von der Eröffnungsrede des Generalrelators Kardinal Jean-Claude Hollerich, über den Beitrag des

313

britischen Dominikanerpaters Timothy Radcliffe
(s.o.) bis zu den Beiträgen der Gäste der Pressekonferenzen am Dienstag, Mittwoch und am heutigen Donnerstag, insbesondere auch in den täglichen Bericht-
erstattungen des Präfekten der Kommunikationsdikasteriums Paolo Ruffini und der Sekretärin der Informationskommission der Bischofssynode Sheila
Leocádia Pires.

Kirche offen für alle, kein identitärer Verein

Kardinal Hollerich zitierte in seiner Rede zweimal
Papst Franziskus in seiner Betonung der für alle
Menschen offenen Kirche:

*"Alle sind eingeladen, Teil der Kirche zu sein. Beim
Weltjugendtag in Lissabon wiederholte Papst Franziskus die Worte "todos...todos". Und in seiner Predigt bei der Eröffnungsmesse unserer Vollversammlung: "tutti... tutti". In tiefer Gemeinschaft mit seinem
Vater durch den Heiligen Geist hat Jesus diese Gemeinschaft auf alle Sünder ausgedehnt. Sind wir bereit, das Gleiche zu tun? Sind wir bereit, dies mit
Gruppen zu tun, die uns irritieren könnten, weil ihre
Art zu sein unsere Identität zu bedrohen scheint? Todos... tutti... Wenn wir wie Jesus handeln, werden wir
Gottes Liebe zur Welt bezeugen. Wenn wir das nicht
tun, sehen wir aus wie ein identitärer Verein."* (Eröffnungsrede Kardinal Hollerichs vom 9.10.23)

In 35 Tischgruppen wurden in den sechs Synodensprache je eines der fünf Arbeitsblätter aus B1 entsprechend der schon geübten Methode des hinhörenden "Gesprächs im Geiste" bearbeitet, nachfolgend das Ergebnis in die Plenarversammlung eingebracht und durch freie Redebeiträge ergänzt. Wie in der Vorwoche bei Teil A wird auch der redaktionell erarbeitete Entwurf zu B1 nicht veröffentlicht, sondern fließt in den Gesamttext des Abschlussdokumentes ein. Eine Wallfahrt zu den Domitilla- und Calixtus-Katakomben beschloss die Arbeit an diesem für den Synodenverlauf sicher rückblickend zentralen Modul der Beratungen, bevor morgen mit einem erneuten Gottesdienst im Petersdom die Arbeit am nächsten Abschnitt B2 des *Instrumentum laboris* eröffnet wird.

Synodenhalbzeit: Der Erfolg des "Gesprächs im Hl. Geist", das Eingeständnis eines Datenlecks und das "Vertrauen in die Liebe"

Seit Beginn der XVI. Generalversammlung der Bischofsynode vergeht keine Pressekonferenz, in der nicht die neue Art und Weise des am 7.10.23 vorgestellten „Gesprächs im Hl. Geist" gelobt wird, die durch das geschützte Beratungsambiente und die neue Sitzordnung an runden Tischen in Sprachgruppen ermöglicht wird. Entstanden sei dadurch – in den

Worten des Vorsitzenden der deutschen Bischofskonferenz Bischof Dr. Georg Bätzing – „eine neue Art des Miteinanders, die dem 'Gespräch im Geist' zugutekommt, dem gemeinsamen Hören voneinander und aufeinander, um miteinander Synodalität erfahren zu können." (Predigt am 15.10.23)

Im aktuell in der Synodenaula behandelten Modul B2 sind es abermals 35 Tischgruppen, die differiert nach den Sprachgruppen sich einem der von den einzelnen Synodenteilnehmenden selbst gewählten Arbeitsblättern in der Methode des "Gesprächs im Hl. Geist" widmen. So wird etwa das Arbeitsblatt B 2.1 an zehn Tischen, das AB B 2.2 an sieben, AB B 2.3 an sechs, AB B 2.4 an fünf und AB B 2.5 ebenfalls an sieben Tischgruppen bearbeitet. Wie bereits gesagt fließen die sich aus den Gesprächen der Tischgruppen ergebenden Rückmeldungen in den Entwurfstext des Abschlussdokumentes ein, wie dies zuvor am Donnerstag zum Ende des Moduls B1 sowie am vorangegangenen Samstag mit den Rückmeldungen zum Teil A des *Instrumentum laboris* bereits passiert ist. Eine zu Beginn der 2. Synodenwoche gewählte Kommission von Bischöfen unterstützt seitdem das Synodensekretariat bei der Erarbeitung des Abschlussdokumentes, von dem Paolo Ruffini im Pressebriefing am gestrigen 14.10.23 annahm, dass es ggf. weniger als formelles Abschlussdokument denn als erneutes Arbeitsdokument für den 2. Teil der Weltsynode im Oktober 2024 ausfallen werde.

Ein Schatten auf die bisher geübte Vertraulichkeit und Geheimhaltung der synodalen Beratungen wurde durch das im selben Pressebriefing vorgetragene Eingeständnis eines erst zum Ende des Moduls B1 der 2. Synodenwoche geschlossenen Datenlecks geworfen. Allgemeine Dokumente, Bilder und Sitzungsvorlagen waren ebenso wie vertrauliche Unterlagen seit Beginn der Synodenversammlung auf einem ungesicherten Cloud-Server abgelegt worden, um einigen Teilnehmenden mit Passwort-Problemen den Zugang zu den Sitzungsunterlagen zu ermöglichen. Dass hierdurch auch externe Beobachter und Medien Zugang zu vertraulichen Daten und Gruppenlisten bekommen konnten, wurde durch das amerikanische katholische Online-Magazin The Pillar bekannt. Obwohl es sich nicht um Ergebnisberichte für das Gesamtplenum zum Ende der Modulberatungen gehandelt hat, bleibt zu hoffen, dass geleakte Informationen nicht von interessierter Seite gegen die Synode oder Teilnehmende verwendet werden.

Auch wenn die Tatsache eines ungesicherten Cloud-Servers dem Synodensekretariat selbst anzulasten ist, zeigt die Weitergabe des Zugangslinks nach außen doch auch die Bereitschaft einzelner Synodalen die vereinbarte Vertraulichkeit zu unterlaufen – bis hin zu bewusst eingegangenen Interviews und gezielten Veröffentlichungen zu konkret verhandelten Themen der Synode.

Zum Verlauf der synodalen Beratungen passend wurde am heutigen Festtag der Hl. Teresa von Avila überraschend das Apostolische Schreiben "C'est la confiance" über das Vertrauen in die barmherzige Liebe Gottes anlässlich des 150. Geburtstages der Heiligen Therese vom Kinde Jesu und vom Heiligen Antlitz veröffentlicht. An die Synodenmitglieder könnte die Abschnitte 49 und 50 gerichtet ein, „dass, obwohl alle Lehren und Normen der Kirche ihre Bedeutung, ihren Wert, ihr Licht haben, einige dringlicher und grundlegender für das christliche Leben sind." Eben darauf habe Theresia ihren Blick und ihr Herz gerichtet.

"Als Theologen, Moraltheologen, Gelehrte der Spiritualität, als Hirten und als Gläubige, müssen wir, jeder in seinem Bereich, diese geniale Einsicht der kleinen Therese noch mehr aufgreifen und die Konsequenzen daraus zu ziehen, theoretisch wie praktisch, lehrmäßig wie pastoral, persönlich wie gemeinschaftlich. Dazu braucht es Mut und innere Freiheit."
(Ebd., nr. 50)

„It's a call to become a ful human being" oder: Über „einige der wichtigsten Punkte unserer Synode" in Modul B2 des Instrumentum laboris

(Sr. Patricia Murray IBVM)

Mit dem seit dem vergangenen Freitag behandelten Modul B.2 des *Instrumentum laboris* mit dem Titel „Gemeinsame Verantwortung in der Sendung: Wie können wir Fähigkeiten und Aufgaben im Dienst des Evangeliums besser miteinander teilen?" berührte die Synodalversammlung nach den Worten des Generalrelators Kardinal Jean-Claude Hollerich „einige der wichtigsten Punkte unserer Synode." (Vatican News, 13.10.23)

Eine synodale Kirche hat den "Auftrag das Evangelium zu verkünden", muss aber zugleich „in den vielfältigen Dimensionen unseres täglichen Lebens zum Ausdruck kommen. Zur Sendung der Kirche gehören das Engagement für eine ganzheitliche Ökologie, der

319

Kampf für Gerechtigkeit und Frieden, die vorrangige Option für die Armen und die Ränder der Gesellschaft sowie die Bereitschaft, offen für die Begegnung mit allen zu sein." Auf die Anerkennung und Einbeziehung von Frauen zielten viele Fragen des Moduls, die von Kardinal Hollerich eigens herausgestellt werden:

„Wie können wir dafür sorgen, dass die Frauen sich als integraler Bestandteil dieser missionarischen Kirche fühlen? Nehmen wir, die Männer, die Vielfalt und den Reichtum der Charismen wahr, die der Heilige Geist den Frauen gegeben hat?" (Ebd.)

Alle einzelnen Themen und Fragen wurden in dem zuletzt am Sonntag in diesem Blog beschriebenen „Gespräch im Geist" besprochen, in dem entgegengesetzte und in Spannung zueinander stehende Positionen ausdrücklich erwünscht waren: Um im gegenseitigen Zuhören eine Veränderung der eigenen Position wahrnehmen zu können bis hinein in den abschließenden freien Wortmeldungen am Ende des Moduls B2 im Gesamtplenum. Auch wenn es nach Auskunft der Presseberichte in der Arbeit der Kleingruppen und Generalkongregationen immer über konkrete Themen gesprochen wurde - insbesondere auch zu Fragen von Ämtern von Frauen in der Kirche wie z.B. zum Diakonen-Amt -, machten alle Wortmeldungen der verschiedenen Gäste in den Pressekonferenzen am Samstag, Montag und am heutigen Dienstag deutlich, dass von dieser Synode zur Synodalität noch keine konkreten Antworten zu speziellen Themen zu erwarten sind (zu denen jeden Tag auf's neue in den Pressebriefings auch die Frage nach der Einbeziehung von LGBTQ-Menschen gehörte, auch wenn sie eigentlich Thema des vorausgegangenen und bis zum Freitag der vergangenen Synodenwoche behandelten Moduls B.1 war) – und dies nicht nur, weil die Synode ja de facto erst im Oktober nächsten Jahres zu Ende gehen wird.

Time a a gift
Am eindrücklichsten wurde diese Einschätzung in dem Statement der aus Irland stammenden Loretoschwester Patricia Murray begründet, die als erste Frau überhaupt von Papst Franziskus in die Kommission der Erstellung des Abschlussdokumentes berufen wurde. Für Patricia Murray bezeichnet die jetzt bis ins nächste Jahr zur Verfügung stehende Zeit in der Pressekonferenz am 16.10.23 als "ein Geschenk":

"It's like to entering a school of formation, to learn how to be a synodal."
"Es ähnelt einem Eintreten in einen Bildungsprozess zu lernen synodal zu sein."

Ein Schlüsselaspekt sei dabei für sie als synodale

Person in einer synodalen Kirche zu lernen Freiheit zu haben. Wie jede und jeder habe sie auch ihre eigenen Anliegen mitgebracht. Aber im Zuge des synodalen Prozesses habe sie erfahren, diese mehr und mehr bei Seite lassen zu können: im Gebet zur Erlangung der Freiheit und der Offenheit für die Positionen anderer, um auf diese Weise eine größere Gemeinschaft mit anderen auf dem synodalen Weg zu werden. (…) Es sei nicht nur eine Übung des Kopfes, sondern eine Bewegung, in der die ganze Person involviert sei: eine spirituelle Praxis, die Lernen, Begleitung, Studium und vor allem das Gebet und das Vertrauen auf Gottes Geist verlangt.

The call to become a ful human being

Und weil Murray dieses Statement als Antwort auf konkrete Fragen nach Veränderungen in der Kirche geben hatte, fügt sie ebenso selbstkritisch wie ironisch nach, dass dies "eine komplizierte Antwort" gewesen sei, um dann noch einmal ihre Aussage in kürzerer Weise zu pointieren:

„Wir lernen nicht weniger als die Bedeutung von Bildung kennen für diesen Weg des Lebens, sind vielleicht frustriert und verstehen vielleicht nicht, was eigentlich passiert und wozu wir berufen sind. Doch sind wir dazu berufen die Fülle unseres Personseins zu leben: spirituell, seelisch und emotional. Es ist der Ruf im vollen Sinn Mensch zu sein."

„It's a call to become a ful human being."

„How to live church in a complete different way" – Oder: Wie zum Ende von Modul B3 die Erwartungen der Menschen hinsichtlich wahrnehmbarer Veränderungen mit dem Synodalen Weg der Kirche in Deutschland und dem synodalen Prozess der Weltsynode verbunden sind.

„Dass wir müde sind", stellte Generalrelator Kardinal Jean-Claude Hollerich in seiner Einführung am Mittwoch der 3. Synodenwoche vor den nun beginnenden und abschließenden Beratungen des vierten Modul B3 fest „nach der Arbeit, die wir gemeinsam geleistet haben, die schön, aufregend, aber auch anstrengend war". Aktuell ging es bis zum heutigen Tag um den Abschnitt des *Instrumentum laboris*, der der Teilhabe gewidmet ist, genauer um „Teilhabe, Verantwortung und Autorität" und die Frage: „Welche Prozesse, Strukturen und Institutionen gibt es in einer auf die Sendung ausgerichteten synodalen Kirche?"

„Wir haben am eigenen Leib, oder besser gesagt in unseren Herzen, die Kraft eines so einfachen Instruments wie das Gespräch im Geist erfahren. Wie können wir seine Dynamik in die Entscheidungsprozesse der Kirche auf verschiedenen Ebenen einbringen?" (Vatican News, 18.10.2023)

323

Bezugnahmen auf den Synodalen Weg

In der Pressekonferenz am 21. Oktober 2023 stellte der Essener Bischof Franz-Josef Overbeck den Synodalen Weg in Deutschland vor und erläuterte den Anlass und die vier Bereiche, mit denen sich der Synodale Weg in Deutschland über drei Jahre seit dem Jahr 2018 auseinandersetzte: Die Machtfrage, die Priesterfrage, sowie die Sexualmoral und die Rolle der Frauen in der Kirche, die auch ein Thema des *Instrumentum laboris* und in der Synodalversammlung einschließlich der Zulassung zu Weiheämtern beraten worden sei. „Wir müssen uns fragen, wie wir das sakramentale Leben der Kirche retten können und wie wir einen Schritt nach vorne machen können" auch in Bezugnahme auf die Situationen in anderen Teilen der Weltkirche. Auf die Frage nach dem Einfluss der Weltsynode auf den Synodalen Weg in Deutschland verwies Bischof Overbeck, der auch Vize-Präsident der Europäischen Bischofskonferenz COMECE ist, auf den geistlichen Prozess, der die Beratungen in Rom kennzeichne:

„Umgekehrt präge die Weltsynode die spirituelle Dimension für den Synodalen Weg mit ihren Runden Tischen und Momente der Stille sowie allgemein der synodale Stil. Das werde alles auch einen Einfluss auf den Synodalen Weg in Deutschland für die Zukunft haben." (Vatican News, 21.10.2023)

Powerful process

In der Pressekonferenz am Tag zuvor, am Freitag, den 20.10.23, unterstrich der Präsident des Rates der Europäischen Bischofskonferenzen CCEE, Erzbischof Gintaras Linas Grušas (Vilnius), dass die kontinentalen Beratungen, die europäischen, nord- und südamerikanischen, ozeanischen und afrikanischen Kontinentalversammlungen das Besondere dieser Weltsynode ausgemacht haben: Es habe in der kontinentalen Phase ein Teilen von Erfahrungen begonnen, das jetzt seit Anfang Oktober in Rom auf Ebene der Weltkirche fortgesetzt worden sei. Mit ähnlichen Worten wie Sr. Patricia Murray gegen Ende der Beratungen von Modul B2 betonte er, dass im Teilen der Denkweisen der verschiedenen beteiligten Personen - Bischöfe, Laien, Theologen, Berater, Frauen und Männer - ein Wandel stattgefunden habe, eine „Bekehrung des Denkens", ein „Wandel des Lebens", ein

„Wandel der Denkweise" ("change of live, change of mindset"):

"Es ist ein kraftvoller Prozess ("powerful process"), der die Kirche weiter bewegen und wachsen lässt." (Ebd.)

How to live church in a complete different way

Jenseits aller Einzelfragen, die oft nach "schwarz oder weiß", "ja oder nein", "gehen oder stoppen" diskutiert würde, sei - so Erzbischof Grušas - die eigentliche Diskussion dieser Synode „how to live church in a complete different way", um einen neuen Prozess zu finden... Und es sei die Herausforderung, die Erfahrungen, die hier geteilt worden sind – in den spirituellen Gesprächen (Gespräche im Geist) – weiterzugeben: In die eigene Diözese, das jeweilige Land oder wie in seinem Fall als Präsident des Rates der Europäischen Bischofskonferenzen auf Ebene eines Kontinents. Das sei „die Herausforderung"… wie es schon bei der kontinentalen Phase gewesen sei, als man kein vorgefertigtes Abschlussdokument gehabt habe und erst durch die Eingaben bei der 5-tägigen Kontinentaltagung zu den unerwarteten Früchten der gemeinsamen Arbeit gekommen sei. Es geht insgesamt weniger um direkte Schlussfolgerungen auf Einzelfragen, sondern darum zu lernen als Kirche synodal zu leben, dass sie ihre Früchte haben wird. Der

Prozess sei derzeit wichtiger als irgendein konkreter Beschluss auf eine Einzelfrage hin. (Vgl. ebd., eigene Übersetzung).

Aber gleichwohl wissen die Synodenteilnehmenden ebenso, dass die Synode auch an dem Umgang mit den behandelten Einzelfragen gemessen wird. Kardinal Hollerich brachte diese Erwartungshaltung in der erwähnten Einführung zu Modul B3 ganz konkret ins Wort:

„Wir sind uns sehr wohl bewusst, dass diese Synode anhand der wahrnehmbaren Veränderungen, die sich aus ihr ergeben, bewertet werden wird. Die großen Medien, vor allem die kirchenfernen, interessieren sich für mögliche Veränderungen bei einer sehr begrenzten Zahl von Themen. Ich werde sie nicht aufzählen, weil wir sie alle kennen. Aber auch die Menschen, die uns am nächsten stehen, unsere Mitarbeiter, die Mitglieder der Pastoralräte, die Menschen, die sich in den Pfarreien engagieren, fragen sich, was sich für sie ändern wird, wie sie die missionarische Nachfolge und die Mitverantwortung, über die wir in unserer Arbeit nachgedacht haben, in ihrem Leben konkret erfahren können." (Vatican News, 18.10.2023)

Es ist zu vermuten, dass die für Montag angekündigte „Botschaft an das Volk Gottes" mit der Aufnahme der Erwartungen der Menschen weltweit einerseits und mit der Betonung einer sich in einem geistlichen Prozess der Synodalität wandelnden Kirche in eine ähnliche Richtung gehen wird, wie es in den Zitaten von Kardinal Hollerich, Bischof Overbecks und Erzbischof Grušas bereits anklingt.

„Der Weg der Synodalität, den Gott von der Kirche des dritten Jahrtausends erwartet" - Zur Bedeutung des "Schreibens an das Volk Gottes" der XVI. Generalversammlung der Bischofssynode

General Assembly to the People of God: The Church must listen to everyone

Überraschender Weise wurde am Montag das für diesen Tag zur Veröffentlichung angekündigte „Schreiben an das Volk Gottes" in der Synodenversammlung nur verlesen und zwar mit großem Applaus bedacht, dann aber nach Beratungen in den 35 Tischrunden und Sprachzirkeln und nachfolgenden Wortbeiträgen aus den verschiedensten Richtungen und einer weiteren Modifrist bis 18:00 Uhr am Montagabend einer neuen Redaktionsphase überantwortet – wie Paolo Ruffini in der Pressekonferenz am 23.10.23 berichtete –, so dass sie erst am heutigen Tag zur Abstimmung vorgelegt und am Nachmittag veröffentlicht werden konnte.

Das wäre als redaktionelle Reminiszenz vielleicht keines gesonderten Absatzes in diesem Blog wert, wenn nicht schon die Verschiebung über den gestrigen arbeitsfreien Tag der Synode hinaus Anlass zu wilden Spekulationen mit Auslassungen über ein vermeintliches „Chaos" und eine „Krise" auf der Weltsynode gegeben hätte. Wahrscheinlich hätte ein weiteres, aber leider Pausentags bedingt ausgefallenes Pressebriefing die ins Kraut schießenden Mutmaßungen über den Synodenverlauf noch einfangen können. So wird es vor dem breiten und lauten Klangteppich die „Botschaft" heute als solche nicht so einfach haben wie sonst bei Bischofssynoden, auch wenn die „Botschaften der Bischofssynode" bislang immer als letztveröffentlichte Schreiben der Generalversammlungen viel weniger im Fokus standen als die jeweiligen Abschlussdokumente.

Zum Verständnis des "Schreibens an das Volk Gottes"

Dass die „Botschaft an das Volk Gottes" nun auf die wichtigsten Gedanken bezogen dem Abschlussdokument vorausgeht, wird einmal mit dem vorläufigen Status des 1. Teils der Bischofssynode zur Synodalität zu tun haben, die ja im Oktober 2024 fortgesetzt wird. Und zum anderen soll über die vielen im Schlussdokument umkreisten Einzelthemen nicht die Grundbotschaft als solche verloren gehen bzw. zu kurz kommen, die der Synodalversammlung wichtiger ist, als vielen einzelnen Punkte, an denen die Synode „von außen" gemessen wird und die auch im Schreiben selbst als „Fragen" und „Herausforderungen" benannt werden.

Zum Verständnis der „Botschaft an das Volk Gottes" ist es darüber hinaus wichtig zu wissen, dass sie in der Tradition aller vorangegangenen Bischofssynoden steht und 'tröstende' (consolative) und 'ermutigende' (exhortative) Teile enthält und immer in der inkludierenden Wir-Form geschrieben wird, die bei dieser Bischofssynode ein zu den Bischöfen um 54 Laiinnen und Laien, Priester und Ordensleute erweitertes Quorum von 365 Synodalen umfasst. Eine breite Mehrheit von 136 Synodalen (bei 12 Nein-Stimmen) stimmte für den jetzt veröffentlichten Text, den trotz oder wegen der gemeinsamen Verabschiedung gewiss manche als nicht weit genug gehend beurteilen werden – und das je mehr, wie nicht zwischen den zwei Dokumentenarten (Botschaft und Abschlussdokument) unterschieden wird bzw. unterschieden werden kann.

Inhalte der "Botschaft an das Volk Gottes"

Zu Beginn des „Schreibens an das Volk Gottes" wird an die Wegstrecke seit Synodenbeginn vor zwei Jahren erinnert. Es sei seitdem „ein langer Prozess des Zuhörens und der Unterscheidung" gewesen, „der für das ganze Volk Gottes offen war und niemanden ausschloss." Dabei wird die jetzt zu Ende gehende Versammlung, die am 30. September in Rom begann, als „eine wichtige Etappe in diesem Prozess" beschrieben. „Vor dem Hintergrund einer krisengeschüttelten Welt" – im Hinblick auf die Kriege weltweit und insbesondere aktuell im Nahen Osten und der Ukraine – war es mit dem Fokus auf die Synodalität der Kirche und einer daraufhin veränderten Zusammensetzung der Synodenplenums und der Stimmberichtigten „eine vielerlei Hinsicht war es eine noch nie dagewesene Erfahrung":

„Zum ersten Mal waren auf Einladung von Papst Franziskus Männer und Frauen aufgrund ihrer Taufe eingeladen, an einem Tisch zu sitzen und nicht nur an den Diskussionen, sondern auch an den Abstimmungen dieser Bischofssynode teilzunehmen. Gemeinsam,

in der wechselseitigen Entsprechung unserer Beru-
fungen, Charismen und Ämter, haben wir intensiv auf
das Wort Gottes und die Erfahrungen der anderen
gehört. Mit der Methode des Gesprächs im Geist teil-
ten wir demütig den Reichtum und die Armut unserer
Gemeinschaften auf allen Kontinenten und versuch-
ten zu erkennen, was der Heilige Geist der Kirche
heute sagen will." (Vatican News, 25.10.23)

"Und jetzt?" – oder: Wie es weiter geht

„Und jetzt? Wir hoffen, dass die Monate bis zur
zweiten Session im Oktober 2024 es allen ermöglichen werden, konkret an der Dynamik der missionarischen Gemeinschaft teilzuhaben, auf die das Wort
„Synode" hinweist. (…) Die Herausforderungen sind
vielfältig und die Fragen zahlreich: Der zusammenfassende Bericht der ersten Session wird die erzielten
Übereinstimmungen verdeutlichen, die offenen Fragen hervorheben und aufzeigen, wie die Arbeit fortgesetzt werden kann." (Ebd.)

Die Botschaft an das Volk Gottes schließt mit einem
Zitat, das auch in diesem Blog seit dem 17.10.2015 –
aus der Ansprache anlässlich des 50. Jahrestags der
Bischofssynode im Rahmen der zweiten Familiensynode – immer wieder zitiert wurde und mit dem das
Pontifikat von Papst Franziskus dauerhaft verbunden
sein wird:

„Die Welt, in der wir leben und die zu lieben und ihr zu dienen wir aufgerufen sind, auch in ihren Widersprüchen, verlangt von der Kirche die Stärkung der Synergien in allen Bereichen ihrer Sendung. Es ist genau der Weg der Synodalität, den Gott von der Kirche des dritten Jahrtausends erwartet.“
(Ebd.; mit einem Zitat von Papst Franziskus vom 17. Oktober 2015)

Aufgrund der Verzögerungen durch die Abstimmung des „Schreibens an das Volk Gottes" im Synodenplenum am heutigen Nachmittag wurde die abschließende Beschlussfassung des Abschlussdokumentes auf den Samstag verschoben, so dass der morgige Freitag nochmals ganz den Beratungen des Entwurfs des Abschlusstextes in Kleingruppen und der Plenardiskussion gewidmet werden kann.

„„...am Anfang eines Lernprozesses": Zweidrittelmehrheit für das Abschlussdokument der XVI. Generalversammlung der Bischofssynode „Eine synodale Kirche in der Sendung"

(Nach der abendlichen Schlussabstimmung
am 28.10.23 in der Synodenaula Paul VI.)

Noch gestern dämpfte der seit Synodenbeginn als Geistlicher Begleiter den Synodenverlauf prägende Dominikanerpater Timothy Radcliffe die Erwartungen hinsichtlich konkreter Ergebnisse:

„ Many people watched this synod with massive expectations of changes. They look to see how to be the future of the church will be changed. And I think this is perhaps not always looking for the right thing. It's a synod that gathers to see how we can be church in a new way, rather than what decisions need to be taken: How we can be a church that listens to each

334

other across cultures and listens to the traditon across time.

And this is something only slowly learning to do: Learning how to take decisions together, how to listen to each other. So, we are really at the beginning of a learning process. " (Vatican Media 27.10.23; eigene Übertragung, *Übersetzung s. unten)

*„Wir lernen, auf welche Art wir Entscheidungen miteinander treffen. Wir sind noch am Anfang eines Lernprozesses." (*Ebd.)

(P. Giacomo Costa SJ, Kardinal Jean-Claude Hollerich und Kardinal Mario Grech im spätabendlichen Pressebriefing)

Zweidrittelmehrheit für das Abschlussdokument

Doch tatsächlich wurde mit mehr als einer Zweidrittelmehrheit (mit 336 Ja- und 10 Nein-Stimmen) das zusammenfassende Abschlussdokument „Eine synodale Kirche in der Sendung" von der XVI. Generalversammlung der Bischofssynode einschließlich einiger Reform- und Zukunftsthemen angenommen. Mit Ausblick auf den zweiten Teil der Synode im Jahr 2024 bietet der Text Überlegungen und Vorschläge zu Themen wie der Rolle der Frauen und der Laien, dem Amt der Bischöfe, dem Priestertum und dem Diakonat, der Bedeutung der Armen und Migranten, der digitalen Mission, der Ökumene und dem Missbrauch. Zwar ebenfalls mit Zweidrittelmehrheit angenommen, aber 'umstrittener' mit jeweils unter 300 Stimmen waren einzig die Absätze zum "Diakonat der Frau" (9j mit 277 Ja-Stimmen, 9n mit 279 Ja-Stimmen und 11i mit 285 Ja-Stimmen) und zum Zölibat der Weltpriester (11f mit 291 Ja-Stimmen).

Vierzig Seiten umfasst das Dokument insgesamt. Es entstand „während alte und neue Kriege in der Welt wüten, mit dem absurden Drama unzähliger Opfer (...) Der Schrei der Armen, derer, die zur Migration gezwungen sind, derer, die Gewalt erleiden oder unter den verheerenden Folgen des Klimawandels leiden, ist unter uns laut geworden, nicht nur durch die Medien, sondern auch durch die Stimmen vieler, die mit ihren Familien und Völkern persönlich von diesen tragischen Ereignissen betroffen sind", heißt es im Vorwort des Dokuments.

Die Inhalte des Syntheseberichts wurden in drei Teilen zusammengefasst. Der erste Teil widmet sich dem "Angesicht einer synodalen Kirche", der zweite Teil der "Gemeinschaft der Bezeugenden" und der dritte Teil der "Verbundenheit im Aufbau der Gemeinschaft".

Morgen wird in der Messe zum Abschluss der XVI. Ordentlichen Generalversammlung der Bischofssynode darauf Bezug genommen werden, dass "Hunderttausende von Worten" als Samen für die kommenden elf Monate bis zum Beginn des zweiten Teil der Synode im Oktober 2023 anzusehen sind, "die in den Boden der Kirche gesät werden. Sie werden in diesen Monaten in unserem Leben, in unserer Vorstellungskraft und in unserem Unterbewusstsein wirksam sein. Wenn der richtige Zeitpunkt gekommen ist, werden sie Früchte tragen" (Vatican News, 23.10.23), wie dies Thimothy Radcliffe am Montag zu Beginn der letzten Synodenwoche ausdrückte. Die Art und Weise wie der Kommunikationsprozess geübt wurde, wird die anstehende Phase der Insemination in der Methode des "Gesprächs im Geist" gewiss prägen und hätte für Thimothy Radcliffe auch das Potential gesellschaftliche Bedeutung erlangen:
„I think this process of learning to listen to each other, to be with each other is of extraordinary importance today. We live in a world with going violence, and the collapse of communication, wether in

the Middle East, Ukraine, many parts of Africa, and even within our own countries, my own country in the west or in the United States, where you see polarization, the collapse of communication. Somehow, we have to learn how to talk to each other and listen to each other. So my hope ist that this Synod will not just to be helpful healing for the Church but also for humanity." (Vatican Media, 27.10.23; eigene Übertragung,)

* „ Viele Menschen haben diese Synode mit massiven Erwartungen an Veränderungen verfolgt. Sie wollen sehen, wie die Zukunft der Kirche verändert werden soll. Und ich denke, dass dies vielleicht nicht immer die richtige Blickrichtung ist. Es ist eine Synode, die sich versammelt, um zu sehen, wie wir auf eine neue Weise Kirche sein können, und nicht in erster Linie, welche Entscheidungen getroffen werden müssen: Wie können wir eine Kirche sein, die einander zuhört - über Kulturen hinweg und quer über alle Zeiten hinweg auf die Tradition hört.
Und das ist etwas, was wir erst langsam lernen: Wir lernen, auf welche Art wir gemeinsam Entscheidungen treffen, wie man einander zuhört. Wir sind noch am Anfang eines Lernprozesses. Und deshalb wird es Zweifel geben und es wird Fehler geben. Und das ist in Ordnung, denn wir sind auf dem Weg.
Wir leben in einer Welt, in der die Gewalt zunimmt und die Kommunikation zusammenbricht, sei es im

Nahen Osten, in der Ukraine, in vielen Teilen Afrikas und sogar in unseren eigenen Ländern, in meinem eigenen Land im Westen oder in den Vereinigten Staaten, wo wir die Polarisierung und den Zusammenbruch der Kommunikation erleben. Irgendwie müssen wir lernen, miteinander zu reden und einander zuzuhören. Deshalb hoffe ich, dass diese Synode nicht nur für die Kirche, sondern auch für die Menschheit heilsam sein wird." (Vatican Media 27.10.23; eigene Übersetzung)

„...mit Weitsicht auf den Horizont blicken" – Ermutigungen und Mahnungen der Abschlusspredigt der Weltsynode für den weiteren synodalen Prozess und in Deutschland

Mit einer Predigt zum Tagesevangelium Mt 22, 34–40 und der darin behandelten Frage nach dem wichtigsten Gebot setzt Papst Franziskus quasi einen Schlussakkord auf die zurückliegenden vierwöchigen Beratungen der XVI. Generalversammlung der Bischofssynode:

„Auch wir, die wir in den lebendigen Strom der Tradition eingetaucht sind, fragen uns: Was ist das Wichtigste? Was ist die treibende Mitte? Worauf kommt es am meisten an, so sehr, dass es das allem zugrundeliegende Prinzip ist? (…) Am Ende dieses Wegabschnitts, den wir zurückgelegt haben, ist es wichtig, auf das „Prinzip und Fundament" zu schauen, von dem aus alles beginnt und wieder neu beginnt: Gott mit dem ganzen Leben zu lieben und den Nächsten zu lieben wie sich selbst." (press.vatican 29.10.2023)

Gottesliebe setzt Papst Franziskus ineins mit der „Bewegung des Herzens" der Anbetung, die bedeutet „im Glauben anzuerkennen, dass nur Gott der Herr ist und dass unser Leben, der Weg der Kirche und die Wendungen der Geschichte von der Zärtlichkeit seiner Liebe abhängen." Mit der Aufnahme eines Zitats des verstorbenen Kardinals Carlo Maria Martini wendet sich Papst Franziskus gegen alle Versuche und Versuchungen, „'Gott kontrollieren' und in seine Schemata" zu zwängen,

„»der nicht so gemacht ist, wie ich ihn mir vorstelle, der nicht von dem abhängt, was ich von ihm erwarte, der also meine Erwartungen durchkreuzen kann, gerade weil er lebendig ist. Die Bestätigung dafür, dass wir nicht immer die richtige Vorstellung von Gott haben, ist, dass wir manchmal enttäuscht sind: Ich habe dies erwartet, ich habe mir vorgestellt, dass Gott sich so verhalten würde, aber ich habe mich geirrt. Auf diese Weise begeben wir uns wieder auf den Weg des Götzendienstes, wenn wir wollen, dass der Herr nach dem Bild handelt, das wir uns von ihm gemacht haben« (I grandi della Bibbia. Esercizi spirituali con l'Antico Testamento, Florenz 2022, 826-827)." (Ebd.)*

Gottes Handeln – so Franziskus weiter – „ist jedoch immer unvorhersehbar, geht darüber hinaus". In Bezug auf die Synodenversammlung hebt Papst Franziskus das „Gespräch des Geistes" hervor, indem die „liebevolle Gegenwart des Herrn erfahren" werden konnte:

„Wir haben einander zugehört, und vor allem haben wir durch die reiche Vielfalt unserer Geschichten und Empfindungen hindurch auf den Heiligen Geist gehört. Heute sehen wir noch nicht die volle Frucht dieses Prozesses, aber wir können mit Weitsicht auf den Horizont blicken, der sich vor uns auftut". (Ebd.)

Weitsicht auf den Horizont: Der Synoden-Synthesebericht

Eben dieser Horizont wird konkret auch in der Anlage des gestern als Abschlussbericht und zugleich als Vorbereitungsdokument für die nächste synodale Phase verabschiedeten Synthesepapiers der Synode sprachlich ausgeleuchtet und mit weiteren Raum- und Weg-Metaphern illustriert:

„In jedem der drei Teile werden in jedem Kapitel Konvergenzen, zu behandelnde Fragen und Vorschläge, die sich aus dem Dialog ergeben haben, zusammengetragen. Die Konvergenzen zeigen die Fixpunkte auf, an denen sich die Reflexion orientieren kann: Sie sind wie eine Landkarte, die es uns ermöglicht, uns auf dem Weg zu orientieren und uns nicht zu verirren. Die zu behandelnden Fragen sammeln die Punkte, bei denen wir erkannt haben, dass es notwendig ist, das theologische, pastorale und kanonische Studium fortzusetzen: Sie sind wie Kreuzungen, an denen wir innehalten müssen, um die Richtung besser zu verstehen, die wir einschlagen müssen. Die Vorschläge hingegen zeigen mögliche Wege auf, die zu beschreiten sind: einige werden vorgeschlagen, andere empfohlen und wieder andere mit mehr Nachdruck und Entschlossenheit gefordert." (Relazione di sintesi; eigene Übersetzung)

Änderung der Sexualmoral?

Bereits gestern und auch heute wird neben anderen Themen vor allem die „Änderung der Sexualmoral", die die Synode mit breiter Mehrheit beschlossen habe, als wichtiges Ergebnis in den Titelzeilen deutschsprachiger Presseberichte herausgestellt. Allerdings kommt der Begriff "Sexualmoral" als solcher nur im Abschnitt 16g vor, in der Menschen angesprochen werden, die in ihrer Erfahrung von Einsamkeit die Treue zum Lehramt und der kirchlichen Sexualmoral leben. Tatsächlich beziehen sich die Presseberichte näherhin auch konkret auf die Abschnitte 15 b und 15g, in denen es aber zunächst weniger um moralische als um anthropologische Fragen der Sexuellen Identität und Orientierung geht und auch weitere Themen mit angesprochen werden, die das vertiefte Gespräch mit den Wissenschaften notwendig machen.

15g) „Einige Themen wie die Geschlechtsidentität und sexuelle Orientierung, das Ende des Lebens, schwierige Ehesituationen und ethische Fragen im Zusammenhang mit künstlicher Intelligenz sind nicht nur in der Gesellschaft, sondern auch in der Kirche umstritten, weil sie neue Fragen aufwerfen. Manchmal reichen die anthropologischen Kategorien, die wir entwickelt haben, nicht aus, um die Komplexität der Elemente zu erfassen, die sich aus der Erfahrung oder dem Wissen der Wissenschaften ergeben, und

erfordern eine Verfeinerung und weitere Untersu-
chungen. Es ist wichtig, sich die nötige Zeit für diese
Überlegungen zu nehmen und unsere besten Kräfte
darauf zu verwenden, ohne sich zu vereinfachenden
Urteilen hinreißen zu lassen, die den Menschen und
dem Leib der Kirche schaden. Das Lehramt hat be-
reits viele Hinweise gegeben, die darauf warten, in
geeignete pastorale Initiativen umgesetzt zu werden.
Selbst dort, wo weitere Klarstellungen erforderlich
sind, zeigt uns das Verhalten Jesu, das wir im Gebet
und in der Bekehrung des Herzens verinnerlicht ha-
ben, den Weg nach vorn." (Ebd.; eigene Übersetzung)

Notwendigkeit Sexueller Bildung

Wenn ich darauf hinweise, ist das keine Spitzfindig-
keit, sondern es hat zwei wichtige Gründe, die auch
mit meiner eigenen Profession als Dogmatiker und
Religions- und Sexualpädagoge zu tun haben. Zum
einen sind die Fragen rund um Sexualität eben nicht
einfach nur oder ausschließlich ein Thema der Moraltheologie und Ethik, sondern ebenso sehr der
Anthropologie und Dogmatik, der Pastoraltheologie
und (Religions)Pädagogik, der christlichen Sozial-
wissenschaften, der biblischen Theologie etc. und damit ein gemeinsames Thema bald aller theologischen
Disziplinen im Gespräch mit ihren jeweiligen Be-
zugs-, Human- und Kulturwissenschaften. Und zum

anderen führt das alleinige Stieren auf eine „Änderung der Sexualmoral" dazu, dass Abschnitte des Syntheseberichtes, die auf eine Verstärkung der Anstrengungen in der Sexualerziehung zielen, im wahrsten Sinn unbeachtet bleiben. Dabei heißt es in 14g konkret auf die Sexuelle Bildung bezogen:

14g) „Wir empfehlen, das Thema der affektiven und sexuellen Erziehung zu vertiefen, um die Jugendlichen auf ihrem Wachstumsweg zu begleiten und die affektive Reifung derjenigen zu unterstützen, die zum Zölibat und zur gottgeweihten Keuschheit berufen sind; die Ausbildung in diesen Bereichen ist eine notwendige Hilfe in allen Lebensabschnitten." (Ebd.; eigene Übersetzung)

M.a.W.: „Es braucht ein Ja zur Sexualerziehung", wie ein Titel eines kurz vor Weltsynodenbeginn veröffentlichten Beitrags in der Herder Korrespondenz (HK 9/2023) lautet. Und es braucht in Deutschland als nächstes auch endlich statt eines weiteren Jahres des Zuwartens auf eine Änderung der Sexualmoral auf Ebene der Weltkirche einer Bearbeitung und Umsetzung des bereits im Rahmen des Synodalen Wegs erarbeiteten, vorliegenden, aber auf unbestimmte Zeit aufgeschobenen Handlungstextes „Sexualpädagogische Begleitung und Förderung sexualpädagogischer Konzepte in allen pädagogischen und pastoralen Einrichtungen"!

Eliminierung von Missbrauchsursachen

Dieser zur Eliminierung von Missbrauchsursachen in Deutschland grundlegende Text hat bisher noch nicht* den Status einer schriftlichen Dokumentation im Zuge der geplanten Print-Publikationen von ZdK und DBK erhalten. Von daher – um auf die heutige Predigt von Papst Franziskus zum Abschluss der zurückliegenden synodalen Etappe zurückzukommen – muss die Rezeption der Ergebnisse der Synode vor allem in einen Selbstauftrag und in ein erneuertes, vertieftes Engagement vor Ort münden, will man den anstehenden Aufgaben nicht ausweichen.

„Heute sehen wir noch nicht die volle Frucht dieses Prozesses, aber wir können mit Weitsicht auf den Horizont blicken, der sich vor uns auftut: Der Herr wird uns leiten und uns helfen, eine synodalere und missionarischere Kirche zu sein, die Gott anbetet und den Frauen und Männern unserer Zeit dient und hinausgeht, um allen die tröstliche Freude des Evangeliums zu bringen." (press.vatican, 29.10.2023)

"Segen und Liebe Gottes schließen alle Menschen ein" – Zur Erklärung *„Fiducia supplicans"* des Dikasteriums für die Glaubenslehre vom 18.12.2023

Home > Bollettino > 2023 > 12 > 18

Dichiarazione "Fiducia supplicans" sul senso pastorale delle benedizioni del Dicastero per la Dottrina della Fede, 18.12.2023

[B0901]

„*Todos, todos, todos*" sagte Papst Franziskus Anfang August mehrfach während des Weltjugendtages in Portugal über eine Kirche, die allen Menschen offensteht. „Die Kirche mit offenen Türen für alle, alle, alle" wiederholte Franziskus erneut auch zu Beginn der Weltbischofssynode Anfang Oktober in Rom. Doch queere Menschen erleben im Verbot der Segnung homosexueller Partnerschaften diese offenen Türen nicht wirklich. Wenn die Kirche beinahe alles, Kerzen, Gegenstände, ja sogar Zäune segnen könne, aber den Segen manchen Menschen allein aufgrund ihrer sexuellen Identität, Lebensform und einer moralischen Bewertung vorenthalte, dann ist dies diskriminierend. Mit diesem Verständnis räumt das vom

Dikasterium für die Glaubenslehre unter dem Titel „Mit flehendem Vertrauen" mit expliziter Unterstützung von Papst Franziskus auf. Mit dem veröffentlichten Schreiben „über die pastorale Sinngebung von Segnungen" wird eine „Art von Segen vorgeschlagen, der allen gespendet werden kann, ohne etwas zu verlangen" (FS 27). Papst Franziskus, aus einer Katechese über den Segen (2020) zitierend führt die Erklärung aus:

„Es ist Gott, der segnet. Auf den ersten Seiten der *Bibel finden wir eine ständige Abfolge von Segen. Gott segnet, aber auch die Menschen bringen ihren Lobpreis zum Ausdruck, und bald erkennt man, dass der Segen eine besondere Kraft besitzt, die den, der ihn empfängt, sein Leben lang begleitet und das Herz des Menschen dafür bereit macht, sich von Gott verändern zu lassen [...]. Wir sind also für Gott wichtiger als alle Sünden, die wir begehen können, denn Er ist Vater, Er ist Mutter, Er ist reine Liebe, Er hat uns für immer gesegnet. Und er wird nie aufhören, uns zu segnen.*"

Bischof Georg Bätzing hat bereits am Tag der Veröffentlichung der Erklärung deren Bedeutung unterstrichen: Dass sie erlaube, „dass Paaren, die etwa aufgrund einer Scheidung nicht die Möglichkeit zur kirchlichen Trauung haben, und gleichgeschlechtlichen Paaren ein Segen gespendet werden kann." Die

Praxis der Kirche kenne eine Vielzahl von Segensformen, sodass es gut sei, dass dieser Schatz für die Vielfalt von Lebensmodellen nun gehoben werde.

Zugleich müssen wir – mit den Worten einer Stellungnahme von Kardinal Marx gesprochen – ernstnehmen, die Erklärung und ihren Geist auch in unsere Kultur zu übersetzen. Hier wird es gelten, an die Ergebnisse und Handlungstexte des Synodalen Wegs der Kirche in Deutschland anzuknüpfen und sie im Licht der neuen Erklärung in die pastorale Praxis zu übersetzen: Dass wirklich auch für alle Menschen – ohne jede Form der Diskriminierung und Abqualifizierung – erfahrbar wird, dass der Segen und die Liebe Gottes alle Menschen einschließt – und die Kirche diesen Segen auch „vor Ort" in einem würdigen Rahmen weitergibt. Ein wichtiger Schritt ist damit getan, auch wenn es noch nicht der letzte sein darf.

Beginn einer „Reformation im Geist der Synodalität" – Aus Anlass der Ankündigung des Rücktritts von Papst Benedikt XVI. am Rosenmontag vor 11 Jahren

Heute am Rosenmontag vor elf Jahren machte der damalige Papst Benedikt XVI. zur Überraschung aller seinen Rücktritt vom Papstamt bekannt. Und niemand hätte erwartet, dass er mit der dadurch ermöglichten Wahl seines Nachfolgers Papst Franziskus, die sich am 14. März dieses Jahres ebenfalls zum elften Mal jährt, eine „Reformation im Geist der Synodalität" einleiten würde

Motivwagen des Kölner Rosenmontagszugs 2024 über die Blindheit der Kirche im Umgang mit Missbrauchsfällen. (© XChristophxHardtx)

350

Auch wenn der Reformstau in der Katholischen Kirche insbesondere im Zuge der Aufarbeitung des Missbrauchsskandals deutlich größer ist, als die mit der Wahl von Franziskus synodal seit den beiden Familiensynoden der Jahre 2014/15 bereits in Angriff genommenen Reformvorhaben ausweisen, können sich die Ergebnisse sehen lassen:

Schon zwei bzw. drei Jahre nach seiner Wahl und der besagten Doppelsynode konnte man von keinem Paar der Welt mehr sagen, dass es in einem Zustand der Todsünde lebe (wodurch die Zulassung wiederverheiratet Geschiedener zu den Sakramenten möglich wurde). Und seit Ende des vergangenen Jahres kann hinzugefügt werden, dass entsprechend der Erklärung *Fiducia supplicans* alle Paare in vormals „sogenannten 'irregulären' Situationen" (AL 297), ja ausdrücklich auch gleichgeschlechtliche Paare vom Segen der Kirche nicht mehr ausgeschlossen sind. Darüber hinaus sind zahlreiche andere „Heiße-Eisen-Themen" ebenfalls angegangen worden: Ein Ausgleich hinsichtlich der noch bis vor einem Jahrzehnt die katholische Welt wie keine zweite beschäftigende Frage hinsichtlich der Fragen der Empfängnisregelung (AL 222), die Thematisierung der Fragen des Zugangs von viri probati (im Leben erfahrenen und verheirateten Männern) zum Priesteramt auf der Amazonassynode 2019, die nun auch im zweiten Teil der XVI. ordentlichen Generalversammlung der

Bischofssynode dieses Jahres in der Beratung auf weltkirchlicher Ebene wiederaufgenommen werden. Sensationeller Weise könnte auch die Möglichkeit des Frauendiakonats auf der Tagesordnung stehen, die zuletzt vor einer Woche vom 5.–7. Februar auch den Kardinalsrat beschäftigte. Alle diese „Themen größter Relevanz" wurden bereits am 11. Dezember 2023 von Seiten des Vatikans hervorgehoben. Sie sollen mit besonderer Vorbereitung des Synodalbüros, der Dikasterien und externer Expertinnen und Experten in die Beratungen des zweiten Teils der Weltsynode zur Synodalität im Oktober einfließen:

„Es handelt sich um Themen von großer Bedeutung, von denen einige auf der Ebene der Gesamtkirche und in Zusammenarbeit mit den Dikasterien der Römischen Kurie behandelt werden müssen, wie zum Beispiel die Vorstudie im Hinblick auf die Aktualisierung des CIC und des CCEO (Synthesebericht, Kap. 1 Buchst. r), der Ratio fundamentalis über die Ausbildung der geweihten Amtsträger (Kap. 11 Buchst. j), des Dokuments Mutuae relationes (Kap. 10 Buchst. g); oder die Vertiefung der theologischen und pastoralen Forschungen über den Diakonat und insbesondere über den Zugang der Frauen zum Diakonat (Kap. 9 Buchst. n), usw. "(Ebd.)

Nicht (mehr) zur Diskussion steht hingegen dasjenige Thema, das – zumindest in jeder Pressekonferenz des ersten Teils der Weltsynode (mehrheitlich von außen an die Synodenversammlung herangetragen) – immer wieder auch im Mittelpunkt stand: das Thema des Umgangs mit LGBTIQ-Personen und die oben schon angesprochene Frage der Möglichkeit eines Segens. Diese Fragestellungen hatte das Dikasterium für die Glaubenslehre bereits mit einem Handstreich mit der am 18. Dezember 2023 veröffentlichten Erklärung *Fiducia supplicans* weltkirchlich in gewisser Weise „abgeräumt" – nicht ohne weltweit ein nicht breiter zu denkendes und auseinandergehendes Echo zu erzeugen.

Nach den teils auch strikt ablehnenden Äußerungen aus einigen Teilen der Weltkirche wie z.B. von Seiten des Verbands der afrikanischen Bischofskonferenzen (SECAM) nehmen sich die zu Beginn überschwänglich positiven Reaktionen deutscher Bischöfe vor dem Hintergrund einer intensiveren Lektüre der Erklärung und den am 4. Januar 2024 nachgeschobenen erläuternden Hinweisen derzeit deutlich zurückgenommener oder verhalten aus, wenn etwa darauf gehofft wird, dass „die nun erneuerte pastorale Praxis auch zu einer Weiterentwicklung der Lehre führt" – waren doch die „Neubewertung der Homosexualität" und die „Anerkennung geschlechtlicher Vielfalt" neben dem Segensthema Hauptanliegen des Synodalen Wegs in Deutschland in gleich drei Handlungstexten.

Eine weitere Thematisierung dieser Fragen steht nun im Herbst 2024 auf weltkirchlicher Ebene aller Voraussicht nach nicht mehr an. Dafür ist der Weg umso freier für einige weitere Themen, die nach dem im Dezember veröffentlichten Fahrplan im März diesen Jahres – einhergehend mit dem 11-jährigen Jubiläum des Pontifikats von Papst Franziskus – feststehen bzw. endgültig bestätigt werden. Alle diese Reformvorhaben 'im Geist der Synodalität' hätte Papst em. Benedikt XVI. mit der Ankündigung seines Rücktritts am Rosenmontag des Jahres 2013 sicher nicht absehen können. Ausgelöst hat sie der erst Ende des vorletzten Jahres verstorbene Papst em. Benedikt XVI. dadurch zweifellos dennoch – insbesondere durch den mit Papst Franziskus neu einziehenden schöpfungstheologischen Ansatz in Lehrverkündigung und -entwicklung, der bis in die jüngste Erklärung *Fiducia supplicans* als Wasserzeichen seines Pontifikats wahrzunehmen ist.

How to be a synodal Church on mission? – Themenstellungen und Arbeitsgruppen der XVI. Ordentliche Generalversammlung der Bischofssynode (2.-27. Oktober 2024)

(Screenshot Pressekonferenz / Vatican Media, 14.3.24)

Mit den in der Pressekonferenz des Sekretariats für die Synode vom 14. März vorgestellten Dokumenten konkretisiert sich der Weg zum zweiten Teil der XVI. Generalversammlung der Bischofssynode (2.-27.10.24) und weist auch schon darüber hinaus. Überraschend werden von Papst Franziskus insgesamt zehn in Studiengruppen zu erarbeitende Themenfelder aus dem Synthese-Papier (RdS) benannt, die über das Ende der Weltsynode hinausgehen und so bis mindestens Juni 2025 an Ergebnissen weiterarbeiten sollen. Über die schon im Dezember herausgehobenen Themen sind dies:

1.   Einige Aspekte der Beziehungen zwischen den katholischen Ostkirchen und der lateinischen Kirche (RdS 6)
2.   Das Hören auf den Schrei der Armen (RdS 4 und 16)
3.   Die Mission in der digitalen Welt (RdS 17)
4.   Die Revision der Ratio Fundamentalis Institutionis Sacerdotalis in einer missionarischen synodalen Perspektive (RdS 11)
5.   Einige theologische und kirchenrechtliche Fragen im Zusammenhang mit bestimmten Formen des Dienstes (RdS 8 und 9)
6.   Die Revision der Dokumente, die die Beziehungen zwischen den Bischöfen, dem gottgeweihten Leben und den kirchlichen Gemeinschaften regeln, in einer synodalen und missionarischen Perspektive (RdS 10)
7.   Einige Aspekte der Gestalt und des Dienstes des Bischofs (insbesondere: Kriterien für die Auswahl der Kandidaten für das Bischofsamt, die richterliche Funktion des Bischofs, die Art und Durchführung der Ad-limina-Besuche) in einer synodalen und missionarischen Perspektive (RdS 12 und 13)

8. Die Rolle der Päpstlichen Beauftragten (Nuntien und Ständige Beobachter, Anm.) in einer missionarischen synodalen Perspektive (RdS 13)

9. Theologische Kriterien und synodale Methoden für eine gemeinsame Unterscheidung von kontroversen lehrmäßigen, pastoralen und ethischen Fragen (RdS 15)

10. Die Rezeption der Früchte des ökumenischen Weges in der kirchlichen Praxis (RdS 7) (Übersetzung nach Vatican News, 14. März 2024)

Aber auch wenn die Laufzeit der Studiengruppen über die Bischofssynode im Herbst hinausgeht, sollen doch schon auch im Herbst bereits Zwischenergebnisse aus den Studiengruppen in die Synodalen Beratungen eingebracht werden, die ihrerseits die Arbeit der Studiengruppen bestimmen werden. Zugeordnet sind diese Arbeitsgruppen – an dieser Stelle die neue Kurienordnung *Praedicate evangelium* Nr. 33 umsetzend, worauf eigens hingewiesen wird – einzelnen Dikasterien der Kurie, die vom Synodensekretariat koordiniert werden.

Auch wenn - wie zuletzt am 11. Februar in diesem Blog angesprochen - aus europäischer Perspektive konkrete Beratungsergebnisse, z.B. zu Fragen des Zugangs zum Priesteramt (vorgesehen in der 4. Studiengruppe), zur Frage des Frauendiakonats (vorgesehen in der 5. Studiengruppe) oder zu drängenden anthropologische Fragestellungen (vorgesehen in der

9. Studiengruppe) als Gradmesser des synodalen Prozess angesehen werden, ist doch schon die synodale Zuarbeit aller Kuriendikasterien der erste Hinweis für die Umgestaltung der Generalversammlung der Bischofssynode in Richtung auf ihr Hauptthema „Für eine synodale Kirche". Die Statements aller Beteiligten der Pressekonferenz machen dies deutlich, wie es etwa besonders in dem Statement von Sr. Simona Brambilla vom Dikasterium für die Ordensleute herausgestellt wird, das in einem Extra-Kommuniqué des vatikanischen Presseamtes veröffentlicht wurde.

Die parallel zur zweiten Sitzung der XVI. Bischofssynode und darüber hinaus weiterlaufenden Studiengruppen entlasten die Bischofsversammlung zu den vielen aufgeworfenen und vielleicht im Herbst noch neu hinzukommenden Themenstellungen Positionierungen oder gar Entschließungen verabschieden zu müssen. Sie machen es vielmehr möglich, das eigentliche Thema der Synode, die Synodalität auf den unterschiedlichen Ebenen der Kirche im wahrsten Sinn durchzubuchstabieren, das ja die Grundlage für die Umsetzung der o.g. Einzelthemen der Studiengruppen bildet bzw. bilden wird. Ein weiteres in der Pressekonferenz vom 14. März vorgestelltes Papier des Sekretariats der Synode lenkt den Fokus auf diese Fragen unter dem Titel: „How to be a synodal Church on mission?", aus dem bereits die Struktur und der

Ablauf der synodalen Beratungen der XVI. General-versammlung der Bischofssynode im Herbst ablesbar werden.

Dieses Dokument macht deutlich, dass in fünf vom Synodensekretariat berufenen Arbeitsgruppen die Rückmeldungen aus den lokalen Bischofskonferen-zen – die bis zum 15. Mai 2024 eingehen sollen – für das Vorbereitungsdokument (*Instrumentum laboris*) der zweiten Synodenrunde aufbereitet werden sollen.

Sie verfolgen die folgenden Themen:
- Das synodale missionarische Antlitz der Ortskirche
- Das synodale missionarische Antlitz der kirchlichen Gruppierungen
- Das synodale missionarische Antlitz der Universal-kirche
- Die synodale Methode
- Der „Ort" einer synodalen missionarischen Kirche

Mehr und mehr zeichnet sich das Design einer syno-dalen Kirche ab, einer „Synodalität, welcher der Weg ist, den Gott von der Kirche im dritten Jahrtausend erwartet."

„Wir müssen die Kunst der geistlichen Unterscheidung ständig verfeinern" – Im Zugehen auf die 2. Sitzung der Weltsynode ein Resümee des Priestertreffens vom 29. April bis 2. Mai in Sacrofano / Rom

Über 300 Priester aus aller Welt – drei davon aus Deutschland – waren zum Priestertreffen im Zugehen auf die zweite Sitzung der XVI. Versammlung der Bischofssynode im Oktober 2024 eingeladen. Und das obige Zitat aus einem Beitrag des tschechischen Theologen und Priesters Tomáš Halík scheint mir tatsächlich eine Art Resümee dieser Tage zu sein, das auf Ebene der Weltkirche gilt, aber in den Pfarreien vor Ort seinen Anfang nehmen muss. Papst Franziskus hob die geistliche Unterscheidung und das über

360

die erste Sitzung der Weltsynode im Oktober des vergangenen Jahres eingeübte „Gespräch im Heiligen Geist" auch in seinem heute veröffentlichten Schreiben an die teilnehmenden Priester hervor.

"Ich empfehle euch von ganzem Herzen, die Kunst der gemeinschaftlichen Unterscheidung zu erlernen und zu praktizieren und dafür die Methode des „Gesprächs im Heiligen Geist" zu nutzen, die uns im Verlauf der Synode und bei der Durchführung der Vollversammlung selbst so hilfreich war. Ich bin sicher, dass ihr damit nicht nur in den Gemeinschaftsstrukturen, wie dem Pastoralrat der Pfarrei, sondern auch in zahlreichen anderen Bereichen viele Früchte ernten könnt. Wie der Synthese-Bericht in Erinnerung ruft, ist die Unterscheidung ein Schlüsselelement des pastoralen Wirkens einer synodalen Kirche: »Es ist wichtig, dass die Praxis der Unterscheidung auch im pastoralen Bereich in einer den jeweiligen Kontexten angemessenen Weise umgesetzt wird, um die Konkretheit des kirchlichen Lebens zu erhellen. Sie wird es ermöglichen, die in der Gemeinschaft vorhandenen Charismen besser zu erkennen, Aufgaben und Ämter weise zu übertragen und pastorale Wege im Licht des Geistes zu planen, die über die bloße Planung von Aktivitäten hinausgehen« (2, l)."

Neben der Bezugnahme auf den Synthese-Bericht sticht ein weiteres Mal das Zitat hervor, das auch am Ende des vorausgegangenen Blog-Beitrags stand und das seit dem Jahr 2015 mehr und mehr zu einem *ceterum censeo* des derzeitigen Pontifikats geworden ist, „den Weg der Synodalität einzuschlagen, der»das [ist], was Gott sich von der Kirche des dritten Jahrtausends erwartet«.

Mittwoch, 22. Mai 2024

Ohne die Begriffe „Segen" oder „Synodaler Rat" explizit zu verwenden, „wäre eine größere Entscheidungsbefugnis der jeweiligen Ortskirchen hilfreich." – Die Eingabe der Deutschen Bischofskonferenz zum 2. Teil der Weltsynode zur Synodalität im Oktober 2024

Bericht der Deutschen Bischofskonferenz zur Weltsynode veröffentlicht

Katholiken in Deutschland hoffen auf Reformen in der Kirche

(Screenshot katholisch.de, 22.5.24)

Unter Einbeziehung der Rückmeldungen aller 27 Diözesen Deutschlands, des Zentralkomitees der deutschen Katholiken (allerdings ohne Zitat) und eines explizit zitierten Verbandes (der KDFB) wurde heute die bereits vor einer Woche an das Synodensekretariat zurückgesandte Eingabe der Deutschen Bischofskonferenz zum 2. Teil der Weltsynode zur Synodalität veröffentlicht. Sie konstatiert einerseits das – von der Kirchenmitgliedschaftsuntersuchung (KMU) dieses Jahr offen gelegte – erschreckende Resümee der geringen Glaubwürdigkeit der Katholischen Kirche wie der fortschreitenden Entkirchlichung der Gesellschaft in Deutschland und – am deutlichsten in dem Zitat aus der Rückmeldung der Diözese Mainz –, dass im Sinne der vielfach geteilten Reformanliegen Synodalität als „Entscheidungsbefugnis der jeweiligen Ortskirchen hilfreich" wäre.

Ohne den wohl von Seiten des Vatikans mit der Erklärung *Fiducia supplicans* aus der Diskussion der Weltsynode herausgezogenen Begriffs des „Segens", aber auch ohne die auf dem Synodalen Weg gewählte Begrifflichkeit eines „Synodalen Ausschuss" oder des „Synodalen Rates" zu verwenden, wiederholt die Eingabe der DBK „die auf dem Synodalen Weg erarbeiteten Positionen", die einen von der breiten Mehrheit der Katholikinnen und Katholiken geteilten Reformbedarf feststellen.

Hierbei werden benannt:

- *der verantwortungsvolle und synodal rückgebundene Umgang mit Leitungsvollmacht;*
- *die Stärkung des Aspekts der Gewaltenteilung in der Kirche;*
- *die stärkere Implementierung von Rechenschaftspflichten der Amtsträger;*
- *die stärkere Beteiligung des Volkes Gottes an der Auswahl von Amtsträgern;*
- *die Zulassung von Laien zum Predigtdienst;*
- *die Überprüfung der Zölibatsverpflichtung von Priestern;*
- *der Zugang von Frauen zu Leitungspositionen;*
- *die bessere Einbindung von Frauen in der theologischen und pastoralen Ausbildung;*
- *die Öffnung des Diakonats für Frauen;*
- *die Diskussion über die Festlegungen im Lehrschreiben Ordinatio sacerdotalis;*
- *die Weiterentwicklung der kirchlichen Lehre zur Anthropologie;*
- *die Weiterentwicklung der kirchlichen Sexuallehre;*
- *die Integration von LGBTQ+ -Personen in die Kirche.*

Die ebenfalls heute veröffentlichte Stellungnahme des Zentralkomitees der deutschen Katholiken (erarbeitet vom Hauptausschuss des ZdKs) ist – wie gesagt – überraschender Weise nicht in der Eingabe der Deutschen Bischofskonferenz explizit zitiert. Und

auch in dieser fehlen die Begriffe und Reformanliegen des „Segens" oder der Praxis von „Segensfeiern", die andererseits in einer von der Gemeinsamen
Konferenz von DBK und ZdK bereits seit Monaten –
wider Erwarten ohne Rückbindung an den zwischen-
zeitlich ja bereits im November vergangenen Jahres
eingerichteten Synodalen Ausschuss – eingesetzten
Arbeitsgruppe beraten werden.

Es bleibt die Hoffnung, dass die Weltsynode im
Sinne der Eingabe der DBK „eine größere Entscheidungsbefugnis der jeweiligen Ortskirchen" im Sinne
der Synodalität der Katholischen Kirche festschrei-
ben möge und auf diesem Wege sowohl die Formen
des Segens wie der konkreten synodalen Strukturen
innerhalb der Bischofskonferenzen freigeben möge.
Dass auch das heiße Eisen des Frauendiakonats dazu-
gehören könnte, ist seit einem gestern veröffentlichten Interview von Papst Franziskus wohl ebenso unwahrscheinlich geworden, wie dies schon im Februar
hinsichtlich der etwaigen Thematisierung des Segens-
themas prognostiziert wurde.

"Bekehrung des Papsttums" und "Synodalität"- oder: "Die Menschen müssen sehen können, dass sich das Handeln der Kirche vor Ort verändert."

Die drei in der vergangenen Woche herausragenden Nachrichten aus katholischer (und deutscher) Perspektive waren die Veröffentlichung eines theologischen Konsens- und Reformpapiers für ein Neuverständnis des päpstlichen Primats, die Teilnahme und der Beitrag des Papstes beim G7-Gipfel der führenden Regierungschefs der Welt und die Fortsetzung des Synodalen Wegs mit der zweiten Zusammenkunft des Synodalen Ausschusses an diesem Wochenende. Alle drei Themen führen zurück auf eine – in diesem Blog wohl meistzitierte – Rede Papst Franziskus' vom 17. Oktober 2015 bei der abgekürzt als Familiensynode bekannten XIV. Generalversammlung der Bischofssynode, die auf alle Aspekte zu sprechen kommt.

Bereits bei dieser Rede im Rahmen eines Festakts aus Anlass von 50 Jahren Bischofssynode reflektierte Papst Franziskus mit Eigenzitaten aus seinem ersten Apostolischen Schreiben *Evangelii gaudium* auf ein Neuverständnis des Papsttums (EG 32), das er nun in noch deutlicheren Worten als „Bekehrung des Papsttums" bezeichnet. Die auch im jetzt neu vorgelegten

Konsenspapier „Der Bischof von Rom" des Dikasteriums für die Einheit der Christen an zentraler Stelle aufgenommenen Zitate aus der Ökumene-Enzyklika Johannes Pauls II. finden sich bereits auch hier:

„Als Bischof von Rom weiß ich sehr wohl, und habe das in der vorliegenden Enzyklika erneut bestätigt, dass die volle und sichtbare Gemeinschaft aller Gemeinschaften, in denen kraft der Treue Gottes sein Geist wohnt, der brennende Wunsch Christi ist. Ich bin überzeugt, diesbezüglich eine besondere Verantwortung zu haben, vor allem wenn ich die ökumenische Sehnsucht der meisten christlichen Gemeinschaften feststelle und die an mich gerichtete Bitte vernehme, eine Form der Primatsausübung zu finden, die zwar keineswegs auf das Wesentliche ihrer Sendung verzichtet, sich aber einer neuen Situation öffnet" (Ut unum sint 95)."

Und im direkten Anschluss der Rede findet sich die Ausweitung der sozialethischen Verantwortung des Papstamtes für die gesamte Menschheit ausgedrückt, mit welcher auch die Teilnahme von Papst Franziskus beim G7-Gipfel und sein Beitrag zu den Chancen und Gefahren künstlicher Intelligenz einzuordnen ist.

„Unser Blick weitet sich auch auf die ganze Menschheit. (...) Als Kirche, die gemeinsam mit den Men-

schen unterwegs ist, die an den Mühen der Geschichte Anteil hat, pflegen wir den Traum dass die Wiederentdeckung der unverletzlichen Würde der Völker und der Dienstcharakter der Autorität auch den Gesellschaften helfen kann, um sich auf Gerechtigkeit und Geschwisterlichkeit zu stützen, um eine bessere und würdigere Welt für die Menschheit zu bauen und für die Generationen, die nach uns kommen (EG 186-192, Laudato Si' 156-162)."

Verbunden ist dieses neue Selbstverständnis des Papsttums mit einem diesem zugrundeliegenden synodalen Verständnis der Kirche, das Franziskus in derselben Rede aus Anlass von 50 Jahren Bischofssynode zuvor ausführt und mit denselben Worten des Blog-Beitrags vom 17.10.2015 widergegeben werden soll:

Papst Franziskus hebt am Ende des Festaktes (…) die Bedeutung und Charakteristika der 'Synodalität' auf den drei Ebenen der Orts-, Teil- und Weltkirche heraus. Für die Umsetzung (...) wird von besonderer Bedeutung sein, dass Papst Franziskus die von ihm bereits im Lehrschreiben Evangelii Gaudium (...) angesprochene stärkere Bedeutung der Teilkirchen 'cum et sub Petro' auf Zukunft hin noch höher einschätzt. Man müsse noch weiter darüber nachdenken, jene Strukturen, die Zwischenebenen der Kollegialität gemäß der frühkirchlichen Ordnung zu erneuern. Mit dem Hinweis, dass die Hoffnung des Konzils, dass solche Einrichtungen helfen, den Geist der bischöflichen Kollegialität zu erhöhen, noch nicht vollständig realisiert seien, kommt er zu einer zentralen Stelle seiner Rede, die mit anhaltendem Applaus bedacht wurde:

„Wir sind auf halbem Weg, auf einem Teil des Weges. Wie ich bereits gesagt habe, ist es in einer synodalen Kirche "nicht angebracht, dass der Papst die örtlichen Bischöfe in der Bewertung aller Problemkreise ersetzt, die in ihren Gebieten auftauchen. In diesem Sinn spüre ich die Notwendigkeit, in einer heilsamen 'Dezentralisierung' voranzuschreiten" (EG 16).“ (Radio Vatikan 17.10.2015)

Um ebendiese Formen der Dezentralisierung und die Wahrnehmung des synodalen Auftrags vor Ort geht es auch beim Synodalen Weg der Kirche in Deutschland. Beim zweiten Treffen des Synodalen Ausschusses, der einen für das Jahr 2026 vorgesehenen Synodalen Rat vorbereiten soll, wurden drei Kommissionen gewählt, die sich mit der „Synodalität als Strukturprinzip der Kirche“, der „Evaluation und Monitoring der Umsetzung der Beschlüsse des Synodalen Weges“ und der „Weiterentwicklung der Initiativen des Synodalen Weges“ beschäftigen.

Gradmesser für den Erfolg der synodalen Neuausrichtung der Kirche in Deutschland wird sein, was Bischof Bätzing im Rahmen dieser Zusammenkunft des Synodalen Ausschusses wie schon nach der letzten V. Synodalversammlung im März vergangenen Jahres sagte:

"Die Menschen müssen sehen können, dass sich das Handeln der Kirche vor Ort verändert."

„Wenn Frauen sich in Kirche unwohl fühlen, haben wir versagt." – Zur Veröffentlichung des Instrumentum laboris zur zweiten Sitzung der XVI. Generalversammlung der Bischofssynode in Rom und allenthalben drängenden Reformerwartungen

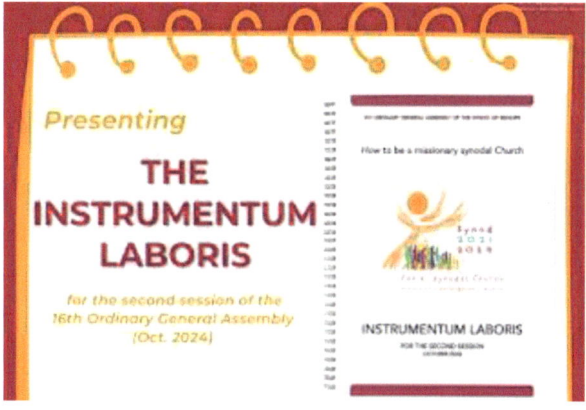

Mit dem im Titel benannten Zitat äußerte sich Kardinal Jean-Claude Hollerich, Generalrelator der Bischofssynode, in einem Interview drei Tage nach der Veröffentlichung des Vorbereitungsdokumentes (*Instrumentum laboris*) der Weltsynode. Auch wenn „die theologische Reflexion" über „die Zulassung von Frauen zum diakonischen Dienst … nicht im Rahmen der Zweiten Sitzung thematisiert werden" soll, wie es in dem Vorbereitungsdokument ausdrücklich heißt, ist doch das *Instrumentum laboris* durchzogen von vielen Vorschlägen zur stärkeren

Einbeziehung von Frauen an Entscheidungsprozessen und in Leitungsfunktionen der Kirche. Die Beratung über alle Fragen rund um das Diakonat der Frau ist an eine Arbeitsgruppe unter der Federführung des Dikasteriums für die Glaubenslehre delegiert worden. Aber es ist aus meiner Sicht davon auszugehen, dass spätestens über einen vorgesehenen Zwischenbericht aus dieser Arbeitsgruppe Resonanzen aus dem Synodenplenum das Thema doch in gewisser Weise wieder auf die Tagesordnung der Weltsynode setzen werden.

Sekretär der Bischofssynode Kardinal Maria Grech

In ähnlicher Weise ist es zu erwarten, dass auch über das überraschender Weise in das *Instrumentum laboris* (vgl. IL Einleitung) – und nach Ausführung des Sekretärs der Bischofssynode Kardinal Mario Grech in der Pressekonferenz Pressekonferenz auch aus-

drücklich im Rahmen der Beratungen der Bischofssynode – aufgenommene Thema der Polygamie, das
von Seiten des Verbands der afrikanischen Bischofskonferenzen (SECAM) nach der Behandlung in der
ersten Sitzungsperiode der Bischofssynode in einer
Arbeitsgruppe der Konferenz vorbereitet wird, auch
themenübergreifend den kulturverschiedenen Umgang mit Fragen im Themenfeld der Sexualität einbringen wird. Ich gehe davon aus, dass schon die
Weise der Befassung im synodalen Prozess bereits
Hinweise auf die zukünftigen Verantwortungsebenen
in einer synodalen Kirche geben wird. Ähnliches erwarte ich auch hinsichtlich der in einer Arbeitsgruppe
beratenen Bedingungen der Ausbildungsordnung
zum Zugang zum Priesterberuf eine ebenfalls mehr
auf die ortskirchliche Ebene verweisende Argumentation. Streng genommen hatte Papst Franziskus mit
der Annahme des Synodenabschlussdokuments bei
der Amazonassynode am 27.10.2019 nach *Episcopalis communio* (Art. 18 § 1) ja bereits die Möglichkeit der Weihe von „viri probati" (erfahrenen, verheirateten Männern) zum Teil des Ordentlichen Lehramts erklärt, auch wenn er selbst in seinem Nachsynodalen Schreiben *Querida Amazonia* darauf keinen
ausdrücklichen Bezug genommen hat. Jetzt könnten

die Vorschläge in den Beratungen der Generalversammlung der Bischofssynode ad hoc wieder
aufgerufen bzw. zitiert werden.

Generalrelator Kardinal Jean-Claude Hollerich

Die vorgenannten Einzelthemen gehören inhaltlich zu
den im Februar 2024 inhaltlich beschriebenen zehn
Studiengruppen, deren Mitglieder mit dem *Instrumentum laboris* ebenso veröffentlicht wurden wie
die Mitglieder von fünf Arbeitsgruppen für das Studium der fünf Perspektiven, die im Hinblick auf die
zweite Tagung der XVI. ordentlichen Generalversammlung der Bischofssynode theologisch zu unter-
suchen sind: Wie am 15. März in diesem Blog beschrieben bedarf eine synodale Kirche auf allen Ebenen der Ortskirche (1), ihrer Zusammenschlüsse (2)
und auf weltkirchlicher Ebene (2) ein Gesicht, Transparenz und einer Rechenschaftspflicht, ein geteiltes
Verständnis der synodalen Methode (4) und immer

wieder neu konkreter Orte (5). In diesen dem Synodensekretariat direkt zuarbeitenden Arbeitsgruppen wird deutlich, wie sehr im Mittelpunkt der Weltsynode das Thema der Synodalität der Kirche selbst steht: Wie können wir eine synodale Kirche der Sendung sein? Zu diesem Zweck untergliedert das *Instrumentum laboris* nach einer Einleitung und einem Grundlagenteil die zu beratenden Themen unter drei Aspekten: Beziehungen – Wege – Räume, unter denen die Themen der o.g. zehn Studiengruppen aufgeführt sind.

Dr. Irme Stetter-Karp und Bischof Dr. Georg Bätzing

Die ersten Stellungnahmen von Vertreter:innen der Kirche in Deutschland waren am Tag der Veröffentlichung des *Instrumentum laboris* deshalb auch optimistisch, „dass die Kirche in Bewegung ist", wie es die Präsidentin des Zentralkomitees der deutschen Katholiken (ZdK), Dr. Irme Stetter-Karp ausdrückte.

„Das Instrumentum laboris für Oktober gibt zwei zentrale Signale: Die Kirche will sich tiefgreifend verändern, sie will synodal werden. Und sie ringt in diesem Prozess mit der Transformation ihrer Tradition." (ZdK 9.7.2024)

Die Einschätzung, dass „das Dokument inhaltlich für eine gute Grundlage für die anstehenden Beratungen" gehalten werden kann, teilt auch der Vorsitzende der Deutschen Bischofskonferenz, Bischof Georg Bätzing. Wie Irme Stetter-Karp mahnt er aber auch konkrete Reformschritte an und zitiert in einem DBK-Statement hierzu aus der Nr. 71 des *Instrumentum laboris*:

„Ohne konkrete Veränderungen wird die Vision einer synodalen Kirche nicht glaubwürdig sein, und dies wird jene Mitglieder des Gottesvolkes entfremden, die aus dem synodalen Weg Kraft und Hoffnung geschöpft haben." (Nr. 71)

„Wider die Sünde gegen die Synodalität" – Zur Vorstellung der Methodologie, Regeln und der Teilnehmenden der Weltsynode und warum es jetzt ums Ganze geht.

"Der gesamte Prozess der Synode 2021-2024 lässt sich von einer grundlegenden Frage leiten: „Wie verwirklicht sich heute auf den verschiedenen Ebenen (von der lokalen bis zur universalen Ebene) jenes ,gemeinsame Gehen', das die Kirche befähigt, das Evangelium gemäß der ihr anvertrauten Sendung zu verkünden, und zu welchen Schritten lädt uns der Geist ein, um als synodale Kirche zu wachsen" (Vorbereitungsdokument, Nr. 2)."

377

Mit diesem Zitat beginnt das am 16. September 2024 auch in deutscher Sprache veröffentlichte Dokument zur Methodologie des zweiten Teils der vom 2. bis 27. Oktober 2024 in Rom tagenden Weltbischofssynode. In fünf Modulen – einem einführenden zu Grundlagen, drei zu den im *Instrumentum laboris* grundgelegten Aspekten "Beziehungen, Wege und Orte" und einem abschließenden zum gesamten, erarbeiteten Textentwurf – wird eine über 36 Tischgruppen in der bereits eingeführten Methode des Gesprächs im Heiligen Geist erarbeitete Arbeitsweise bereits detailliert verteilt auf die vier Synodenwochen vorgestellt, die sicherstellen soll, dass alle Teilnehmenden gleichermaßen an der Texterarbeitung beteiligt werden und das spezifische geistliche Element der Unterscheidung auch zum Tragen kommt. Entsprechend ihrer jeweiligen Rolle - so führen der Sekretär der Bischofssynode Kardinal Mario Grech und Generalrelator Kardinal Jean-Claude Hollerich in einer Pressekonferenz aus - haben die insgesamt 368 Teilnehmenden eine spezifische Aufgabe, für die jeweils besondere Regeln gelten. Rein formal soll auf diese Weise sichergestellt werden, dass wirklich alle unter der Führung des Heiligen Geistes in einem lebendigen Miteinander gehen, beten und beraten und so in einer von allen mitgetragenen Bewegung die Zukunft der Kirche gestaltet und fortgeschrieben wird. Dabei steht die Geltung der Synodalität selber im Mittelpunkt der weltkirchlichen Beratungen, insofern sich – unbeschadet von einzelnen Themen, die auf diese Weise in den Vordergrund rücken – am gelingenden Verlauf auch die Implementierung des Selbstverständnisses der Katholischen Kirche als einer synodalen Kirche unter Beweis stellt. Darum und um nichts weniger geht es: Es geht ums Ganze, um die in den vergangenen Jahren sukzessive vorangetriebene synodale Ausgestaltung der katholischen Kirche – seit der Doppelsynode zur Familie 2014/15, mit der dieser Synodenblog begann.

In Kürze ist es zehn Jahre her, dass Papst Franziskus zu Beginn der ersten Weltsynode zur Familie am 6. Oktober 2014 dazu einlud, die Beratungen „im Geist der Synodalität" zu führen und wenig später am 17. Oktober 2015 in einer Ansprache aus Anlass der Feier von 50 Jahre Bischofssynode Kollegialität und Synodalität als Wesensvollzüge einer sich erneuernden Kirche beschrieb – mit dem oft zitierten Spitzensatz zur „Synodalität, welcher der Weg ist, den Gott von seiner Kirche im 3. Jahrtausend erwartet." Die Reflexion auf die Bedeutung von Synodalität gehört seitdem bis zur Kurienreform zum ceterum censeo der Kirchenentwicklung. Wenn aber heute nicht nur über dieses oder jenes Einzelthema debattiert und gerungen wird – so etwa die Ämterfrage, den Zölibat oder Fragen der Geschlechtergerechtigkeit –, sondern die synodale Verfasstheit der Kirche insgesamt infrage gestellt wird, zielt eine solche Kritik nicht nur auf das Vermächtnis des derzeitigen Pontifikats, sondern zentral auf den Markenkern der im II. Vatikanischen Konzil gewandelten katholischen Kirche. So ist die Gegenrede des nicht erst seit seiner Entlassung vor sieben Jahren aus dem Amt des Vorsitzenden der ehemaligen Glaubenskongregation (seit der Kurienreform 2022: Dikasterium für die Glaubenslehre) notorisch papstkritisch auffallenden Kardinals Gerhard Ludwig Müller wider eine Sünde gegen die Synodalität nicht weniger als ein kirchenspalterischer Versuch eine vorsynodale Kirche zu restaurieren, den synodalen Prozess zu unterlaufen und zu diskreditieren. Die beißende Kritik des 76 jährigen Kurienkardinals macht sich diesmal an einer Bußliturgie im Anschluss an die Besinnungstage am Vorabend vor dem Synodenbeginn am 1. Oktober fest:

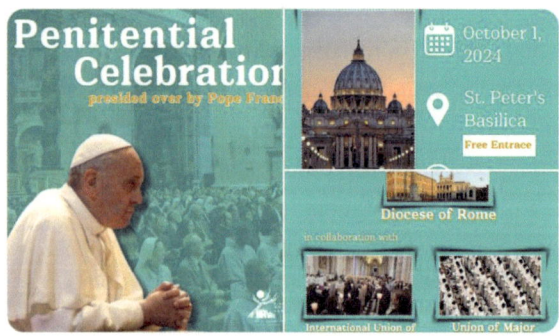

„Bei der Bußfeier im Petersdom, die von Papst Franziskus geleitet wird, werden (…) auch eine Reihe von Sünden gebeichtet. Dabei geht es nicht darum, die

Sünde der anderen anzuprangern, sondern sich selbst als Mitglied derer zu bekennen, die durch Unterlassung oder Handlung zur Ursache des Leids werden und für das Böse verantwortlich sind, das Unschuldigen und Wehrlosen zugefügt wird. Wer die Bitte um Vergebung ausspricht, tut dies im Namen aller Getauften und bekennt die folgenden Verfehlungen:
- die Sünde gegen den Frieden
- die Sünde gegen die Schöpfung, gegen die einheimische Bevölkerung, gegen die Migranten
- die Sünde des Missbrauchs
- die Sünde gegen Frauen, Familie, Jugend
- die Sünde, die Lehre als Stein des Anstoßes zu benutzen
- die Sünde gegen die Armut
- die Sünde gegen die Synodalität / den Mangel an Zuhören, Gemeinschaft und Beteiligung aller"
Wenn es bei einer Bußandacht nicht auch um die persönlichsten Gefühle aller Synodalinnen und Synodalen ginge, würde die Polemik, Gefühllosigkeit und Niveaulosigkeit der Argumentation auf den Autor selbst zurückfallen, die Kardinal Müller am 20. September 2024 in einer Presseveröffentlichung über ein einschlägiges österreichisches Nachrichtenmagazin verbreitet:
„Der vorgelegte Katalog mit angeblichen Sünden gegen die als Wurfgeschoss missbrauchte Lehre der Kirche oder gegen die Synodalität, was man auch immer darunter verstehen mag, liest sich wie eine

Checkliste der christlich etwas mühsam verbrämten Woke- und Gender-Ideologie, abgesehen von einigen Missetaten, die zum Himmel schreien. (…) Es gibt auch keine Sünde gegen eine Art von Synodalität, die als Mittel zur Gehirnwäsche gebraucht wird". (kath.net, 21.09.2024)

Diese beißende Gegenrede gegen Form, Inhalt und Zielrichtung der Weltsynode mit dem Titel „Für eine synodale Kirche" trägt diabolische, kirchenspalterische Züge und hat das Potenzial zerstörerisch Kreise über den deutschen Sprachraum zu ziehen. Sie zündelt diesmal – wie ähnlich schon zu Beginn des ersten Teils der Weltsynode und wie bei den Synoden davor immer wieder erlebt und in diesem Blog festgehalten – nicht nur am Ansehen und der Leitung von Papst Franziskus, sondern nunmehr am Markenkern der Katholischen Kirche. Es geht bei der Weltsynode gleich zu Beginn gegen restaurative Kräfte innerhalb der katholischen Kirche diesmal um nichts weniger als ums Ganze!

„Not lock us inside our little churchy world" - oder: Wie in den Besinnungstagen und in der Bußvigil das Fundament für die morgen beginnende Weltsynode bereitet wurde

Bereits mit dem gestrigen Tag begann im Grunde der offiziell am morgigen 2.10.24 mit einer Eucharistie-feier ansetzende Teil der bereits seit dem Jahr 2021 laufenden und bis zum 27.10.24 dauernden XVI. Generalversammlung der Bischofssynode. Dass dies nicht nur mein subjektiver Eindruck, sondern auch die Wahrnehmung des Sekretärs der Bischofsy-node Kardinal Mario Grech ist, unterstrich dieser in seiner Einführungsrede zu der zweitätigen Besin-nungsphase: „Diesc Einkehrtage, so Grech, seien nicht nur eine Vorbereitung, sondern ein integraler Bestandteil der Synode".

Wie bereits im Vorjahr führten Pater Timothy Radcliffe OP und Sr. Maria Grazia Angelini OSB mit geistlichen Impulsen eingerahmt in Gebetszeiten des Stundengebets und des persönlichen Gebets in die Themenstellung der Synode ein. Lag im vergangenen Jahr der Fokus auf dem Einander Hören sind die Besinnungsimpulse dieses Jahr der Frage gewidmet, wie es gelingt eine missionarische Kirche zu sein (How to be a missionary synodal Church).

Vor allem die vier Beiträge von Pater Radcliffe zu vier Auferstehungsszenen aus dem Johannesevangelium „Die Suche im Dunkeln", „Der verschlossene Raum", „Der Fremde am Strand" und „Frühstück mit dem Herrn" erreichten eine Tiefe und atmeten doch auch eine Leichtigkeit, die eine Ahnung geben, „wie wir eine missionarische synodale Kirche in unserer gekreuzigten Welt sein können". (Vatican News, 30.09.24)

Timothy Radcliffe bezog die Suche im Dunkeln auch auf die Erwartungen an die bevorstehende Synode:

"We too may even feel in the dark. Since the last Assembly, so many people, including participants in this Synod, have expressed their doubts as to whether anything is going to be achieved. Like Mary Magdalene, some say, 'Why have they taken away our hope? We expected so much from the Synod, but perhaps there will be just more words."

"Auch wir mögen uns im Dunkeln tappend fühlen. Seit der letzten Vollversammlung haben viele Menschen, auch die Teilnehmer dieser Synode, ihre Zweifel daran geäußert, ob überhaupt etwas erreicht werden kann. Wie Maria Magdalena sagen einige: „Warum haben sie uns die Hoffnung genommen? Wir haben so viel von der Synode erwartet, aber vielleicht sind es nur mehr Worte." (Vatican News, 30.09.24 eigene Übersetzung)

"Die Suche nach dem Herrn im Dunkeln" brauche all diese Zeugen (die Skeptischen, Enttäuschten, sich ausgeschlossen Fühlenden, HD) sowie die Synode all die Arten braucht, in denen wir den Herrn lieben und suchen, so wie wir die Suchenden unserer Zeit brauchen, auch wenn sie unseren Glauben nicht teilen."*

„Wenn wir den Fragen der anderen mit Respekt und ohne Angst zuhören, werden wir einen neuen Weg finden, im Geist zu leben. (…) Diese Synode wird ein Moment der Gnade sein, wenn wir uns gegenseitig

*mit Mitgefühl betrachten und Menschen sehen, die
wie wir auf der Suche sind. (...) Wenn wir uns für die
unendliche Sehnsucht des anderen öffnen, werden wir
das Boot der Mission zu Wasser lassen."*

*If we listen to each other's questions with respect and
without fear, we shall find a new way to live in the
Spirit. (...) This synod will be a moment of grace if we
look at each other with compassion, and see people
who are like us, searching. (...) If we open ourselves
to each other's infinite yearning, we shall launch the
boat of mission.* (Vatican News, 30.09.24; eigene
Übersetzung)

Im Blick auf Vorjahr des 1. Teils der XVI. Generalversammlung der Bischofssynode erinnert Timothy
Radcliffe hinter dem gemeinsamen Sehnen und gemeinsamen Suchen und Ringen auch das Aufeinan-
dertreffen der interkulturellen Besonderheiten und
Unterschiede:

*„Als ich letztes Jahr zur Synode kam, dachte ich,
dass die große Herausforderung darin besteht, den
giftigen Gegensatz zwischen Traditionalisten und
Progressiven zu überwinden. Wie können wir diese
Polarisierung heilen, die dem Katholizismus so fremd
ist? Doch als ich zuhörte, schien es eine noch grund-
legendere Herausforderung zu geben: Wie kann die
Kirche all die verschiedenen Kulturen unserer Welt*

einbeziehen? Wie können wir das Netz mit seinen Fi-
schen aus allen Kulturen der Welt einholen? Wie
kann das Netz nicht zerrissen werden?" (Vatican
News, 1.10.24 eigene Übersetzung)

Ein neues Pfingsten

Radcliffs Hoffnung ist es für die kommenden Synodenwochen, „die Grundlage unserer Mission in unserer zerrissenen und geteilten Welt" und „ein neues
Pfingsten" zu erleben, „bei dem jede Kultur in ihrer
eigenen Muttersprache spricht und verstanden wird.":

„Zuallererst sollten wir erkennen, dass wir einander
brauchen, wenn wir katholisch sein wollen. Die ver-
schiedenen Kulturen, die auf dieser Vollversammlung
versammelt sind, bieten einander Heilung an, stellen
gegenseitig ihre Vorurteile in Frage und rufen sich
gegenseitig zu einem tieferen Verständnis der Liebe
auf." (...) Keiner kann das Ganze erfassen; die un-
zähligen Erkenntnisse bilden eine Art Mosaik, das
ihre Komplementarität und Wechselbeziehung zeigt.
Um ganz zu sein, braucht jeder den anderen. Der
Mensch nähert sich der Einheit und Ganzheit seines
Wesens nur in der Gegenseitigkeit aller großen Kul-
turleistungen." (Vatican News, 1.10.24 eigene Übersetzung)

Gegenseitiges Vertrauen ist Grundlage für einen lebendigen Austausch, in denen Verletzungen aushaltbar und auch die Bereitschaft vorhanden sind, eigene Fehler einzugestehen und zu bekennen. Vertrauen und Glaubwürdigkeit brauchen das gegenseitige Vertrauen und lassen auch die tiefe Einheit erlebbar werden, die alle verbindet:

"This ist the foundation of our unity, gracious shared forgiveness."
„Dies ist die Grundlage unserer Einheit, die gemeinsame und gnadenhaft geteilte Vergebung." (Vatican News, 1.10.24 eigene Übersetzung)

Von seinem Redemanuskript abweichend zitierte Pater Radcliffe aus einem Beitrag zuvor von Sr. Maria Grazia Angelini:

"Wie sagte Schwester Maria Grazia so schön heute Morgen: Deshalb ist es auch so wichtig, dass wir heute Abend mit einem Bußgottesdienst beginnen. Denn das ist es, was uns miteinander verbindet."
"Sr. Maria Grazia said so beautiful this morning. That why is ist so right that we begin with service of repentence this evening. Because that ist what binds us together.

Bußvigil im Petersdom

Mit dieser Hinführung von Pater Timothy und Sr. Maria Grazia klang die abendliche Bußfeier, die von Papst Franziskus im Petersdom geleitet wurde, bereits während der Besinnungstage zuvor an. Die Vigil wurde eingeleitet durch Zeugnisse eines Missbrauchsopfers aus Südafrika, dann von einer Italienerin, die vom Leiden von Bootsflüchtlingen und Migranten, und von einer syrischen Ordensfrau, die von den Schrecken des Kriegs in ihrer Heimat berichteten. Die Zeugnisse leiteten über zum Höhepunkt des Ritus der Bußvigil mit den zuvor und seitdem auch an verschiedenen anderen Stellen in Zweifel gezogenen sieben Vergebungsbitten, die eigens und bewusst von Kardinälen der römischen Kurie sowie aus verschiedenen Ortskirchen weltweit vorgetragen wurden.

"Der Inder Oswald Gracias bat unter anderem um Vergebung dafür, dass Katholiken in der Vergangenheit oft das Leben missachtet und sich nicht um Frieden bemüht haben; der kanadische Jesuit Michael Czerny bat um Verfehlungen gegen die Schöpfung und drückte Scham für Kolonialismus aus, US-Kardinal Seán O'Malley brachte die Vergebungsbitte zu Gehör, die sich auf Missbrauch bezog. Der frühere Erzbischof von Boston leitet die päpstliche Kommission für Kinderschutz. (...)
Eine eigene Vergebungsbitte, die der irisch-amerikanische Kuriale Kevin Farrell vortrug, zielte unter anderem auf die Missachtung der Würde von Frauen. Der oberste Glaubenshüter im Vatikan, der Argentinier Víctor Fernández, bat unter anderem um Vergebung für Verfehlungen gegen die „Einheit des christlichen Glaubens und die echte Geschwisterlichkeit der ganzen Menschheit". Der Spanier Cristóbal López Romero, der Erzbischof der marokkanischen Hauptstadt Rabat ist, verlas eine Vergebungsbitte für Verfehlungen und Unterlassungen den Armen gegenüber, und dem Wiener Erzbischof Christoph Schönborn kam es zu, in seinem Text die „Hindernisse für den Aufbau einer wahrhaft synodalen, gemeinsamen Kirche" zu beklagen." (Vatican News, 1.10.2024)

Auf der Grundlage der Besinnungstage und des Bußgottesdienstes ist das Fundament für einen achtsamen, bewussten Beginn und hoffentlich auch für den weiteren Verlauf der Weltsynode gelegt. Für ein „neues Pfingsten" kommt es auf die Präsenz aller an.

„For today is the only day we have. Carpe Diem!", *wie Pater Radcliffe seine Besinnungsimpulse beendete und positiv auf den Synodenbeginn ausblickt:* *"...not lock us inside our little churchy world. (...)* *God is revealed on mountain tops with unbounded* *horizons and outside the camp."* (Vatican News, 1.10.24)

"Denken wir nur an den Pfingstmorgen, wie der Geist dort diese Harmonie in den Unterschieden geschaffen hat" - Einstimmung der Synodenteilnehmenden zu Beginn der XVI. Generalversammlung der Bischofssynode

In einer feierlichen Eucharistiefeier mit den 368 Synodenteilnehmenden wurde heute auf dem Petersplatz der zweite Teil der XVI. Generalversammlung der Bischofssynode in Rom eröffnet. Papst Franziskus fokussiert in seiner Predigt die Aufgabe der über vier Wochen tagenden Synodalversammlung:

„Es geht darum, mit Hilfe des Heiligen Geistes die Stimmen zu hören und zu verstehen, d.h. die Ideen, Erwartungen und Vorschläge, um gemeinsam die Stimme Gottes zu erkennen, die zur Kirche spricht (vgl. Renato Corti, Quale prete?, Appunti inediti). Wie wir wiederholt in Erinnerung gerufen haben, ist unsere Versammlung keine parlamentarische Versammlung, sondern ein Ort des Zuhörens in Gemeinschaft, wo, wie der heilige Gregor der Große sagt, das, was der eine zu einem gewissen Teil in sich hat, der andere ganz besitzt, und wo, obwohl einige besondere Gaben haben, in der „Liebe des Geistes" alles den Brüdern und Schwestern gehört (vgl. Homilien über die Evangelien, XXXIV)." (Vatican News, 2.10.24)

Hatte Timothy Radcliffe in seinen Meditationsimpulsen von einem „neuen Pfingsten" gesprochen, hofft auch Papst Franziskus auf ein pfingstliches Ereignis der großen Harmonie in einer Vielfalt in den nächsten Wochen:

"Dieses Wort ist sehr wichtig: „Harmonie". Es gibt keine Mehrheit, keine Minderheiten. Es ist ein erster Schritt, vielleicht um weiter voran zu gehen: Das was zählt, das was grundlegend ist, ist die Harmonie, die Harmonie, die alleine der Heilige Geist schaffen kann. Er ist der Meister der Harmonie: der, der in der Lage ist, aus vielen Unterschieden, vielen verschiedenen Stimmen, eine einzige Stimme zu schaffen. Denken wir nur an den Pfingstmorgen, wie der Geist dort diese Harmonie in den Unterschieden geschaffen hat." (Vatican News, 2.10.24)

Den Begriff der Harmonie greift Papst Franziskus insgesamt sieben Mal in seiner Predigt und am Nachmittag noch zweimal in der Synodenaula Paul VI. seiner Ansprache an das Synodenplenum:

"Vergessen wir nicht: Der Geist ist die Harmonie. Denken wir an das Durcheinander am Morgen von Pfingsten - er hat die Harmonie hergestellt..." (Vatican News, 2.10.24)

Das Zusammenführen der unterschiedlichen Stimmen ist auch für Generalrelator Kardinal Jean-Claude Hollerich auch der entscheidende neue Schritt, der nun im Rahmen des zweiten Teils der Bischofssynode zu gehen ist.

"Die Zweite Sitzungsperiode ist keine Wiederholung oder gar eine bloße Fortsetzung der Ersten, im Vergleich zu der wir aufgerufen sind, einen Schritt nach vorne zu machen. Das ist es, was das Volk Gottes von dieser Synodalversammlung erwartet. (...) Es ist bezeichnend, dass der Titel die Leitfrage der Zweiten Sitzungsperiode – „Wie können wir eine missionarisch-synodale Kirche sein" - wieder aufgreift, aber das Fragezeichen weglässt. Dies zeigt genau den Schritt, den wir als Versammlung gemeinsam gehen müssen." (Vatican News, 2.10.24)

Es geht also um indikativisch auszubuchstabierende Antworten, woraufhin die Arbeit der XVI. Generalversammlung der Bischofssynode zielt. Die konsequente Verfolgung von zehn zentralen Themenkreisen - darunter zur Priesterbildung, Zölibat und Beteiligung von Frauen in kirchlichen Ämtern -, die in Arbeitsgruppen einerseits Anfang des Jahres ausgegliedert wurden, andererseits aber mit ihren Zwischenständen auch in die synodalen Beratungen einfließen werden und zum Ende des ersten Synodentages in verschiedenen Statements und Video-Einspielungen auch schon pointiert vorgestellt wurden, gehören bereits zur Umsetzungsphase der XI. Generalversammlung der Bischofssynode. Von dieser Phase sagt der Sekretär der Synode Kardinal Mario Grech bereits jetzt zu Beginn, dass sie nicht in ein abstraktes Papier münden werde, sondern in eine neue Weise Kirche zu sein.

"Intensive Arbeit liegt vor uns. Auf diese Phase wird die Phase der Umsetzung und Implementierung dessen folgen, was im synodalen Prozess 2021-2024 gereift ist. Je mehr das Ergebnis in den Kirchen ankommt, desto mehr wird es nicht das Ergebnis unserer Bemühungen sein, sondern die Frucht eines folgsamen Hörens auf den Geist. Wie der heilige Thomas schreibt: „Actus credentis non terminatur ad enuntiabile, sed ad rem" (S. Th., II/II, q. 1, art. 2, ad 2). Eine Maxime, die wir in eine kirchliche Dimension übersetzen können: Der Akt einer glaubenden Kirche - diese Versammlung - endet nicht mit einer theoretischen Verkündigung, einem endgültigen Dokument, sondern mit dem konkreten Leben der Kirche, einer Kirche, die das Evangelium lebt, die in der Kraft des Geistes gemeinsam auf die Verwirklichung des Reiches Gottes zugeht. In diesem Sinne: Gute Arbeit!." (Vatican News, 2.10.2024)

Fehlende pfingstliche Anmutungen am Ende der ersten Synodenwoche – oder: Die Weltsynode in der Frauenfrage auf der Suche nach dem „We"

the very urgent question of the role of women

Es war schon ein Absturz gleich zu Beginn in der ersten Generalkongregation der Weltsynode am 2.10.24 abends, nachdem derselbe Kardinal und Präfekt des Dikasteriums für die Glaubenslehre Víctor Manuel Kardinal Fernández zuvor am Vorabend in der Bußvigil wortreich (und im Erleben der Liturgie berührend) die „Steine" bereute, wo die Kirche (und zuvorderst ja auch seine eigene Kurienbehörde, die früher als Heiliges Offizium verantwortlich war für tausende von Lehrverfahren) Menschen mit einer rigide angewandten Glaubenslehre verletzt hatte, am Tag darauf im Rahmen der Berichte der zehn von Papst Franziskus eingesetzten Arbeitsgruppen als Gruppenergebnis einer nicht näher benannten reinen

Männerrunde seines Dikasteriums berichtete, dass das Diakonat der Frau derzeit für nicht wahrscheinlich gehalten werde und auch nicht – Zitat – „als Trostpflaster" herhalten solle. Auch wenn die Gleichstellung der Frauen in der Kirche – immerhin eine satte Hälfte der Glaubenden in der der Katholischen Kirche – sicher mehr bedeutet und bedeuten muss, als eine „Verpflasterung" und „Korrektur" an einer Stelle, stimmte der in der gewählten Diktion abschätzig vorgetragene Gestus der (Männer-)Macht in keiner Weise mehr überein mit dem im Nachhinein nurmehr als abgelesen erscheinenden Bußbekenntnis – mit der Wirkung einer ausgehöhlten Glaubwürdigkeit der Weltsynode an einer zentralen Stelle innerhalb von nur 24 Stunden.

Ich muss eingestehen, dass ich dieses Bauchgefühl erst weitere 48 Stunden später bei einer Veranstaltung „Weltsynode live – Rückblick auf vier Synodenwochen" für die Frankfurter Rabanus Maurus Akademie durch einen Redebeitrag einer Teilnehmerin der Online-Veranstaltung in Gänze realisierte, nachdem ich zuvor selbst beide Redebeiträge von Kardinal Martinez in Videomitschnitten hintereinander präsentiert hatte. Nicht, dass das in den „Grundlagen" des Instrumentum Laboris (d.i. das erste Modul und für die erste Woche vorgesehene des Vorbereitungsdokumentes) ausdrücklich benannte Thema der „Stellung der Frau in der Kirche" und die Erwägungen zur

Möglichkeit des Frauendiakonates das einzige und zentrale Thema des einleitenden Kapitels gewesen ist, aber der Gestus der abschlägig abkanzelnden Männermacht, die sich in der kurzgefassten Begründung einzig auf jüngste Äußerungen des Papstes stützte und darüber alle Wahrscheinlichkeit einer möglichen Umsetzung von vornherein in Zweifel zog, war trotz der Anerkennung und Nennung von herausragenden Frauen wie Teresa von Avila, Katharina von Siena und Hildegard von Bingen bar einer Überzeugungskraft. Dass der Präfekt des Glaubensdikasteriums zudem als Aufgabe der unter seiner Leitung arbeitenden Arbeitsgruppe ankündigte, dass diese ein Dokument erarbeiten werde, das in Rückbindung an das Synodensekretariat erstellt und schließlich Papst Franziskus vorgelegt werde, führte zu einer breiten Ernüchterung des ja eigentlich zu beteiligenden Synodenplenums gleich zu Beginn.

Erst drei Tage später, heute zum Ende der Beratungen des ersten Moduls des Instrumentum Laboris in dieser ersten Synodenwoche, reagierte der Sekretär der Bischofssynode Kardinal Mario Grech auf die auch im Synodenplenum entstandene Irritation über das „Zueinander von Arbeitsgruppen und Bischofssynode", dass er einen über eine bisherige Information hinausgehenden Austauschtermin für den 18.10.2024 nachmittags zur Abstimmung stellte, der - wie in der heutigen Pressekonferenz berichtet wurde - mit 265

Ja und gegen 74 Nein-Stimmen angenommen wurde. Dass diese Reaktion des Synodenbüros erst so spät geschieht, ist sicher eine späte Kurskorrektur, aber immerhin wird so das seit Mittwochabend mehr als eingetrübte Erwartungsmanagement, dass die eigentlich – auch über das Thema des Frauendiakonates hinausgehenden – brennenden Themen anderswo und in männerbündischen Zirkeln erarbeitet werden, etwas revidiert und an das Selbstverständnis des Synodenplenums rückgebunden.

Dass die Fragen rund um das Diakonat der Frau obenauf liegen, machten schließlich auch die drei Pressekonferenzen dieser Woche – selbst in den Reaktionen von Teilnehmenden aus dem Synodensekretariat – mehr als deutlich. Sondersekretär Giacomo Costa bemühte sich am 3.10. gleich in der ersten zu unterstreichen, dass die Frage des Frauendiakonats „weiter offen" sei und "vertieft werden" müsse, selbst wenn Bischof Antony Randazzo aus Australien, Vorsitzender der Föderation der katholischen Bischofskonferenzen Ozeaniens tagsdrauf am 4.10. etwas polemisch behauptete, dass sie „von mächtigen westlichen Kreisen gepusht" werde.

Auch wenn Papst Franziskus das Abschlussdokument und die Empfehlungen der Amazonassynode in seinem nachsynodalen Schreiben *Querida Amazonia* nicht explizit aufgenommen hat, ist doch das von ihm formell (nach *Episcopalis communio*) angenommene Ergebnisdokument dieser Synode ausreichend Ausweis dafür, dass nicht etwa allein die vermeintlich glaubensermüdeten europäischen Kirchen, sondern auch die glaubensstarken Regionen an den Rändern der Katholischen Kirche mit einem lauten Schrei Änderungen der Geschlechteranthropologie und deren sakramententheologischen Ableitungen einfordern. Von „Trostpflastern für Frauen" zu reden, wo gefühllose Männerrede offene Wunden bluten oder entstehen lässt, kann nur als zynisch, roh und menschenverachtend empfunden werden und als weiterer "Stein", mit dem Kirche Menschen heute verletzt.

Alle Synodenteilnehmenden wissen, dass Synodalität mehr ist als nur eine Frage der Geschlechtergerechtigkeit, aber der Generalrelator Kardinal Jean-Claude Hollerich wird sich an seine Worte erinnert haben, dass die Synode versagt haben wird, wenn sie die Frauen enttäuschen werde. An Fragen der Geschlechteranthropologie, die sich nicht einfach mehr auf eine vereinfachende Metaphorik marianischer und petrinischer Anthropologie für die heutige Zeit reduzieren lassen, entscheiden sich letztlich auch alle Fragen der Synodalität, nicht nur weil sie mehr als Hälfte der katholischen Kirchen nicht mehr mitnimmt, ja gar nicht mehr erreicht. Dabei geht es noch nicht einmal um ein „Ganz oder Garnicht", sondern zuallererst um eine Sprache, die kulturübergreifend und sensibel Fragen der Geschlechteranthropologie in einer Terminologie sexueller Bildung aufgreift und sich bemüht, sie theologisch zu übersetzen. Erst auf diese Weise – ein Fortschreiben des jüngsten Dokumentes „Dignitas infinita" über die Menschenwürde des Dikasteriums für die Glaubenslehre wäre hier angezeigt – kann es hier zu gereifteren Überlegungen kommen. Und insofern hat der Chef des Dikasteriums für die Glaubenslehre sogar Recht, dass es in der derzeit bestehenden Autorengruppe nicht wahrscheinlich ist, dass das Diakonat der Frau in Erwägung gezogen werde. Es fehlt einfach jedes Verständnis dafür.

Dass ich – erstmals in meinem beinahe auf den Tag genau 10-jährigen Synodenblog – beinahe ironisch über die Agenda des Synodenbüros, der über sie beteiligten Dikasterien und Arbeitsgruppen, das unausgereifte Nebeneinander von z.T. nicht einmal namentlich benannten Akteuren in den Arbeitsgruppen und der Synodalversammlung schreiben würde, hätte ich bis vor kurzem auch noch nicht gedacht. Aber wer sich und alle Glaubenden einbezieht in das Schuldbekenntnis über die als Wurfgeschoss miss-brauchte, auf Menschen zielende Lehre, muss sich an dem Maß des Schuldeingeständnisses messen lassen, sich zu "schämen für all die Zeiten, in denen wir die Würde der Frauen nicht anerkannt und verteidigt" wurde und in aller menschenmöglichen Zartheit und gewissermaßen auf Fußsohlen erst einmal Vertrauen behutsam aufbauen – und nicht den Männern gefallen wollen, die aufgrund der Teilnahme von Frauen an der Synodalversammlung deren Rechtmäßigkeit in Frage stellen. Es gilt Frauen wertzuschätzen, einzu-beziehen und zurückzugewinnen, ohne die die Kirche nicht nur im Westen keine Zukunft haben wird.Der US-amerikanische Bischof Daniel Flores aus Brownsville / Texas. sagte in seinem Statement am 3.10.24 – auch in den Worten des ersten Teils der Grundlagen des Instrumentum Laboris (Nr. 3) – im ersten Synodenbriefing, dass das Synodenplenum auf der Suche nach dem „Wir" sei.

"We are searching for the 'We'."

Mit dem Umgang mit „Frauenfrage" stellt sich diese Frage gewissermaßen als Gretchenfrage gleich zu Beginn der Synodalversammlung.

Friedensgebete und der Vorschlag, von den Bedarfen der Mission her neu zu denken – oder: weiterführende Perspektiven zu Beginn der 2. Synodenwoche

Dem Frieden in den verschiedenen Kriegsgebieten der Erde waren heute die Gebete und auch eine Einladung zum Fasten gewidmet – ein Friedensansinnen, das nach den einleitenden Worten des Generalrelators Kardinal Jean-Claude Hollerich bis hinein in die Beratungen in der Synodenaula wirken solle, die diese Woche unter dem Oberbegriff „Beziehungen" stehen. Bis einschließlich Mittwoch geht es ab dem heutigen Montagmorgen – nach der Beratung der einleitenden „Grundlagen" in der Vorwoche - um den 1. Teil des *Instrumentum laboris*, der mit ebendiesem Kurztitel „Beziehungen" überschrieben ist.

Wieder in denselben Sprachgruppen, aber innerhalb derselben in neu gemischten Tischgruppen, wird analog zur Vorwoche das Gespräch im Geiste zu den in diesem Kapitel angesprochenen Themenkreisen den ersten Tag der 2. Synodenwoche prägen, bevor am Dienstag – nach der Wahl der Mitglieder für die Redaktionskommission für das Abschlussdokument – bereits die Vorstellung der Zusammenfassungen der Sprachtische angesetzt ist und die Diskussion freier

Redebeiträge am Dienstagnachmittag und Mittwochvormittag folgt. Kardinal Hollerich steckt in seiner Einführung einen Rahmen für diese Beiträge ab:

„Die Diskussionen der Synodenteilnehmerinnen und -teilnehmer in den kommenden Tagen sollen sich auf die folgenden vier Aspekte konzentrieren, die den verschiedenen Ebenen kirchlicher Beziehungen gewidmet seien - Kardinal Hollerich zählte auf: „Die Beziehung zu Gott: Ausdruck dieser grundlegenden Verbindung ist die christliche Initiation, die den Weg der Gläubigen in die Gemeinschaft mit Christus darstellt; Die Beziehungen unter den Gläubigen: Diese betreffen die vielfältigen Charismen und Ämter, die jedem Gläubigen durch die Taufe geschenkt werden und die Kirche bereichern; Die Harmonie zwischen den geweihten Amtsträgern und den Laien: Diese Beziehungen sollen die Gemeinschaft und Gegenseitigkeit innerhalb der Kirche fördern und bewahren und die Beziehungen zwischen den Kirchen und zur Welt: Dieser Bereich befasst sich mit dem Austausch der Gaben zwischen den verschiedenen Kirchen und der Konkretheit der kirchlichen Gemeinschaft in der Welt." (Vatican News, 20.10.2024)

Kardinal Hollerich hofft, dass die synodale Arbeit wie die Diskussion in den kommenden Tagen „nicht nur auf theoretischer Ebene bleiben dürfe", sondern „konkrete Schritte" (in den Blick nehme; HD), um

das synodale Leben der Kirche greifbar zu machen."
(Ebd.) Genau diese auf die Praxis abzielende Perspektive sei der eigentliche Unterschied und Auftrag dieses 2. Teils der Weltsynode nach dem vorausgegangen 1. Teil im vorausgegangenen Jahr.

Vor dem Hintergrund der ersten Synodenwoche muss man kein Prophet sein, wenn unter dem Aspekt der „Beziehungen" auch die Fragen nach der Beteiligung von Frauen in der Kirche eine zentrale Rolle spielen wird. Auch wenn die Pressekonferenzen nicht direktes Abbild der Beratungen der Synodenaula sind, wird die Frage nach Leitungsaufgaben und Ämtern für Frauen bis zum Diakonat der Frau sicher auch immer wieder in den freien Beiträgen neu angesprochen werden.

Im Presse-Briefing vom 7.10.24 wurde gleich fünfmal die Rückfrage nach dem Einbezug von Frauen in Leitung und Ämtern an die Gäste der hochkarätig besetzten Pressekonferenz gerichtet. Und den Antworten – es beteiligten sich alle Podiums-TN mit unterschiedlichen Akzentsetzungen daran – war abzulesen, wie sehr dieses Thema gerade alle und damit auch viele Synodenväter und –mütter beschäftigt. Die größten Hoffnungen in die jetzt hierzu arbeitende Arbeitsgruppe 5 legte in der Pressekonferenz Sr. Mary Teresa Barron, OLA., Vorsitzende der Internationalen Vereinigung der Ordensoberinnen (U.I.S.G.), die von den bereits unter Papst Franziskus eingesetzten Arbeitsgruppen zu dieser Frage berichtete und auch unterstrich, dass Papst Franziskus dieser Idee gegenüber aufgeschlossen sei. Kardinal Oswald Gracias pflichtet ihr als Mitglied des Kardinalsrates bei, welcher sich in diesem Frühjahr bereits aus den verschiedenen Perspektiven mit dem Thema eingehend auseinandergesetzt habe. Auch wenn es im Teil 2 des *Instrumentum laboris* unter dem Titel der Beziehungen auch um viele andere Themen geht, ist doch das in der Pressekonferenz ebenfalls benannte „main topic" Frauendiakonat weiterhin das Thema, das in der Luft liegt:

Sr. Mary Teresa Barron, OLA

In der letzten Viertelstunde der Pressekonferenz wurde Sr. Mary Teresa Barron auf eine weitere interessierte Nachfrage hinsichtlich der Ämterfrage für Frauen am deutlichsten, dass es auch darum gehe,

nicht ignorant zu sein gegenüber den vielen Möglichkeiten, die es bereits gibt und in verschiedenen kulturellen Kontexten je unterschiedlich möglich wären.
Zur Frage nach dem Weiheamt für Frauen trug sie
aus dem Stegreif eine für die synodale Beratung wei-
terführende Argumentation vor, deren "call" hoffentlich auch in der Synodenaula gehört wird:

Dass sich die Synode lösen müsse von der Frage, ob
die Weihe von Frauen aus biblisch-kirchengeschicht-
lichen oder kanonischen Erwägungen zu Diakoninnen oder Priesterinnen möglich sei oder nicht, sondern die Perspektive wechsele und einbeziehe, dass
der Heilige Geist Frauen heute in den Dienst ruft,
ihnen heute eine Berufung zum Priestertum oder Diakonat schenkt. Es gelte über eine Pro-Contra-Diskus-
sion hinaus diese Frage vor dem Hintergrund der Bedarfe der Mission neu in den Blick zu nehmen.

Da diese Fragen von Teilhabe, Gemeinschaft und
Mission – so der Untertitel des Synodentitels – im
Zentrum der Beratungen des 2. Teils der XVI. Generalversammlung der Bischofssynode stehen und sie
dankbar auch auf das Treffen mit den Arbeitsgruppen
am 18.10.24 hofft, schließt Sr. Mary Barron:

„We have to trust in the process!"

„The only way we can do it is by adressing it in a synodal way" – oder: Ein neues Angebot zur Verschränkung von Synodenplenum und der Arbeitsgruppe zur Beteiligung von Frauen in Leitungsfunktionen und –ämtern

CR **Catholic Review Vatican News** @CRMedia Vatican · 2 Std.

The #Vatican group studying the question of women's ministry, including the #ordination of #women to the #diaconate will expand its consultative phase to include women who do not serve as consultors to the dicastery in charge of the study group catholicreview.org/synod-seeks-to... #synodality

Synod seeks to expand consultations on women's ministry, diaconate - Cathol...

Von catholicreview.org

Nicht überraschender Weise standen heute in der Pressekonferenz – neben vielen Einzelthemen der den Tag gestern und heute prägenden freien Beiträgen mit explizitem Bezug auf das Kapitel ‚Beziehungen' des *Instrumentum laboris* – wiederum die Fragen nach der Beteiligung von Laien in Leitungsfunktionen und –ämtern und einmal mehr der Diakonat für Männer und Frauen im Zentrum der Diskussion. Das größte Ausrufezeichen setzte dabei eine vom

Leiter des Dikasteriums für die Kommunikation Paolo Ruffini verlesene Erklärung des Präfekten des Dikasteriums für die Glaubenslehre, die heute Vormittag zu Beginn der 6. Generalkongregation der Bischofssynode vom Sekretär der Bischofssynode Kardinal Mario Grech vorgetragen wurde.

Über den am vergangenen Samstag den Synodenvätern und –müttern zugestandenen Austauschtermin am 18.10.24 mit den zehn Arbeitsgruppen hinaus heißt es nun bezogen auf die von Kardinal Víctor Manuel Fernández geleitete Arbeitsgruppe V., dass ebenfalls bis zum selben Datum eine Beteiligung aus dem Plenum der Weltsynode vorgesehen sei. Das Thema der Beteiligung von Frauen in Leitungsfunktionen und -ämtern befände sich gerade nach Anhörung von Kardinälen und Bischöfen und dem Einbezug theologischer Berater in einer grundsätzlichen Konsultationsphase, in der es vorgesehen sei explizit auch Frauen einzubeziehen.

"All members and theologians of the synod can send opinions and aids in the coming months. On the 18th, two theologians from the dicastery will be available to receive proposals on the topic in writing or orally." (Vatican News, 9.10.24)

"Alle Mitglieder und Theologinnen der Synode können in den kommenden Monaten Stellungnahmen und

Hinweise einreichen. Am 18. Dezember werden zwei Theologen des Dikasteriums zur Verfügung stehen, um schriftliche oder mündliche Vorschläge zu diesem Thema entgegenzunehmen." (eigene Übersetzung)

Mit dieser Aufforderung wird das Thema der Beteiligung von Frauen und Männern an Leitungsaufgaben und -ämtern – so sehr es auch in der Synodenaula selbst präsent ist – zwar weiter aus den Ergebniserarbeitungen der Weltsynode herausgehalten. Aber andererseits wird die Gunst der Stunde genutzt, dass die Vorschläge der Synodalinnen jetzt auch in direkter Weise ihre Perspektiven und Überlegungen der Arbeitsgruppe vortragen oder schriftlich mitgeben, so dass die Weltsynode doch vielleicht einen richtungsweisenden Einfluss auf die Arbeitsgruppe nehmen kann. Danach sah es genau vor einer Woche in der 1. Generalkongregation noch nicht aus.

Dass gerade der Diakonat als eigenständige Berufung eine hohe Bedeutung für die Kirche hat, unterstrich der als einziger Diakon bei der Weltsynode geladene Geert De Cubber aus Belgien. Zwar sei der Diakonat längst nicht in der ganzen Welt angekommen – wie der der Pressekonferenz ebenfalls beiwohnende Erzbischof Inácio Saure, I.M.C. aus Nampula/Mozambique für das Gebiet seiner Bischofskonferenz bestätigte – , sei er doch andererseits in vielen anderen

Ländern und insbesondere den USA sehr stark rezipiert.

Auf die Frage eines Journalisten, ob es wie am Beispiel der Entwicklung des Diakonats für den Mann auch im Hinblick auf den Diakonat für die Frau unterschiedliche Geschwindigkeiten in der Weltkirche geben könne, verwies Diakon De Cubber auf die pilgernde Kirche, die gemeinsam unterwegs sei.

„The only way we can do it is by adressing it in a synodal way.“

„Sometimes the most important things happen in silence." – Oder: Wie sich über Schweigen und Stille ein „Überfließen" (desborde) und eine Erneuerung der Kirche ereignen kann

Kardinal Joseph William Tobin, CSsR, Erzbischof von Newark/USA, betonte heute im Pressebriefing mit der Aussage, dass manchmal die meisten Dinge in der Stille passieren, den neuen Stil der Synode über die Synodalität, den gestern bereits von anglikanischer Seite Bischof Martin Warner von Chichester/UK als Brüderlicher Delegierter als beispielhaft für das synodale Arbeiten herausstellte. Kardinal Tobin bezog sich ebenfalls auf die diesen Aspekt des

411

Schweigens und der Stille herausarbeitende Besinnung am gestrigen Nachmittag von P. Timothy Radcliffe, von dem am Anfang dieser Woche bekannt wurde, dass er im Konsistorium am 7. Dezember zu den neu erwählten Kardinälen gehören wird.

P. Timothy Radcliffe OP am 10.10.2024

P. Radcliffe, der bereits die zweitägigen Retreats zu Beginn der Weltsynode in beeindruckender Weise geprägt hatte, stellte die Geschichte von der Jesus bedrängenden kanaanäischen Frau (Mt, 15, 21-28) in den Mittelpunkt seiner Besinnung vor dem Übergang der Arbeit am 3. Modul der Generalkongregation, das mit „Wege" überschrieben ist. Die Beharrlichkeit der Frau, ihr Drängen, das von den Jüngern abgewiegelt wurde und Jesus zunächst schweigen und dann abweisend antworten lässt, dass er nur zu den Kindern Israels gesandt sei, führt bei Jesus zu einem Prozess des Wandels, zu einer Anerkennung ihres großen Glaubens und der Heilung ihrer Tochter.

Für Radcliffe ist dies eine – bis in die heutige Pressekonferenz hinein zitierte – Analogie für das, was bei dieser Synode passiert und möglich ist:

"Im Mittelpunkt steht das Schweigen Jesu. „Er antwortete ihr nicht." Dieses Schweigen ist keine Abfuhr. (...) In dieser Stille hört unser Herr auf die Frau und hört auf seinen Vater. Die Kirche dringt immer tiefer in das Geheimnis der göttlichen Liebe ein, indem sie sich mit tiefen Fragen beschäftigt, auf die wir keine schnellen Antworten haben. Auf dem Konzil von Jerusalem: Wie können die Heiden in die Kirche aufgenommen werden? In Nizäa: Wie können wir bestätigen, dass Jesus wahrhaft Gott und wahrhaft Mensch war? In Chalcedon: Wie kann Gott wahrhaftig drei und wahrhaftig einer sein?
Unsere Aufgabe in der Synode ist es, mit schwierigen Fragen zu leben und sie nicht wie die Jünger loszuwerden. Was sind hier unsere? Die Frau kommt wegen ihrer gequälten Tochter. (...) Es gibt auch tiefe Fragen, die so vielen unserer Diskussionen zugrunde liegen. Wie können Männer und Frauen, die nach dem Bild und Gleichnis Gottes geschaffen sind, gleich und doch verschieden sein? Wir dürfen der Frage nicht ausweichen, wie die Jünger, indem wir entweder die Gleichheit oder den Unterschied leugnen. Und wie kann die Kirche die Gemeinschaft der Getauften sein, die alle gleich sind, und doch der

Leib Christi, mit unterschiedlichen Rollen und Hie-
rarchien? Dies sind tiefgreifende Fragen." (Vatican
News, 11.10.24)

Im Schweigen und der Stille, die das Gespräch im
Geiste in der im vergangenen Jahr neu eingeführten
Methode bei der Weltsynode kennzeichnen, soll auch
das Überfließen („desborde") zur kreativen Neuer-
schließung neuer Wege des Christ- und Kircheseins
ermöglichen, wie dies Sondersekretär Giacomo Costa
am gestrigen Vormittag mit Zitat aus dem nachsynodalen Schreiben *Querida Amazonia* (QA 105) auf den
Punkt brachte.

Wie ich diese Gedanken der Besinnung von P.
Radcliffe selbst verstehe, lese ich heute auch in ei-
nem Blog-Beitrag von Thomas Schwartz, Chef des
Osteuropa-Hilfswerks Renovabis Synodaler aus
Deutschland:

„Radcliffe (ging) in geradezu prophetischer Ausdeu-
tung genau darauf ein und machte zur Diskussion um
die Rolle der Frau in der Kirche und eine wirkliche
Gleichberechtigung in allen Bereichen auf den Mut
der kanaanitischen Frau aufmerksam. Sie habe sich
weder von der Ablehnung der Jünger noch vom
Schweigen Jesu von ihrem Ziel abbringen lassen, für
ihr krankes Kind Heilung zu erbitten. Manchmal sei

das Schweigen der Kirche die Weise, wie sie im Um-
gang mit einem Thema, das auf den Nägeln brenne,
nach vorne gehe, weil im Schweigen auch der Raum
zum Suchen und Hören des Willens Gottes gegeben
sei, so Radcliffe". (katholisch.de, 11.10.24)

Die Bedeutung des Schweigens und des Gesprächs
im Geiste betonte auch die Expertin Prof. Giuseppina De Simone aus Italien, dass es darum gehe, „die
Fragen zu bewohnen", die Spannung und die Fragestellungen auszukosten, um sie tiefer zu ergründen.
Ein Wandel im Modus der Synodalität ist nur in dieser Weise möglich. Die Stille und das Schweigen, die
die synodale Versammlung so sehr kennzeichnen,
wird auch heute Abend bei der ökumenischen Gebetswache Ausdruck und Inhalt einer ökumenischen
Feier auf der Piazza dei Protomartiri Romani sein, die
darin bereits Einheit der Kirchen erlebbar werden
lässt – wie die Rolle, wie sie Papst Franziskus in der
Ökumene versteht: Ebenfalls ein zentrales Anliegen
und Thema der Synode über die Synodalität sowohl
im vorausgegangenen Modul über die „Beziehungen"
wie in dem jetzt kommenden Modul des *Instrumentum laboris* unter der Überschrift „Wege".

„Sometimes the most important things happen in
silence."

Über die Notwendigkeit lokaler Verwurzelung und die Möglichkeit des Diakonats der Frau und der Weihe von „viri probati"

Nach zwei Synodenwochen geht die Weltsynode mit der Bearbeitung des letzten Moduls des *Instrumentum laboris* unter der Überschrift "Orte" gewissermaßen schon auf die Zielgeraden.

Pressekonferenz vom 15.10.2024

In seiner Einführung hob Generalrelator Jean-Claude Hollerich zu Beginn der Synodenversammlung heute hervor, dass die Synode „nun an einem entscheidenden Punkt angelangt sei", an dem es nach der Reflexion auf die „Wege" über Fragen der Bildung, der Entscheidungsverantwortung und Rechenschaftsplicht „nun darum gehe, ‚die Perspektive der Orte'

416

einzunehmen und die Vielfalt der Kontexte zu berücksichtigen, in denen der Glaube gelebt werde." (Vatican News, 15.10.24)

„Hollerich betonte, dass die Kirche ohne Verwurzelung in einem spezifischen Ort und einer Kultur nicht vollständig verstanden werden könne. Dies bedeute jedoch nicht, dass die Kirche einem Partikularismus verfallen solle. Vielmehr gelte es, die „Konkretheit zur Geltung zu bringen", in der der gemeinsame Glaube in Raum und Zeit sichtbar werde. Angesichts der heutigen Realität, in der Zugehörigkeit zunehmend dynamischer und weniger geografisch festgelegt sei, müssten die Kirchenstrukturen überdacht werden, um den missionarischen Auftrag neu zu erfüllen." (Ebd.)

In der Pressekonferenz wurde dieser Gedanke insbesondere von Kardinal Leonardo Ulrich Steiner OFM Erzbischof von Manaus/ Brasilien mit Bezug auf die Amazonasregion hervorgehoben: Das Evangelium müsse in die Kultur aufgenommen werden. Bereits auf der Amazonassynode vor fünf Jahren war dieser Gedanke auch mit konkreten Vorschlägen zum Diakonat der Frau, der Gemeindeleitung und dem Einbezug von viri probati, verheirateter Männer für den priesterlichen Dienst verbunden.

"Wenn wir zu dem Schluss kommen, dass es in der Vergangenheit einen Frauendiakonat gegeben hat,

warum führen wir ihn nicht wieder ein, so wie der
ständige Diakonat wieder eingeführt wurde". (katho-
lisch.de 15.10.24)

Auf Nachfrage zu verheirateten Priestern bekannte
Kardinal Steiner auch, dass er nach der Amazonassynode enttäuscht gewesen sei, dass der Vorschlag zu
den viri probati von Seiten der Synodenversammlung
von Papst Franziskus in seinem nachsynodalen
Schreiben *Querida Amazonia* nicht aufgenommen
worden sei. Aber Papst Franziskus "habe sich die
Frage offengehalten und agiere mit hoher Sensibili-
tät". Für Kardinal Steiner sei dies schon beim Thema
des Diakonats für die Frau in einigen Regionen der
Welt kulturell möglich und gefordert - und in Amazonien in gewisser Weise schon gelebt -, während in
anderen diese Veränderungen weder möglich noch an
der Zeit seien.

In ähnlicher Weise hatte sich gestern in der Pressekonferenz Bischof der Diözese Cyangugu im Süd-
westen Ruandas, Edouard Sinayobye geäußert:
„In Afrika haben wir keinen Ständigen Diakonat. (...)
Mit Blick auf die Frage nach einem Diakonat von
Frauen, ob das kommen wird? (...) - die ganze Welt
weiß, dass es diese Frage gibt und sie von verschiedenen Leuten gestellt wird, nicht nur Journalisten.
Die Kirche ist dabei, über diese Frage nachzudenken

und das tut sie sehr ernsthaft… - auch im Lichte der kirchlichen Lehre." (Vatican News, 14.10.2024)

"Ohne die Einheit der weltweiten katholischen Kirche aufzugeben", biete die Weltsynode mit den Worten von Kardinal Hollerich gesagt, „eine einzigartige Gelegenheit, über institutionelle Grenzen hinauszublicken und den synodalen Weg zu einer treibenden Kraft für die kirchliche Erneuerung zu machen."
„Unser Ziel ist es, Instrumente vorzuschlagen, die es dem Volk Gottes ermöglichen, an der Dynamik der synodalen Kirche teilzuhaben". (Vatican News, 15.10.24)

„Zwischen Polaritäten, ohne Polarisierungen" – oder: Bei der Frage der Beziehung von Orts- und Weltkirche ist die Stunde der Theologinnen und Theologen gekommen

2024 - Theological-Pastoral Forum: The Exercise of the Primacy and the Synod of Bisho

„Ungewöhnlich deutliche Auseinandersetzung über theologische Grundsatzfragen" und „klare Differenzen" innerhalb der Weltsynode lauteten gestern Schlagzeilen über den Verlauf der X. Plenarsitzung der Weltsynode mit freien Redebeiträgen, die sich auch auf Änderungen in der geplanten Tagesordnung der Generalkongregation bezogen.

„Wie Synoden-Teilnehmer berichteten, wurde zur Klärung der theologischen Streitfrage über die Grenzen und Möglichkeiten einer dezentralen Autorität ein Theologe zu Rate gezogen. Die Synodenleitung bat den an der renommierten Hochschule "Institut Catholique" in Paris lehrenden Professor Gilles Routhier um Klärung. Der Kanadier versuchte daraufhin, in einem kurzen Vortrag den Begriff der Lehrautorität, an der auch die Bischöfe teilhaben, auf Basis der Beschlüsse des Zweiten Vatikanischen Konzils (1962-1965) zu erklären. " (katholisch.de 16.10.24)

Auch in der Pressekonferenz des Tages saßen diesmal ausnahmslos Theologinnen und Theologen, die am selben Abend auch die für Synodenmitglieder wie alle Interessierten darüber hinaus offenen theologisch-pastoralen Foren über „Die Ausübung des Primats und die Bischofssynode" und „Die wechselseitige Beziehung von Ortskirche und Weltkirche" gestalteten:

„Dort diskutierten Theologen und Kirchenrechtler über das Verhältnis zwischen der Autorität des Bischofs von Rom und der von Paul VI. 1965 gegründeten Bischofssynode. Der renommierte Theologe P. Dario Vitali, Professor für Ekklesiologie an der Päpstlichen Universität Gregoriana, erläuterte dabei das Verhältnis von Primat und Synodalität.“ Nach zwei Phasen in der Kirchengeschichte, zunächst ohne päpstlichen Primat, dann in einer zweiten, in der die lateinische Kirche von einem starken Primat geprägt war, sieht Prof. P. Dario Vitali, Professor für Ekklesiologie an der Päpstlichen Universität Gregoriana, die Zeit für eine dritte Phase gekommen, die *„durch eine Kombination aus Synodalität und Primat“* geprägt ist.*"* (Vatican News, 17.10.24)

„Das Zweite Vatikanische Konzil brachte einen neuen Ansatz für die Ausübung des Primats, indem es die Kollegialität der Bischöfe betonte. Dennoch blieb das Modell einer universalen Kirche bestehen. Vitali kritisierte, dass die nachkonziliare Praxis nur eine schwache Form der Kollegialität hervorgebracht habe und die affektive Kollegialität letztlich eine verstärkte Form der Primatsausübung bedeutete.“ (Ebd.)
„Der laufende synodale Prozess bietet für Vitali „die Gelegenheit, das Verhältnis von Primat und Synodalität neu zu gestalten. Der Bischof von Rom fungiert hierbei nicht als alleinige Instanz, sondern initiiert

und schließt synodale Prozesse im Dienst der Einheit ab. In dieser kreisförmigen Dynamik aus Einheit und Vielfalt wird die Rolle des Papstes als Garant der kirchlichen Gemeinschaft verstanden." (Ebd.)

Diese neue Praxis des Primats sei mehr „als eine bloße organisatorische Veränderung; sie stelle die getreue Umsetzung der vom Konzil formulierten Prinzipien dar. Vitali zitierte dabei aus Lumen gentium, wo es heißt, dass „die rechtmäßigen Verschiedenheiten" innerhalb der Kirche „der Einheit nicht nur nicht schaden, sondern ihr vielmehr dienen" (Lumen gentium, 13)." (Ebd.)

Die theologischen Foren – wie die Verschränkung der Akteure in den Pressebriefings zeigt – sind nah an den Fragestellungen, die in der Synodenaula obenauf liegen. Die Fragen welche Aufgaben den Teil- und Ortskirchen mit ihren Bischofskonferenzen zukommen, dass sie weniger dazu da seien „neue Dogmen zu verkünden, als in ihrer Weise den Glauben der Kirche zu inkulturieren" – wie der Präfekt des Dikasteriums für Kommunikation, Paolo Ruffini in der heutigen Pressekonferenz eine Stimme aus dem Synodenplenum wiedergab, beschreiben bereits schon eine vermittelnde Position zwischen Polaritäten.

„Diese Polaritäten, die keine Polarisierungen sind" – in der Formulierung der italienischen Ordensfrau Sr. Samuela Maria Rigon SSM im Pressebriefing – prägten derzeit die Diskussion der freien Redebeiträge.

Dass Spannung zum Leben dazugehöre, wie auch ein gewisser Druck – gleich dem Blutdruck im Körper eines Menschen –zur Vitalität in der Kirche, unterstrich Kardinal Gérald Cyprien Lacroix, Erzbischof von Québec/Kanada, für den der in der theologischen Auseinandersetzung zum Ausdruck kommende Wandel auch mit einer Umkehr zu tun hat, zu der der Herr die Kirche und jeden Einzelnen heute ruft ist. Alle wissen dabei, dass sich abhängig von der Neujustierung des Verhältnisses von Orts- und Weltkirche, einer neuen Verhältnisbestimmung von Lehrautorität den verschiedenen Ebenen, auch viele weitere derzeit in den Arbeitsgruppen beratene Themen bewegen werden.

"Zuvor war unter anderem gefordert worden, neben oder alternativ zu den bereits bestehenden nationalen Bischofskonferenzen auch kontinentale Beratungs- und Beschluss-Organe mit eigenen Regeln zu errichten. Sie sollten auch in Fragen der Lehre und der Kirchendisziplin eigene Autorität haben. Dazu gehört unter anderem auch die Ehelosigkeit der Priester." (katholisch.de 16.10.24)

Und ich möchte ergänzen: Ebenso die Frage neuer Leitungsämter für Frauen, der Diakonat der Frau, selbst wenn dies nicht überall in der Welt gleichermaßen umgesetzt werden wird.

„Keine Angst vor der Synodalität": Über den Stand der Beratungen der Weltsynode zum Ende der 3. Synodenwoche, einen Live-Dialog mit Studierenden und warum die Arbeitsgruppe zur Polygamie für die Weltsynode eine so hohe Bedeutung hat

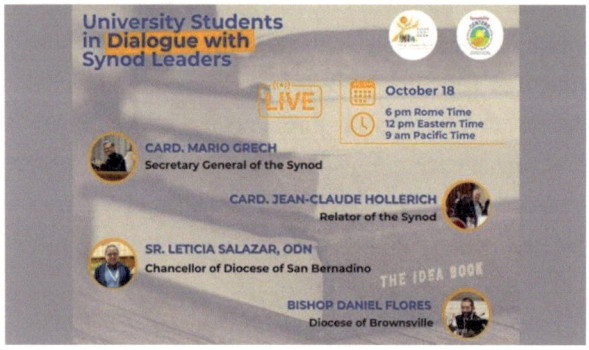

Gestern Abend ging mit der XII. Plenarversammlung der Austausch der freien Redebeiträge zum abschließenden 3. Teil des *Instrumentum laboris* unter der Überschrift „Orte" zu Ende. Die Erarbeitung von Kriterien für eine Definition einer ‚heilsamen Dezentralisierung" und für die Rolle der Teilkirchen in der Weltkirche wurden vom Präfekten des Dikasteriums für die Kommunikation Paolo Ruffini im heutigen Pressbriefing als zentrale Themen hervorgehoben, die am heutigen Vormittag in den *Circuli minori* der Sprachgruppen nachgearbeitet und im Ergebnisbericht an das Redaktionsteam des Entwurfstextes für das Abschlussdokument weitergegeben wurden. "Die Kirche in ihrer Einheit in Vielfalt" und "die Fähigkeit, das, was zunächst anders erscheint, in die Einheit aufzunehmen", wurden herausgestellt, deren Ergebnis "keine Bricolage", sondern "ein lebendiger Organismus" sei.

Gefragt nach konkreten Ergebnissen dieser Weltsynode betonte Kardinal Luis José Rueda Aparicio aus Bogota/Kolumbien die Teilnahme von stimmberechtigten Synodalinnen bei dieser Bischofsversammlung, die Diskussion um die Rolle der Frau und das Diakonat und die Einbeziehung von Frauen in Beratungs- und Entscheidungsprozesse als erste Konkretionen der Veränderung.

„Die Kirche ist keine reine Männersache!"

Eben diese Themen werden heute Nachmittag auch bei der von der Plenarversammlung gewünschten Zusammenkunft der Synodalinnen und Synodalen mit den 10 eingerichteten Arbeitsgruppen und der afrikanischen Ad hoc-Arbeitsgruppe zur Thematik der Polygamie zum Thema werden. Auf der Pressekonferenz wurde heute dann auch bekannt, dass nun tatsächlich alle Synodalinnen und Synodalen, die dies wollten, Gelegenheit haben werden am Nachmittag die gewünschten Arbeitsgruppen zu besuchen, für die sie sich eingetragen hatten. Dieses wechselseitige Gespräch wird sicher Resonanzen für die weitere Arbeit in der nächsten Synodenwoche wie in den Arbeitsgruppen haben. Und man muss kein Prophet sein, dass die bislang reine Männer-Redaktion der AG 5 zu den Themen des stärkeren Einbezugs von Frauen in kirchliche Leitungs- und Ämteraufgaben in Kürze auch um Frauen erweitert werden wird. Ein Schritt in die richtige Richtung – wissend, dass die Weltsynode allenfalls die verschiedenen Möglichkeiten benennen wird, wenn sie die diese ermöglichende Architekturverschiebung im Sinne einer heilsamen Dezentralisierung im Grundsatz beschließen und ihre Umsetzung beauftragen wird.

Die Resonanzen aus der Begegnung der einzelnen Synodalinnen und Synodalen mit den Arbeitsgruppen werden sicher bald ebenso bekannt und diskutiert werden, wie dies heute Abend bereits ebenso offen in einem erst gestern bekannt gewordenen Live-Format „Dialog mit Jugend" am heutigen Abend aus Jugendperspektive möglich war. Dass nur zwei der 368 Synoden-Teilnehmenden unter 30 Jahre alt sind, war für Kardinal Mario Grech, Synoden-Generalrelator Kardinal Jean-Claude Hollerich und zusammen mit der US-amerikanischen Ordensfrau Leticia Salazar ODN und Bischof Daniel Flores von Brownsville in Texas (zwei Personen, die aus diesem Blog bereits bekannt sind) Anlass für einen Austausch über die

Themen der Synodalität über die Generationen-grenzen hinweg

Aber auch wenn heiße Eisen bei dem Live-Event mit den Studierenden ausgespart wurden, soll der Bericht zum Ende der 3. Synodenwoche nicht enden, ohne auf ein weitere Generationen- aber auch kulturüber-greifende Thema zu sprechen zu kommen, an dem der Synodale Prozess konkret wird. Am heutigen Nachmittag bestand für die Synodalinnen und Syno-dalen über die Wahl der 10 Arbeitsgruppen hinaus auch die Gelegenheit, Mitglieder der Arbeitsgruppe des Verbands der afrikanischen Bischofskonferenzen zum Thema Polygamie zu befragen und ihnen Reso-nanzen zu geben. Zu diesem Thema heute Mittag in der Pressekonferenz befragt bekannte sich Erzbischof Stephen Ameyu Martin Mulla, Juba/Sudan, zu dieser großen seelsorglichen Herausforderung in Afrika und stellte sie dabei in den Kontext ähnlich drängen-der Herausforderungen in anderen Teilkirchen der Welt, für die pastorale Lösungen gefunden werden müssen.

Auch an diesem Punkt zeigt sich, wie ein gegenseiti-ges Hören der jeweiligen kulturellen Bedarfe und pastoralen Dringlichkeiten, eine „heilsame Dezentra-lisierung" spüren und verwirklichen lässt, ohne dass die Einheit in der Kirche infrage gestellt, aufgegeben oder unterhöhlt wird.

Eklat mit „zahlreichen Unmutsäußerungen" aufgrund einer „schlimmen Enttäuschung" und einem „skandalösen Verhalten" - oder: Reaktionen auf ein misslungenes Treffen mit der 5. Arbeitsgruppe und ein Ausblick auf die letzte Synodenwoche

BISCHOF SPRACH VON "SKANDALÖSEM VERHALTEN"

Keine Aussprache zur Frauenfrage bei Weltsynode

VERÖFFENTLICHT AM 19.10.2024 UM 09:56 UHR – LESEDAUER: 4 MINUTEN

Screenshot katholisch.de 19.10.2024

Bereits gestern Abend war via Social Media und im abendlichen Synodenbericht von Thomas Söding zu lesen, dass das mit 100 Synodalinnen und Synodalen im größten Versammlungsraum der 10 Arbeitsgruppen (in der bis zur Amazonassynode 2019 genutzten Synodenaula) verortete Treffen mit Mitarbeitenden der 5. Arbeitsgruppe weit hinter den Erwartungen zurückblieb. In Anwesenheit von nur zwei Theologen, deren einzige Funktion war, Fragen und Hinweise

428

entgegenzunehmen, unterlief das Setting den eigentlich für heute in Aussicht gestellten bilateralen Austausch, wie er aus anderen gleichzeitig stattfindenden Treffen mit Leitungen der anderen neun Arbeitsgruppen berichtet wurde.

"Die Namen der Studiengruppenmitglieder waren, entgegen der Praxis anderer Gruppen, nicht bekanntgegeben worden. Sie blieben auch jetzt geheim. Es wurden viele kritische Fragen gestellt – ohne Antwort. Der Präfekt war nicht da. Warum fehlten auch andere Mitglieder aus der Leitung? Warum hat man sich nicht an die zugesagten Regeln gehalten, dass die Studiengruppen synodal zusammengesetzt werden und arbeiten?" (zdk.de/sms 18.10.24)

„Enttäuschte Gesichter nach einem verfehlten Austausch zum Thema Frauenweihe bei der im Vatikan tagenden Weltsynode" gab es und führten zu *„zahlreichen Unmutsäußerungen".* *„Ein asiatischer Bischof habe von 'skandalösem Verhalten' gesprochen, deutschsprachige Teilnehmende von einer "schlimmen Enttäuschung".* Während einige Synodenmitglieder bereits kurz danach ankündigten, *„mit einer schriftlichen Eingabe an die Synodenleitung gegen das Verhalten der Arbeitsgruppe zum Frauenthema protestieren zu wollen"* (katholisch.de 19.10.24), wurde auch bereits schon eine Reaktion des Präfekten

des Glaubensdikasteriums und Leiters der Arbeitsgruppe veröffentlicht, in dem er seine Abwesenheit
entschuldigt und auch ein neues Gesprächsformat in
der letzten Synodenwoche anbietet.

*„Der für die Studiengruppe zum Frauenthema zu-
ständige Leiter der Glaubensbehörde, Kardinal Vic-
tor Fernandez, hat am Freitagabend ein weiteres
Treffen dazu angekündigt. (...) Er sei gerne bereit,
sich am kommenden Donnerstag mit interessierten
Synodalen zu treffen, um ihre Überlegungen zu dem
Thema zu hören und ihre schriftlichen Unterlagen
entgegenzunehmen, schreibt er darin.“* (katholisch.de
19.10.24)

Wenn man bedenkt, dass „die Begegnungen mit Experten aus den insgesamt zehn Studiengruppen ja erst
vor zwei Wochen von der Synodenleitung eingeräumt worden (waren), nachdem zahlreiche Teilnehmer eine Möglichkeit zum Austausch über strittige
Fragen gefordert hatten" (Ebd.), kann man den Faux-
pas des misslungenen Treffens am gestrigen Freitag-
nachmittag nur als ein Vermeiden der Auseinandersetzung mit dem in der Synode sehr präsenten Thema
der stärkeren Einbeziehung von Frauen in Ämter und
Leitungsaufgaben verstehen. Dem entspricht, das au-
genfällige Fehlen dieses Themas und anderer; junge

Erwachsene eigentlich nicht minder bewegenden Reformthemen in den abgelesenen Fragen der Studierenden im Dialog-Forum am gestrigen Abend.

Der Protest der Synodalinnen wird Papst Franziskus heute Vormittag bei einem Empfang der an der Synode teilnehmenden Frauen nicht verborgen geblieben sein. Immerhin lassen die ermutigten und ermutigenden Reaktionen der Frauen nach der Audienz wieder hoffen:

„Die Schweizer Synodale Helena Jeppesen-Spuhler äußerte sich im Anschluss gegenüber dem Pfarrblatt Bern positiv über die knapp einstündige Begegnung des Papstes mit den weiblichen Synodalen. Die Frauen hätten offen über ihre Erfahrung in der Synode und ihren Bedenken gesprochen. Papst Franziskus sei sehr aufgeschlossen und zugewandt gewesen.“ (Vatican News, 19.10.24)

Dass im direkten Anschluss an den Empfang der Frauen „zudem Gespräche mit der Führungsspitze des Lateinamerikanischen Bischofsrats Celam und der Bischofskonferenz von Ecuador auf dem Programm des Papstes“ (Ebd.) standen, wird die Auseinandersetzung mit konkreten Reformthemen – insbesondere auch im Hinblick auf den Frauendiakonat und in Verbindung mit dem Votum der Amazonassynode für die Weihe von viri probati – wohl den ganzen Samstagvormittag präsent geblieben sein.

Dass sie auch die nächste und letzte Synodenwoche prägen werden, ist nach der missglückten Kommunikation am gestrigen Tag so gut wie sicher.

„Even if you are disappointed by the result of the Synod, God's providence is at work in this Assembly" – Einstimmung in die Beratungen des Abschlusstext-Entwurfs und offene Fragen nach dem Einbezug von Frauen in Ämtern und Leitungsaufgaben

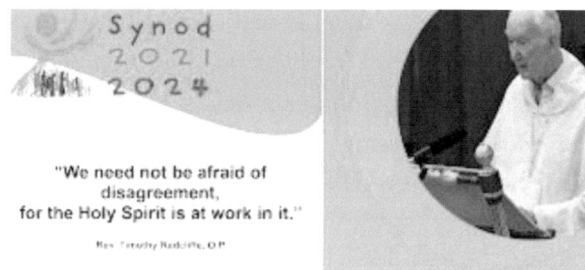

Timothy Radcliffe OP / © Vatican Media

P. Timothy Radcliffe OP gab – wie schon in den Besinnungstagen vor dem Beginn der Synode und zu Beginn der Beratungen des 2. Teils des *Instrumentum laboris* – wiederum eine tiefgehende wie den Horizont weitende Einführung in die Bedeutung der anstehenden Beratungen des Entwurfs des Abschlusstexts und stellte dabei die Freiheit als „Doppelhelix der christlichen DNA" heraus, nachdem der Synodentag bereits zuvor mit einem Gottesdienst im Petersdom begonnen hatte:

„Mit den Worten des heiligen Paulus aus dem Galaterbrief „Zur Freiheit hat uns Christus befreit" (Gal 5,1) ermutigte Radcliffe die Synodenväter und -mütter, sich auf die bevorstehenden Diskussionen mit einem Geist der Offenheit und des Vertrauens einzulassen. (...) Radcliffe räumte jedoch ein, dass die Teilnehmer möglicherweise enttäuscht über einige der bevorstehenden Entscheidungen sein könnten. Es bestehe immer die Gefahr, dass Beschlüsse als unklug oder gar falsch wahrgenommen würden. Dennoch sollten die Teilnehmer die tiefere, innere Freiheit derjenigen bewahren, die fest daran glauben, dass „Gott alles zum Guten für die tut, die ihn lieben" (Röm 8,28). (Vatican News, 21.10.24)

Mit diesem gewissermaßen paradoxen Appell, eigene Positionen freimütig einzubringen in die anstehende Beratungsphase, aber auch auf die Vorsehung zu vertrauen, dass Gott alles auch dann zum Guten führen werde, wenn eigene Positionen nicht und dafür ggf. andere im Text ihren Niederschlag fänden, rief er die Synodenversammlung dazu auf sich einzubringen und „Ich" zu sagen, aber später auch in das größere „We" einstimmen zu können.

*„Selbst wenn Sie also vom Ergebnis der Synode ent-
täuscht sind, ist Gottes Vorsehung in dieser Versammlung am Werk".*

*„Even if you are disappointed by the result of the Sy-
nod, God's providence is at work in this Assembly."*
(Vatican News, 21.10.24)

In der heutigen Pressekonferenz gefragt nach den
möglichen Enttäuschungen angesichts des Abschlussdokuments, verwies P. Radcliffe – ohne den Textentwurf des Abschlussdokuments zu dem Zeitpunkt
schon gelesen zu haben – auf die entscheidenden
Weichenstellungen, die diese Synode – auch in der
heutigen geopolitischen, von Konflikten reichen Situation in den verschiedenen Regionen der Welt – vor-
nehme und die er sich als eigentliche Schlagzeilen
wünsche. Für Radcliffe zentral sind die Aussagen der
Synode, „wie wir zusammen sein können auf neuen
Wegen … auf neuen Wege, Kirche sein."

*„How can we be together with new ways. ...new
ways of being a church".*

Wie sehr die Synode jenseits dieses Metathemas der
synodalen Umgestaltung der Kirche auch an ganz
konkreten Entwicklungen und Schritten gemessen
wird, machte das neuerliche Statement des Präfekten
zur Arbeit der AG 5 zu Ämtern und Leitungsaufgaben für Frauen durch Kardinal Víctor Emanuel

Fernández vor dem versammelten Synodenplenum deutlich, das auch in der Pressekonferenz vom Leiter des Sekretariats für Kommunikation Paola Ruffini verlesen wurde. Darin entschuldigte Kardinal Fernández sein eigenes Fehlen, aber insbesondere auch die Abwesenheit des eigentlichen Leiters und Sekretärs der Sektion für Glaubensfragen des Glaubensdikasteriums Armando Matteo im Austauschforum am vergangenen Freitag mit einem medizinischen Eingriff, um im Anschluss aber auch noch einmal weiter auszuholen. So kam es auch inhaltlich zu einem neuen Statement über die die Synodenversammlung enttäuschenden Aussagen zum Einbezug der Frauen in Leitungsaufgaben in der ersten Synodenwoche.

„Wir wissen, dass der Heilige Vater zum Ausdruck gebracht hat, dass die Frage des weiblichen Diakonats zum jetzigen Zeitpunkt nicht reif ist, und er hat darum gebeten, dass wir uns jetzt nicht mit dieser Möglichkeit aufhalten. Die Studienkommission zu diesem Thema hat Teilergebnisse, die wir zu gegebener Zeit veröffentlichen werden, aber sie wird weiterarbeiten", so Ruffini, der den Text des Präfekten des Glaubensdikasteriums verlas, vor den Journalisten. Allerdings sei die Frage der Rolle der Frauen dem Papst ein großes Anliegen, so dass er bereits vor dem Wunsch der Synode das zuständige Dikasterium ge-

beten habe, Möglichkeiten einer Beteiligung auszulo-
ten, die sich nicht auf Weiheämter bezögen. Diese
Richtungsweisung des Papstes – die Ermittlungen in
andere Richtungen ausschließe - teile er persönlich,
so Fernández, der dies damit begründete, dass „das
Nachdenken über den Diakonat für einige wenige
Frauen das Problem der Millionen von Frauen in der
Kirche nicht löst".

„Immerhin gebe es bisher nicht unternommene
Schritte, wie beispielsweise die umfängliche Ausge-
staltung des Katechetinnen-Amtes für Frauen, die in
der Abwesenheit von Priestern mit der Gemeindelei-
tung betraut werden könnten – ein Anliegen der Ama-
zonas-Synode von 2019. Die erste Möglichkeit, die
das Dikasterium für Glaubenslehre in Zusammen-
hang mit der Schaffung des neuen Amtes in einem
Brief an die Bischofskonferenzen vorgeschlagen
habe, sei mit der Leitung der Katechese verbunden
gewesen. Die zweite aber griff auf, was der Papst
in Querida Amazonia gesagt hatte: Katechetinnen,
die Gemeinden in Abwesenheit von Priestern unter-
stützen, Frauen, die Verantwortung tragen, Gemein-
den leiten und verschiedene Funktionen ausüben. Die
Bischofskonferenzen konnten diesen zweiten Weg ak-
zeptieren, aber nur sehr wenige haben es tatsächlich
getan", so Fernández.

Dieser Vorschlag sei möglich gewesen, weil der Papst klargestellt habe, dass die „mit den Sakramenten verbundene priesterliche Autorität" sich nicht notwendigerweise in Machtfunktionen übersetzen müsse, ebenso wie es „Formen der Autorität gibt, die keine Priesterweihe erfordern". Diese Texte seien jedoch „nicht aufgegriffen" worden".

„Um die Überlegungen zu vertiefen, habe ich darum gebeten, meinem Dikasterium Zeugnisse von Frauen zukommen zu lassen, die wirklich Gemeindeleiterinnen sind oder wichtige Autoritätsfunktionen ausüben. Nicht, weil sie den Gemeinschaften aufgezwungen wurden oder das Ergebnis einer Studie sind, sondern weil sie diese Autorität unter dem Impuls des Geistes angesichts eines Bedürfnisses des Volkes erworben haben." Die Realität sei in diesem Sinn „der Idee überlegen", so Fernández, der ausdrücklich die weiblichen Mitglieder dieser Synode aufforderte, konkrete Beispiele aufzugreifen und weiterzuleiten. „Ungeachtet dessen sei auch die ursprüngliche Studien-Kommission zum Frauendiakonat unter der Leitung von L' Aquilas Erzbischof Kardinal Petrocchi weiter aktiv und werde in den kommenden Monaten ihre Arbeit wieder aufnehmen, kündigte Fernández an. Auch an diese Stelle könnten Interessierte ihre Überlegungen weiterleiten. Schritt für Schritt werde man vorankommen und auch „zu sehr konkreten Dingen" gelangen, um zu verstehen, „dass es nichts in

der Natur der Frauen gibt, was sie daran hindert,
sehr wichtige Positionen in der Leitung der Kirchen
einzunehmen", so Fernández in seiner von Ruffini
verlesenen Erklärung abschließend:

"Was wirklich vom Heiligen Geist kommt, wird nicht
aufgehalten werden". (Vatican News, 21.10.24)

Ob dieses – im Synodenplenum mit Beifall bedachte
– Statement zusammen mit dem Entwurf des Abschlussdokumentes die Gemüter beruhigen und auch
die von P. Radcliffe erhoffte Einmütigkeit der Synodalversammlung bei der Schluss-Abstimmung her-
stellen kann, werden die nächsten Tage zeigen. Alle
Synodenteilnehmenden sind aufgerufen sich in den
nächsten Tagen bis zum Mittwochmittag in Plenum
wie den Sprachgruppen einzubringen. Am Mittwoch
sollen nach der fünfzehnten Sitzung der Sprachgruppen („Circuli Minores") die Stellungnahmen und Än-
derungswünsche („modi") zum Entwurf des Schluss-
berichts eingebracht werden, der am Samstag als Ergebnisdokument zur Abstimmung gestellt werden
wird.

"Hitting the reset buttom" – oder: Die Rekonfiguration der Katholischen Kirche auf der XI. Generalversammlung der Bischofssynode und offene Fragen im Synodalen Prozess

Myriam Wijlens im Pressebriefing am 23.10.24

*"Hitting the reset buttom means that the system, with witch we work is reconfigured. The programms and files on the computer remain the the same, but they are reconfigured in such a way that the working conditions for the task, we really want to achieve, is optimized. With the current synod on synodality Pope Francis invited the church to enter on the guidance of the Holy Spirit into a process of reconfiguation of the acting subjects within the church to optimize the missionary task."(*eigene Übertragung Pressekonferenz 23.10.24)

"Den Reset-Knopf zu drücken bedeutet, dass das System, mit dem wir arbeiten, neu konfiguriert wird. Die Programme und Dateien auf dem Computer bleiben die gleichen, aber sie werden so neu konfiguriert, dass die Arbeitsbedingungen für die Aufgabe, die wir wirklich erreichen wollen, optimiert werden. Mit der aktuellen Synode zur Synodalität hat Papst Franziskus die Kirche eingeladen, unter der Führung des Heiligen Geistes in einen Prozess der Neukonfiguration der handelnden Subjekte innerhalb der Kirche einzutreten, um den missionarischen Auftrag zu optimieren." (eigene Übersetzung)

Mit diesen Worten führte die in Erfurt lehrende Kirchenrechtlerin Prof. Dr. Myriam Wijlens – in von ihr seit dem Jahr 2016 gegenüber australischen Bischöfen verwendeten Begrifflichkeiten – im Pressebriefing vom 23.10.24 in die Bedeutung der anstehenden Beschlussfassung des Ergebnisdokuments ein, das nach Angaben im Pressebriefing vom vorausgegangenen Montag „für seine Ausgewogenheit, seinen Tiefgang und seine Dichte" im Synodenplenum mit Beifall bedacht worden sei. Dass hinsichtlich konkreter Themen, die unter den Nägeln brennen – wie etwa die Fragen rund um die Einbeziehung von Frauen in Leitungsaufgaben und –ämtern – keine konkreten Ergebnisse zu verzeichnen sein werden, im Gegenteil sogar vermehrt enttäuschende Erfahrungen innerhalb der vergangenen vier Synodenwochen gemacht wurden, gehört zur Hypothek dieser Synode. Aber – mit den Worten von Myriam Wijlens gesagt – vielleicht ist das neu konfigurierte "Betriebssystem" der Kirche der Schlüssel dafür, in naher Zukunft mit kulturell brennenden Themen anders umgehen zu können als bisher.

Anzeichen dafür sind bereits im Synodenverlauf angeklungen: Wie Erzbischof Stephen Ameyu Martin Mulla, Juba/Sudan die große seelsorgliche Herausforderung der in Afrika verbreiteten polygamen Lebensformen in den Kontext ähnlich drängender Herausforderungen in anderen Teilkirchen der Welt stellte, hatte Kardinal Besungu bereits im vergangenen Jahr (vgl. Blog-Beitrag vom 7.10.23) hinsichtlich des pastoralen Umgangs mit LSBTIQ-Themen argumentiert: Dass eine praktizierte Synodalität und ein pastoral-reflektierter Umgang auf der Ebene der Teilkirche einen Lösungsweg darstellen könne, der auch die Einheit im Glauben auf der Ebene der Weltkirche nicht infrage stellt. Kardinal Robert Francis Prevost OSA unterstrich diesen Gedanken einer dezentral verorteten Pastoral- und Lehrautorität am Mittwoch im Pressebriefing am Beispiel des in der Weltkirche sehr unterschiedlich aufgenommenen Lehrschreibens *Fiducia supplicans*, das in einigen Teilen der Welt begrüßt, in anderen aber scharf kritisiert wurde – je nach dem unterschiedlich kulturellen Umgang mit LGBTIQ-Personen in der jeweiligen Kultur.

Dass es in einer Teilkirche grundsätzlich auch das Recht gebe, Vorgaben nicht umzusetzen, ja zurückzuweisen, unterstrich Myriam Wijlens im selben Pressebriefing mit der alten Rechtsnorm des „Ius remonstrandi", die ebendies ausdrücke. Im Sinne der Rekonfiguration der bisherigen Strukturen wären nun die nationalen Bischofskonferenzen die Orte, Lehrautorität für bestimmte in ihrem jeweiligen kulturellen Kontext wahrzunehmen, wie Kardinal Prevost die Veränderungen auf Zukunft hin beschrieb. Und dass – nach meiner Prognose unter derselben Ziffer des Abschlussdokuments – sowohl der Umgang mit Polygamie wie der LGBTIQ-Thematik angesprochen und in der Verantwortung auf die Handlungsebene der Ortskirche verlagert wird, verändert, ja löst die Blockaden, mit der diese Themen vorab auf weltkirchlicher Ebene entschieden, zurückgewiesen oder aber auf die lange Bank geschoben wurden. Diese über die Jahrzehnte aufgelaufenen „Hypotheken" könnten nun schnell vor Ort angegangen, aufgelöst werden – nachhaltiger, als es ein allgemeiner, weltkirchlicher Entschluss, der immer wieder gefordert wurde, je sein könnte.

Auch das Thema des Einbezugs von Frauen in Leitungsaufgaben und –ämter wird im Abschlussdokument einen ähnlichen Tenor haben, nachdem es nach der ersten Lesung des Abschlusstextentwurfs sehr enttäuschte Rückmeldungen von Frauen gab. Aber jenseits aller Textoptimierungen – immerhin wurden 951 kollektive Änderungsmodi in den Sprachgruppen eingebracht und ca. 100 individuelle – werden bei diesem Themenkomplex die Enttäuschungen dennoch größer bleiben als alle guten Worte, die hierzu vielleicht noch gefunden werden. Das liegt einerseits daran, dass zu Synodenbeginn alle Erwartungen hinsichtlich eines möglichen Diakonats der Frau zunächst desillusioniert und in einem nachgeschobenen, aber völlig missglückten Austauschformat während der Synode zusätzlich frustriert wurden. Der gerade für den heutigen Tag anberaumte weitere Austauschtermin mit Kardinal Fernández, könnte vielleicht – im Nachhinein – noch Wirkung entfalten. Aber nichtsdestotrotz ist als Rückschritt festzuhalten, dass die zu Synodenbeginn als unwahrscheinlich eingeschätzte Möglichkeit der Einführung eines Frauendiakonats in der Erklärung von Kardinal Fernández zur Arbeit der AG 5 Anfang dieser Woche schon gar nicht mehr als Tractandum der AG 5 bezeichnet, sondern nurmehr auf eine weitere seit dem Jahr 2016 arbeitende Kommission unter der Leitung von Erzbischof Kardinal Guiseppe Petrocchi verwiesen wird. Aber vielleicht – und hoffentlich – hat der Austauschtermin heute mit Kardinal Fernández hierbei noch etwas verändern können. Dass selbst die afrikanische Kirche, die ihrerseits selbst den Diakonat für Männer bislang nicht kennt, in der Person des Vorsitzenden der afrikanischen Bischofskonferenzen (SECAM) Kardinal Fridolin Ambongo Besungu OFM Cap auf den synodalen Weg der Kirche verweisend zwei Begründungsweisen für den Diakonat der Frau vorschlägt – einerseits im Sinne der ersten Stufe des dreistufigen Ordo und andererseits mit einer originären diakonischen Begründung im Sinne eines eigenständigen Amts – mag als beispielhaft dafür gelten, offener und transparenter über das Thema zu sprechen, als die Kommission bislang ohne jedwelche Veröffentlichung gearbeitet hat. Und hierzu gehört auch das Wahrnehmen der Berufungen von Frauen zu diesem Dienst und ihrer Zeugnisse, die Sr. Mary Teresa Barron OLA am deutlichsten in den Pressebriefings ausdrückte, aber auch Kardinal Leonardo Ulrich Steiner OFM als in Amazonien schon vor Ort gelebt in einer Pressekonferenzen einbrachte.

Für mich persönlich kommt mit der nahenden Abstimmung des Abschlussdokuments der Synode zur Synodalität im Sinne des „Resets" auch das Ende dieses seit zehn Jahren zur Synodaliät handelnden Blogs nahe an sein Ende. Denn wenn mich nicht alles täuscht, sind die Strukturen der Synodalität im Grundsatz so ins Wort gebracht und nach der Annahme von Papst Franziskus Teil des ordentlichen Lehramts, dass sie jetzt nach und nach umgesetzt werden. Ein nachsynodales Schreiben des Papstes über das Abschlussdokument hinaus erwarte ich nicht (und es wäre beinahe selbstwidersprüchlich), wohl aber kirchenrechtliche Änderungen und diesbezügliche päpstliche Anordnungen im Sinne des im Abschlussdokument vereinbarten „Resets" bezogen auf die betreffenden Traktanden in den nächsten Wochen und Monaten.

"Es reicht, was wir beschlossen haben. Ich möchte, dass es veröffentlicht wird." Das Abschlussdokument – "ein Geschenk an das ganze Volk Gottes in seiner Vielfalt" – wird ohne nachsynodales Schreiben durch Papst Franziskus in Kraft gesetzt: Eine Sensation für die Katholische Kirche

Papst Franziskus nach der Approbation des Schlussdokuments

Heute Abend ist der Abend, an dem der auf den 15. September 2018 datierten Apostolischen Konstitu-

445

tion *Episcopalis communio* eine besondere Aufmerksamkeit zukommt. In dieser Neuregelung zur Vorbereitung und Durchführung von Vollversammlungen der Bischofssynode sind die Art. 17 'Ausarbeitung und Approbation des Schlussdokuments' und Art. 18 'Übergabe des Schlussdokuments an den Papst' heute von Bedeutung. Aus Art. 17 § 3 wird deutlich, warum Papst Franziskus umstrittene bzw. noch nicht ausgereifte Themen in Arbeitsgruppen ausgegliedert hat. Denn nach der Synodenordnung soll das Schlussdokument soweit wie möglich eine konsensuale Beschlussfassung sein, „für die im Rahmen des Möglichen eine moralische Einstimmigkeit" zu erzielen ist.

Mit den Worten von Timothy Radcliffe gesagt sollen die Synodalen sich einbringen und „Ich" sagen, aber später auch in das größere „We" eines Konsens in Harmonie einstimmen können, um mit den über vier Wochen, aber auch die Monate und Jahre davor erarbeiteten Ergebnissen gemeinsam voranschreiten zu können. Und dies nicht, um eine sachliche Auseinandersetzung zu unterminieren – diese ist ja engagiert geführt worden, wenn man allein auf die Resonanzen in den öffentlichen Pressekonferenzen blickt – , sondern weil es Bedeutung für die in Art. 18 ausgeführte Übergabe des Schlussdokuments an den Papst hat. Denn wenn die Voraussetzungen von Art. 17 erfüllt sind, hat dies direkten Einfluss auf die Annahme des

Schlussdokuments durch Papst Franziskus. Und noch mehr: Ein formell angenommenes Abschlussdokument wird kraft seiner Annahme auch Teil des ordentlichen Lehramtes des amtierenden Papstes. Art. 18 § 1 lautet:

"Wenn das Schlussdokument ausdrücklich vom Papst approbiert wurde, hat es Anteil am ordentlichen Lehramt des Nachfolgers Petri. " (EC Art. 18 § 1)

M.a.W. das Schlussdokument, das die XVI. Generalversammlung der Bischofssynode heute einmütig beschlossen hat, ist durch die im Beisein der Synodenversammlung um 19:00 Uhr MEZ ausgesprochene Annahme und Approbation durch Papst Franziskus Teil seines ordentlichen Lehramtes.

"Aus diesem Grund beabsichtige ich nicht, ein 'Nachsynodales Apostolisches Schreiben' zu veröffentlichen. Das, was wir beschlossen haben, reicht. Das Dokument enthält bereits sehr konkrete Hinweise, die eine Orientierungshilfe für die Mission der Kirchen auf den verschiedenen Kontinenten und in den unterschiedlichen Kontexten sein können: Deshalb stelle ich es allen sofort zur Verfügung. (Es soll veröffentlicht werden. HD) Ich möchte auf diese Weise den Wert des abgeschlossenen synodalen Weges anerkennen, den ich mit diesem Dokument dem Heiligen Volk Gottes übergebe." (Vatican News, 26.10.24)

Und das bedeutet, dass die Umsetzung desselben die nächste Phase des synodalen Prozesses ist. *Episcopalis communio* sieht ja ein nachsynodales Schreiben – im Stile der vorausgegangenen ordentlichen und außerordentlichen Bischofskonferenzen – auch nicht mehr vor. Und wie ich schon geschrieben hatte wäre es angesichts der heute in Kraft gesetzten Inhalte einer Rekonfiguration der Katholischen Kirche auch selbstwidersprüchlich, wenn Beschlussinhalte nicht schon mit der formellen Annahme Geltung bekämen. Die Rekonfiguration der Katholischen Kirche hat stattgefunden und ist jetzt auf allen Ebenen und sukzessive, wie Papst Franziskus in seiner Ansprache betonte, umzusetzen – inklusive der Arbeitsergebnisse der 10 Arbeitsgruppen, auch wenn diese ihre Ergebnisse erst nach und nach in den nächsten Monaten einbringen werden.

Die formelle Inkraftsetzung – selbst wenn sie nicht mehr als das Regelwerk von *Episcopalis communio* umsetzt – ist aber nicht weniger als eine Sensation. Es ist die über drei Jahre in den Ortskirchen, in kontinentalen Phasen und auf Ebene der Weltkirche umfassend erarbeitete Neuformation einer synodalen Kirche auf allen ihren Handlungsebenen - die angesprochene Rekonfiguration der Katholischen Kirche im Sinne der Ekklesiologie des II. Vatikanischen Konzils.

„Vielleicht werden wir in 10 Jahren sagen: Wir waren dabei!" oder: Zur Inkraftsetzung der „Synodalität, welche der Weg ist, den Christus sich von seiner Kirche im 3. Jahrtausend erwartet."

Abschlussbild mit allen Synodenmüttern/-vätern am 26.10.24

Mit einem Gottesdienst im Petersdom ist heute die XVI. Generalversammlung der Bischofssynode zum Thema der Synodalität zu Ende gegangen. Als ein Austauschgremium zwischen den Bischöfen und dem Papst mit dem Motu proprio *Apostolica sollicitudo* („Mit apostolischer Sorge") von Papst Paul VI. am 15. September 1965 eingerichtet ist die Bischofssynode Ausdruck der auf dem II. Vatikanischen Konzil beschlossenen Kollegialität der Bischöfe und der Einheit mit dem Bischof von Rom. Sie berät den Papst zu zentralen Themenstellung der Kirche – im

449

Pontifikat von Papst Franziskus zu den Themen Familie (2014/15), Jugend (2018) – in einer außerordentlichen Bischofssynode zu Themen Amazoniens (2019) – und jetzt eben zur Synodalität (2021-2024).

Das Thema der Synodalität – in diesem Blog seit dem 17. Oktober 2015 der Fokus-Begriff beinahe aller Beiträge – ist mit der an diesem Sonntag zu Ende gegangenen Bischofssynode in eine neue Phase eingetreten. War das Anliegen der „heilsamen Dezentralisierung" bereits seit dem Festakt zu "50 Jahre Bischofssynode" am 17. Oktober 2015 gewissermaßen ausgerufen, dass Synodalität für Papst Franziskus „der Weg ist, den Christus sich für seine Kirche im 3. Jahrtausend erwartet" und die benannte „heilsame Dezentralisierung" schon aus dem programmatischen Lehrschreiben *Evangelii gaudium* (EG 16) aus dem ersten Jahr seines Pontifikats oft zitiert, dauerte es bis zur lange erwarteten und erst am 19. März 2022 veröffentlichten Kurienreform *Praedicate evangelium*, die römische Kurie mit all ihren Behörden umzubauen, neu zu ordnen und programmatisch auf die Unterstützung des Sekretariats der Bischofssynode und der Teil- und Ortskirchen auszurichten.
Um aber die gesamte Weltkirche auf den Weg der Synodalität einzustimmen, bedurfte es einer über drei Jahre angelegten Bischofssynode mit Befragungen auf nationaler und Treffen auf kontinentaler Ebene

und zweier Weltsynoden im vergangenen und diesem Jahr in Rom. Das von den teilnehmenden Synodalen – und den seit dem letzten Jahr mit ein 25%-Quorum mit Stimmrecht einbezogenen Laiinnen und Laien – beratene und mit großer Einmütigkeit befürwortete Abschlussdokument wurde von Papst Franziskus entsprechend der im Jahr 2018 neugefassten Synodenordnung *Episcopalis communio* angenommen und in der Weise seiner Approbation – nach EC Art 18 § 1 – nicht nur zur Veröffentlichung und Umsetzung freigegeben, sondern darin zugleich – wie gestern hervorgehoben – zu einem Teil seines ordentlichen Lehramts.

Im Grunde ist mit dem Ausgang dieser Weltsynode Synodalität "auf Dauer" gestellt worden, in der im Sinne der angesprochenen Rekonfiguration der Katholischen Kirche alle Handlungs- und Verantwortungsebenen in der Kirche eine neue Aufgabe erhalten. Das Papsttum ist ausgerichtet auf sein Amt der Wahrung der Einheit, die Kurie in der schon angesprochenen Aufsichts- und Service-Funktion im Sinne der Synodalität bestätigt, kontinentale Versammlungen angeregt, aber nun vor allem auch die Bischofskonferenzen auf nationaler Ebene in neuer Weise aufgefordert, ihre Aufgaben im Sinne der heilsamen Dezentralisierung mit einer neu umrissenen Lehrautorität auszuüben und dafür Sorge zu tragen, dass Synodalität das Leben der Kirche – angefangen in den Gemeinden und übergeordneten pastoralen Bereichen und Diözesen – insgesamt prägt.

Dass das in Kraft gesetzte Abschlussdokument der Weltbischofssynode nun ebenso sehr das Engagement vor Ort und der Rezeption bedarf wie einer Nacharbeit und Inkraftsetzung der kirchenrechtlichen Konsequenzen im Codex Iuris Canonici (der mit allen seinen nunmehr anstehenden Änderungen sicher auch nach der letzten großen Revision von 1983 und dessen Vorgängerversion von 1917 neu herausgegeben werden muss) ist ebenfalls eine Folge der spontanen Inkraftsetzung des Abschlussdokuments am gestrigen Abend. Aber ab jetzt heißt es vor Ort im Verantwortungsbereich der Ortsbischöfe und nationalen Bischofskonferenzen selbst verantwortlich über Themen zu beraten und zu entscheiden, von denen vormals – wie etwa im Rahmen vieler Handlungstexte des Synodalen Wegs – viele an Rom adressiert wurden. Aus dem Bereich der auf der Weltsynode diskutierten Themen wird man hier die Fragen der LGB-TIQ-Pastoral wie der Polygamie der nationalen oder kontinentalen Handlungsebene zuordnen können. Umgekehrt werden römische Behörden (die seit der erwähnten Kurienreform allesamt in Dikasterien umbenannt wurden) auch weiter ihre Verantwortung bei Themen des Glaubens, der Moral und der sakramentalen Disziplin wahrnehmen – wie auch das Amt des Papstes als „Garant der Synodalität" (nr. 130), als „Garant der Einheit in der Verschiedenheit" (nr. 132) in neuer Weise hervorgehoben wird. Das Inkraftsetzen des synodal Beratenen gehört darin – entsprechend der Synodenordnung *Episcopalis communio* – zu seinen geborenen Aufgaben (nr. 131).

Meine Blog-Berichterstattung neigt sich mit diesem gestern vollzogenen „Ruck" der Rekonfiguration der katholischen Kirche dem Ende zu, da alle weiteren kirchenrechtlichen Umsetzungen – auch wenn sie dauern und die Aufnahme der zugewachsenen synodalen Verantwortung vor Ort auch noch ihre Zeit brauchen. Bis hin zur Frage des Frauendiakonats – das auf weltkirchlicher Ebene weiter beraten wird und dank der eingebrachten Änderungsmodi Anfang der Woche ausdrücklich als weiter "offen" hervorgehoben wird (nr. 60) – sind viele weitere Themen ableitbar und vor Ort lösbar, selbst wenn dies seinerseits synodale Kärrnerarbeit bedeuten wird.

„Vielleicht, wenn wir uns in zehn Jahren wieder treffen, können wir sagen: Wir waren dabei!", sagte Kardinal Reinhard Marx vor ziemlich genau 10 Jahren auf die Bedeutung des von Papst Franziskus angestoßenen synodalen Prozesses im Verhältnis zum II. Vatikanischen Konzil angesprochen. Ich persönlich – von Anfang meiner Synoden-Beobachtung seit dem Oktober 2014 getriggert vom "Geist der Synodalität" (vgl. Blog-Beitrag vom 6.10.2024) – bin dankbar über zehn Jahre die Entwicklungen erlebt zu haben.

Für mich als Theologe war es die spannendste Zeit seit Ende des II. Vatikanischen Konzils, wie es im Vorwort des Vorgängerbandes des Synodentagebuchs "Synodalität und Kirchenreform" (2018[*]) heißt, so dass auch der Nachfolgeband noch einmal ümit diesem Titel berschrieben ist. Und ebenfalls ist darin noch einmal der in diesem Blog meistzitierte Satz aus der Festansprache von Papst Franziskus anlässlich 50 Jahre Bischofssynode am 17.10.2015 ganz zu Beginn aufgenommen, dass „Synodalität der Weg ist, den Gott von seiner Kirche im 3. Jahrtausend erwartet."

„Vielleicht werden wir in 10 Jahren sagen: Wir waren dabei!", werden wir vielleicht auch rückblickend auf den 26. Oktober 2024 sagen. In dieser festen Erwartung sage ich allen Leser*innen dieses Blogs über die vergangenen 10 Jahre bzw. der diesen dokumentierenden Buchveröffentlichung(en) von Herzen 'Dank' für das Interesse und das Mitgehen auf dem synodalen Weg!

Holger Dörnemann

[*]Synodalität und Kirchenreform. Synodentagebuch der Jahre 2014, 2015 bis 2018, Norderstedt 2018.

Personenverzeichnis

Abkürzungsverzeichnis

Verlautbarungen des Apostolischen Stuhls

AS   *Apostolica sollicitudo*
AL   *Amoris laetitia*
CV   *Christus vivit*
DV   *Dei verbum*
EC   *Episcopalis communio*
EG   *Evangelii gaudium*
FT   *Fratelli tutti*
LG   *Lumen gentium*
LS   *Laudato si'*
QA   *Querida Amazonia*
US   *Ut unum sint*
VD   *Verbum Domini*

Weitere Abkürzungen

AH   *Arbeitshilfe der Deutschen Bischofskonferenz*
BDKJ *Bund der Deutschen Katholischen Jugend*
CCEO *Codex Canonum Ecclesiarum Orientalium*
CCEE *Consilium Conferentiarum Episcoporum*
       Europae
CIC   *Codex Iuris Canonici*
DBK   *Deutsche Bischofskonferenz*
DH   *Denzinger-Hünermann*
IL   *Instrumentum laboris*
KNA   *Katholische Nachrichten Agentur*
KKK   *Katechismus der Katholischen Kirche*
ScG   *Summa contra gentiles*
STh   *Summa Theologiae*
VV   *Vollversammlung*
ZdK   *Zentralkomitee der deutschen Katholiken*